Evelyn S. Bassoff

MUTTER UND SOHN

Evelyn S. Bassoff

MUTTER UND SOHN

Eine besondere Beziehung

Aus dem Amerikanischen
übersetzt von
Christiane Bergfeld und
Helmut Mennicken

Patmos Verlag Düsseldorf

Die Deutsche Bibliothek – CIP-Einheitsaufnahme
Bassoff, Evelyn:
Mutter und Sohn : eine besondere Beziehung /
Evelyn S. Bassoff. Aus dem Amerikan. übers.
von Christiane Bergfeld und Helmut Mennicken. –
Düsseldorf : Patmos-Verl., 1997
Einheitssacht.: Between mothers and sons <dt.>
ISBN 3-491-72364-7

1. Auflage 1997.
Die Originalausgabe erschien zuerst in den Vereinigten Staaten unter dem Titel »Between Mothers and Sons« von Evelyn Bassoff.

Published by arrangement with Dutton Signet, a division of Penguin Books USA Inc.
Aus dem Amerikanischen übersetzt von Christiane Bergfeld und Helmut Mennicken.
Umschlagfotos: Oberes Bild: STARK/present, Essen;
unteres Bild: ZEFA-Liewald, Düsseldorf.
Umschlaggestaltung: Annelie Sroka, Warnau.
Gesamtherstellung: Friedrich Pustet, Regensburg
ISBN 3-491-72364-7

INHALT

Danksagung 7
Einleitung: Mutter und Sohn 9

I. TEIL
DIE ANDERSARTIGKEIT DER SÖHNE 17
1 Bullen und Baseballschläger: die männliche Energie . 19
2 Superman, Bruce Springsteen und Papa: männliche Vorbilder 39
3 Wachstumsschmerzen: männliche Loslösung 58
4 Liebe und Sex 78

II. TEIL
FAMILIENPORTRÄTS 97
5 Mann und Frau: Plädoyer für eine gemeinsame Erziehung 99
6 Alleinerziehende Mütter 121
7 Alleinerziehende Mütter und andere wichtige Personen in ihrem Leben 141
8 Stiefmütter 159
9 Mütter schwuler Söhne 182

III. TEIL
MUTTERLIEBE 199
10 Die Sprache der Mutterliebe 201
11 Die Wandlung der Mutterliebe 215
Nachwort: Brief an Jonathan 239
Anmerkungen 242
Literaturhinweise 251

Zur Erinnerung an meinen Vater,
HANS SILTEN,
einen sanften Mann mit Prinzipien

Danksagung

Von den drei Büchern, die ich geschrieben habe, stellte dieses die größte Herausforderung dar. Ich habe versucht, die Erziehung eines Sohns sowohl aus der Perspektive der Mutter wie auch aus der des Sohns zu beschreiben. Viele haben mir dabei geholfen, indem sie eigene Erlebnisse, Erkenntnisse und Wissen großzügig mit mir teilten. Ich bin den nachstehend Genannten zu Dank verpflichtet: Barbara Adams, Sylvia Ajilla, Terry Andrews, Jonathan Bassoff, Sylvia Bassoff, Dr. Geri Cassens, Dara-Jane Cohen, Hannah Eilbott, Dr. John P. Haws, Caroline Hinkley, Anne Hochmeyer, Jeff Jackson, Dr. Donald Johnson, Art Kaufman, Ellen Kleiner, Judy Kurtz, Dr. Judah Levine, Merete Lupa, Sue Maynard, Allen Overton, Dr. Wayne Phillips, Ginna Newton Rice, Dr. Beth Robertson, Dr. Mary Schlesinger, Dr. Eleanor Mimi Schrader, Dr. Jed Shapiro, Ho Silensen, Helene Silten, Dr. Howard Snooks, Claudia Stein, Dr. Fred Stein, Dr. Jeffrey Truesdall, Bischof Melvin Wheatley, Rich Wildau und Donald Williams. Obwohl ich Patienten nicht durch Namensnennung ehren darf, bin ich mir sehr wohl bewußt, wieviel sie zu diesem Buch beigetragen haben; ich hoffe, daß ich die Geschichten, die meine Patienten mir in der Therapie anvertrauten, dem Kern nach richtig wiedergegeben habe, unter Wahrung der Diskretion und ohne ihr Persönlichkeitsrecht zu verletzen.

Eine ganze Reihe von Freunden und Kollegen – Ben Eilbott, Dr. Lyn Gullette, Dr. Ivan Miller, Julie Phillips, Dr. Susan Rosewell-Jackson und Katharine Walker – nahmen sich, obwohl sie sehr beschäftigt sind – die Zeit, mein ganzes Manuskript zu lesen; ihre Kommentare waren außerordentlich aufschlußreich. Katharine Walker bin ich besonders zu Dank verpflichtet, sie war mir stets eine große Hilfe und verfolgte aufmerksam die Entwicklung des Manuskripts von Anfang bis Ende.

Viel Dank schulde ich meiner Lektorin, Alexia Dorszynski, deren Ermutigung, Anleitung und Erkenntnisse von unschätzbarem Wert waren, und meiner Verlegerin Elaine Koster, deren Vertrauen in meine Arbeit mir soviel bedeutete. Außerdem bin ich Deborah Brody dankbar, daß sie sich in der Endphase bei Dutton so rührend um das Buch gekümmert hat; meiner langjährigen Freundin Alice Levine für ihr verständnisvolles Lektorat und meiner Tochter, Leah Bassoff, für ihre vielen Beiträge als Forschungsassistentin. Ich weiß auch die Sekretariatsarbeit von Bernice Moon an der University of Colorado in Boulder zu schätzen.

Und schließlich möchte ich meinen Mann, Dr. Bruce Bassoff, würdigen, der mir mit täglichen Liebesbeweisen und seiner Loyalität Kraft gibt.

EVELYN SILTEN BASSOFF

EINLEITUNG: MUTTER UND SOHN

Die Liebe allein nützt nichts, wenn sie nicht auch Verstand hat.
C. G. JUNG: Der philosophische Baum

Meine Tochter war drei Jahre alt, als mein Sohn geboren wurde. Von Anfang an übernahm Leah das Kommando und kümmerte sich voller Hingabe um Jonathan. Obwohl mir viel aus den frühen Jahren meiner Kinder entfallen ist, kann ich mich genau an die kleine Leah erinnern, wie sie ihren kleinen Bruder hält, ihn wiegt und ihm vorsingt. Als sie älter wurden, schrieb Leah ihm Rollen in ihrem Phantasiespiel zu: Sie war Dorothy, er Toto (aus *Der Zauberer von Oz*); sie war die nette Lehrerin, er ihr Lieblingsschüler; und wenn mein Mann und ich nicht Einspruch erhoben hätten, wäre sie auf eine Halloweenparty als Königin und er als *Prinzessin* gegangen. Meistens fügte sich Jonathan, den ich immer nur schwer bändigen konnte, widerspruchslos den Plänen seiner Schwester; ja, wenn sie mal nicht da war, kam er sich verloren vor.

Doch eines Tages änderte sich das alles. Damals ging Jonathan in die erste Klasse und kam gemeinsam mit seiner Schwester aus der Schule heim. Am bewußten Nachmittag kam Leah dagegen tränenüberströmt allein nach Hause. Trotz ihrer eindringlichen Bitten hatte sich Jonathan geweigert, mit ihr zu gehen, weil er noch mit einigen Klassenkameraden herumalbern wollte.

»Als ich weggegangen bin«, erklärte Leah, »hat er sich mit den Jungen auf dem Boden herumgewälzt und mit Sachen geschmissen und wie ein Wilder gelacht; er war überhaupt nicht lieb.« Dann verfinsterte sich ihre Miene, und es brach aus ihr hervor: »Heute ist ein trauriger, schlimmer Tag für uns alle – *Jonathan ist ein Junge geworden*!« Und mit einem tiefen Seufzer fügte sie hinzu: »Was können wir da machen?«

Mutter und Sohn ist gewissermaßen eine verspätete Antwort auf die Frage meiner Tochter: »Was können wir da machen?« – eine Frage, die sich die meisten Mütter bei der Erziehung sicherlich oft stellen. Ich bemühe mich zu beschreiben, was es für uns Frauen bedeutet, Jungen zu erziehen: was wir von ihnen erwarten können und wie wir am besten auf sie reagieren; wie wir mit den Frustrationen und Verletzungen umgehen, die sie uns zufügen, wie auch mit der Distanz, die auf natürliche Weise zwischen ihnen und uns wächst; wie wir uns an und mit ihnen freuen; und vor allem, wie wir in dieser Zeit der Verzweiflung und Gewalt dazu beitragen können, daß aus ihnen vitale und liebesfähige Männer werden.

Das Buch *Mutter und Sohn* gibt darüber hinaus Antwort auf die selten gestellte Frage: »Was können wir *sein lassen*?« Mütter neigen dazu, in der Familie »überzufunktionieren«.[1]

Zum eigenen Nachteil und dem ihrer Söhne übernehmen sie oft den Löwenanteil oder sogar die ganze Erziehung. Daher schreibe ich ausführlich über die notwendige Beziehung des Jungen zu seinem Vater (oder Ersatzvater) als primärem Vorbild und als Bezugsperson. Und ich spreche darüber, wie wir Mütter – ob verheiratet oder alleinstehend – die Väter wieder ins Familienleben mit einbeziehen können, das ja unter deren physischer und geistiger Abwesenheit leidet.

Dieses Buch ist auch eine Antwort auf die Frage: »Und was können unsere Söhne für uns tun?« Ich bin davon überzeugt, daß unsere Söhne, wenn wir ihnen helfen können, vitale und liebesfähige Männer zu werden, uns im Gegenzug dazu verhelfen, vitale und liebesfähige Frauen zu werden. Wenn wir Anteil an ihren spannenden Erlebnissen nehmen – am Football oder Drachenfliegen oder beim Bau eines Baumhauses oder einer Sandburg -, haben wir Gelegenheit, unsere männliche Seite auszuleben, den abenteuerlichen jungenhaften Geist in uns zu entdecken. Wie sagte doch eine Kollegin von mir, Mutter zweier erwachsener Söhne, von denen einer seit einem Sportunfall teilweise gelähmt ist? »Von meinen Söhnen habe ich Ausdauer und Mut gelernt.« Und eine Patientin, die vor kurzem einen Sechsjährigen adoptierte, vertraute mir an: »Mein kleiner Junge bringt mir bei, wie man spielt!«

Zwischen Frauen und Männern herrschen gegenwärtig so viel Mißtrauen, Verachtung, sind Beschimpfungen und Demütigungen an der Tagesordnung, daß die Luft, die wir alle atmen, vergiftet ist. Wenn wir uns an unseren Söhnen freuen und uns in sie hineinversetzen, fällt es uns vielleicht auch leicht, Freude an Männern zu haben und uns in sie hineinzuversetzen, statt ständig den Feind in ihnen zu sehen, wie es dieser Tage so häufig geschieht. In meinem eigenen Fall hat mich die Tatsache, daß ich Mutter eines Sohns bin, aus einem verbissen-feministischen Winkel in eine flexiblere menschlichere Position gerückt. Obwohl ich weiterhin erbittert für das Recht meiner Tochter und aller Töchter kämpfen will, als Frauen geachtet und geschätzt zu werden, werde ich genau so entschlossen dafür eintreten, daß mein Sohn und alle Söhne als Männer Wertschätzung erfahren.

Die Hauptprämisse dieses Buches lautet, daß wir Mütter, wenn wir unseren Söhnen helfen müssen, vitale und liebesfähige Männer zu werden, auch lernen müssen, ihr einzigartiges, eigenständiges Leben als Mann zu respektieren. Praktizierter Respekt verlangt allerdings ein Übermaß an Bewußtsein, Toleranz, Wissen und Verständnis. Für die meisten von uns ist das nicht eine instinktive, sondern eine bewußte Anstrengung – eine schwierige mütterliche Arbeit.

Im Lexikon wird »respektieren« erklärt als »Ehre oder Wertschätzung fühlen oder erweisen« und »es vermeiden, sich einzumischen«. Das Wort »Respekt« leitet sich vom lateinischen *»spectare«* (betrachten, zuschauen) ab – ebenso wie Spektakel (ein Schauspiel). *Praktizierter Respekt* verlangt, daß wir beobachten und klar sehen, was vor uns ist, so daß wir darüber staunen können. Sara Ruddick, Autorin von *Maternal Thinking*, nennt das »hinschauende Liebe« und »liebevolles Hinschauen« – »eine Art Wissen, das Wahrhaftigkeit zum Ziel hat, dabei jedoch die Wahrheit liebevoll in den Dienst des vertrauten Menschen stellt.«[2] Auf Jiddisch heißt das *kwell*, das ehrfürchtige Staunen der Eltern, wenn sie ihr Kind in seiner ganzen einzigartigen und wunderbaren Komplexität erleben. Und genau das zelebriert Aretha Franklin auch mit ihrer goldenen Stimme in Otis Reddings wunderbarem Song »Respect«.

Paradoxerweise verlangt praktizierter Respekt auch, daß wir nicht unbedingt zuviel sehen wollen, indem wir uns in Sachen einmischen, die der andere für sich behalten möchte. Respekt bedeutet auch, eine gewisse Distanz zwischen Subjekt und Objekt – die Grenzen beachten, die uns voneinander trennen, die

Andersartigkeit des Gegenübers anzuerkennen. Es ist der vorsätzliche Akt des *Nicht*-Wissens, wenn Wissen aufdringlich wäre.

Ein Beispiel für praktizierten mütterlichen Respekt fällt mir dazu ein. Eine Patientin von mir teilte mir mit, daß ihr neunjähriger Sohn sich im Temperament von dem der anderen Familienangehörigen unterschied. Im Gegensatz zu allen anderen war er introvertiert und oft traurig. Obwohl sie nicht allzu aufdringlich war, schreckte meine Patientin nicht davor zurück, sich nach dem Kummer ihres Sohnes zu erkundigen; sie hörte sich seine Sorgen aufmerksam an, so daß sie seine Niedergeschlagenheit nachvollziehen konnte. Aber sie versuchte nie, ihn aufzumuntern, obwohl seine depressive Stimmung ihre eigene dämpfte. Vielmehr gab sie ihm zu verstehen, daß er ein Recht auf seine Gefühle habe, daß sie sich geehrt fühlte, weil er sie mit ihr teilte und daß sie ihn nie zwingen würde, sich fröhlicher zu geben, als er sich tatsächlich fühlte.

Ich erinnere mich auch an die alleinerziehende Mutter eines Sechzehnjährigen, die mir erzählte, daß ihr Sohn »nicht über seine Gefühle redet«, sondern sich durch seine Lieblingsmusik mitteilt. »Wenn mein Sohn mich seine geliebten Bänder von Tom Waits und Eric Clapton mithören läßt, öffnet er mir sein Herz und eine Welt, die sich mir nicht unmittelbar erschließt, doch ich bemühe mich um Verständnis. Ich möchte diese Gelegenheit um nichts in der Welt missen.«

Für manche Mütter ist praktizierter Respekt schwieriger als für andere. Statt die Individualität ihrer Söhne zu achten und zu fördern, projizieren sie vielleicht ihre eigenen Phantasien, Wünsche und Ängste auf den Jungen. Daher finden sie keinen Zugang zum Kind, wie es wirklich ist, sondern zu einem Phantasiekind ihrer eigenen Schöpfung. Ein Freund von mir, ein liebenswerter intelligenter Mittdreißiger, hatte bis vor kurzem eine gutgehende Arztpraxis. Dann gab er urplötzlich die Medizin auf, zur großen Bestürzung seiner Patienten und Kollegen. Als ich ihn nach dem Grund fragte, sagte er, es sei der Traum seiner Mutter gewesen, daß er Arzt würde – ein Traum, den er aus Verehrung und aus Liebe zu seiner Mutter erfüllt hatte –, doch sei er weder während des Medizinstudiums noch in seiner Praxis glücklich gewesen. »Sie werden es mir vielleicht nicht glauben«, vertraute er mir an, »aber ich weiß eigentlich nicht, wie man sich als lebendiger, atmender Mensch mit eigenen Wünschen fühlt. Ich komme mir vor wie eine hölzerne, mechanische Puppe.«

In diesem Buch erzähle ich mehrere Geschichten von Müttern, die alle *kwell* – »überquellen« – und ihren Söhnen »hinschauende Liebe« und »liebevolles Hinschauen« schenken, aber auch Geschichten von Müttern, die es ihren Söhnen gegenüber an Respekt fehlen lassen. Ich hoffe, daß wir aus den unterschiedlichen Geschichten etwas Wertvolles lernen können.

Eine andere Prämisse des Buches »Mutter und Sohn« ist, daß das Geschlecht eine wichtige Rolle in Eltern-Kind-Beziehungen spielt. Ich selbst bin im Lauf der Erziehungszeit meiner eigenen Kinder – Leah ist jetzt zweiundzwanzig und Jonathan neunzehn – und meiner vielen Beratungsgespräche mit Frauen, die Mütter sind, zu der Überzeugung gelangt, daß das Aufziehen von Töchtern vollkommen anders ist als die Erziehung von Söhnen. Müttern und Töchtern sind der weibliche Körper und die geschlechtliche Identität gemeinsam, was tiefe Gefühle von Vertrautheit hervorruft, die jeden Aspekt ihrer Beziehung durchdringen. Zwischen Müttern und Söhnen dagegen gibt es keine Gleichheit, sondern vielmehr ein Gefühl von *Andersartigkeit*.

In den letzten zwei Jahrzehnten haben viele von uns in dem lobenswerten Bemühen, eine gleichberechtigte, nichtsexistische Gesellschaft zu schaffen, in der Mädchen genauso viele Möglichkeiten wie Jungen haben, die geschlechtsbezogenen Unterschiede zwischen unseren Töchtern und Söhnen heruntergespielt oder vollkommen geleugnet. Doch obwohl es stimmt, daß Geschlechterrollen nicht starr sein müssen und es oft Überschneidungen gibt, stimmt es aber auch, daß Jungen und Mädchen in ihrer Persönlichkeitsentwicklung verschiedene Wege gehen, am auffälligsten in ihrer Beziehung zur Mutter. Ich halte zwar Freuds berühmtes – mittlerweile berüchtigtes – Diktum von der Anatomie als Schicksal für eine Übertreibung. Allerdings glaube ich auch, daß der Körper, in dem wir zur Welt kommen, sei er weiblich oder männlich, auf unsere inneren Erfahrungen abfärbt und sie formt, Erfahrungen, die ihrerseits die Art beeinflussen, in der wir sehen und uns in der Welt bewegen.

Wenn wir Mütter hoffen, das gesunde Wachstum unserer Söhne zu fördern und ein liebevolles Band mit ihnen zu knüpfen, müssen wir lernen, ihr Mannsein zu respektieren und die daraus resultierende Männlichkeit, die sich in stereotypen, aber auch nichtstereotypen Weisen äußert. Darum schreibe ich ausführlich über den Kampf des Jungen, sich von der Mutter zu lösen, um ein eigenständiger Mann zu werden, und ich beschreibe, wie die Mutter ihm dabei helfen kann. Weil Jungen, die in Familien ohne Väter aufwachsen, sich schwerer von der Mutter lösen, gehe ich ausführlich auf alleinerziehende Mütter und deren Söhne ein. Sicherlich sind die mütterlichen Aufgaben alleinstehender Mütter von Söhnen überaus schwierig, und Alleinerziehende verdienen mehr Unterstützung und Begleitung, als sie bisher bekommen haben.

Ein Grund, warum ich mich entschloß, dieses Buch zu schreiben, war der Wunsch, auf die komplizierten, verwirrten und oft verstörten Gefühle zu reagieren, die einige meiner Patientinnen mit Söhnen mir anvertrauten – Gefühle, von denen ich meine, daß viele andere Mütter sie teilen. Da es in so vielen Familien kriselt und die Kommunikation zwischen Frauen und Männern sich generell verschlechtert hat, scheint es an der Zeit, die Mutter-Sohn-Beziehung gründlich zu erforschen. Mir lag besonders daran, die »partnerschaftliche Erziehung« zu untersuchen, das Arrangement, das mein Mann und ich gewählt haben – weil es die Machtkämpfe zwischen Müttern und Söhnen zu mildern scheint. Mir ging es auch darum, die besonderen Probleme zu schildern, mit denen Mütter schwuler Söhne konfrontiert werden, und die komplizierten Regeln, die Mütter von Stiefsöhnen akzeptieren müssen. Zwar reden Frauen unbefangen miteinander über die Beziehungen zu ihren Töchtern, und in den letzten Jahren entstand eine umfangreiche Literatur zu diesem Thema, um die Mutter-Sohn-Beziehungen blieb es dagegen relativ still, trotz der Tatsache, daß sie die Grundlage für die Mann-Frau-Beziehungen sind.

Ich hatte auch einen persönlichen Grund, dieses Buch zu schreiben: meine Beziehung zu meinem Sohn zu erforschen. Als sich dieses Buch noch in der Planungsphase befand, stand Jonathan kurz vor seinem letzten Jahr an der High-School. Mir war wohl bewußt, daß seine Zeit daheim sich dem Ende näherte, darum hatte ich das Bedürfnis, zu verstehen und in Worte zu kleiden, was wir einander gewesen waren – und vorwegzunehmen, was uns für die Zukunft bliebe. Dieses Bedürfnis wurde besonders dringend, als Jonathan bei einem Baseballunfall ernsthaft verletzt wurde. In der Nacht, die mein Mann und ich auf der Intensivstation verbrachten, und den Tagen der Benommenheit, die darauf folgten, erlebte ich tiefer als je zuvor, wie teuer mein Sohn mir ist. Obwohl Jonathan wieder ganz gesund ist, veranlaßt mich die schmerzliche Erkenntnis, daß sein Leben wie alles Leben vergänglich ist, neue Wege zu finden, um all das zu fördern, was in meinem Kind lebendig, interessiert, einmalig und ausbaufähig ist.

Obwohl das Buch »Mutter und Sohn« aus der Perspektive von Frauen geschrieben ist, hoffe ich, daß es für Söhne ebenso interessant ist wie für Mütter. Als ich mich auf dieses Projekt einließ, hielt ich im ganzen Land Vorträge über die Mutter-Tochter-Beziehung, das Thema meiner beiden vorigen Bücher. Als ich bei einem dieser Vorträge erwähnte, daß ich ein Buch über Mütter und Söhne schreiben wolle, stand eine Frau aus den hinteren Reihen auf und rief: »Und wo zum Kuckuck wollen Sie den Stoff für Ihr Buch hernehmen? Das letzte, worüber Männer sprechen wollen, ist ihre Mutter!« Die Worte der Frau verdutzten mich und schürten Zweifel in mir. Glücklicherweise stellte sich ihre düstere Prognose als falsch heraus. Ich entdeckte, daß Söhne aller Altersstufen gern über ihre Mütter sprachen – um die Geschichten ihrer Kindheit zu erzählen und mit mir die Wut, Verwirrung, Liebe, Zärtlichkeit und Sehnsucht zu erforschen, die sie oft in der Beziehung zu ihren Müttern erfahren hatten. Ich entdeckte auch, daß genauso wie Männer ihre Mütter brauchen, damit diese ihre Individualität und Unabhängigkeit von ihnen respektieren, sie auch ihre Mütter achten, sie als eigenständige Menschen erleben wollten.

Dieses Buch schöpft aus dem aktuellsten Stand der Forschung und Theorie auf dem Gebiet der Psychologie und anderen Sozialwissenschaften. Allerdings ist es größtenteils ein Buch der Geschichten – persönlichen Geschichten, die mir Patienten, Freunde, Bekannte und Kollegen erzählt haben, Märchen und Geschichten, die man sich in allen Kulturen seit Generationen erzählt; Geschichten, die für Kinder geschrieben wurden. Es betrachtet auch die »Geschichten«, die Mütter ihren Söhnen erzählen: die Erwartungen, Hoffnungen und Träume, die sie über die Zukunft ihrer Söhne erzählen; die darin ausgedrückte Bestärkung und ermutigenden Worte, wenn ihre Söhne Erfolg oder Mißerfolg haben. Sicherlich befähigen Mütter – ganz wie die Großen Spinnerinnen und Schicksalsgöttinnen in Mythen und Märchen – ihre Söhne durch ihren positiven Glauben an sie und machen sie unfähig durch negative Projektionen: »An fast jeder Wiege sitzt eine Frau, die die Schicksalsfäden spinnt«, schreibt die jungianische Analytikerin und Wissenschaftlerin Sibylle Birkhäuser-Oeri.[3] Ich wünsche mir, daß dieses Buch auch viele neue Geschichten für Mütter und Söhne entstehen läßt – Geschichten, die von Liebe, Verständnis und Respekt auf beiden Seiten berichten.

I. TEIL
DIE ANDERSARTIGKEIT DER SÖHNE

»Wir« – wobei »wir« ein Ganzes aus Leib, Verstand und Geist meint, beeinflußt von Erinnerungen und Tradition – muß sich in mancher Hinsicht immer noch unterscheiden vom »Ihr«, deren Leib, Verstand und Geist so unterschiedlich ausgebildet und so unterschiedlich von Erinnerungen und Tradition beeinflußt wurden. Obwohl wir dieselbe Welt sehen, betrachten wir sie mit verschiedenen Augen.

VIRGINIA WOOLF: Three Guineas (dt.: Drei Guineen)

1 Bullen und Baseballschläger: die männliche Energie

Jenes Ungestüm oder jene überschwengliche Stimmung respektieren oder einen Körper, der ständig in Bewegung scheint, heißt die Natur respektieren, so wie man das Toben eines Hurrikans, einen tosenden Wasserfall respektiert.

SARA RUDDICK: Mütterliches Denken

Als ich meine Tochter, mein erstes Kind, erwartete, erlebte ich die ersten Kindsbewegungen als das Zittern von Schmetterlingsflügeln. Als sie größer und lebhafter wurde, stellte ich mir vor, daß der zarte Schmetterling, der verpuppt in meinem Körper lag, sich in ein Vögelchen verwandelt hatte, denn jetzt spürte ich Flügel schlagen. Das stellte ich mir so lebhaft vor, daß ich es kurz vor meiner Niederkunft dem Gynäkologen erzählte und von ihm Gewißheit verlangte, daß ich ein Menschenkind und kein Vögelchen gebären würde. Er bestätigte mir das gern, und Leah wurde geboren.

In den frühen Wochen meiner zweiten Schwangerschaft wartete ich gespannt auf das erhabene Gefühl schimmernder Schmetterlingsflügel. Doch statt dessen kündigte das neue Leben, das ich in mir trug, seine Präsenz mit wehenden Fahnen an. Im Lauf der Monate wurden mir seine plötzlichen Tritte und Stöße zur Gewohnheit, aber ihre Kraft überraschte mich jedesmal neu. Mir war, als würde ich statt eines Schmetterlings oder Vogels einen jungen Stier beherbergen.

Innerhalb wie außerhalb meines Schoßes wirkte Jonathans bullenhafte Energie fremd und beunruhigend auf mich. Die sanften Rhythmen der kleinen Leah waren mir irgendwie vertraut vorgekommen; wir waren aufeinander eingespielt, in schönem Einklang und gleichem Takt. Mit Jonathan geriet ich aus dem Takt, es war eher wie Tauziehen als Tanzen. Beim Stillen genügte es ihm nicht, wie vorher meiner Tochter, sich in meine Arme zu kuscheln; statt dessen drehte er den Kopf hierhin und dorthin, mehr an der Welt als an meiner Brust interessiert. Als er laufen lernte, mußte ich ständig hinter ihm herrennen, ihn festhalten, anschnallen, zurückhalten. Anders als Leah, die sich gern spazierenfahren oder herumtragen ließ, konnte Jonathan es überhaupt nicht ertragen, im Buggy zu sitzen. Er machte sich steif und warf sich nach vorn, wodurch es ihm häufig gelang, mitsamt dem Buggy auf dem Buckel davonzutrippeln, so daß er halb wie ein Kind, halb wie eine Schildkröte aussah. Und damit nicht genug, als er es schließlich schaffte, sich loszuschnallen, amüsierte er sich damit, mit seinem Buggy loszupreschen und ihn in Mauern und Menschen zu rammen. Ich weiß noch, wie ich die kleine Leah im naturgeschichtlichen Museum in Denver an die Hand nahm und sie zum Dinosaurierdiorama führte und dabei die ganze Zeit so tat, als ob dieser wilde Mann im Kleinformat, der mit dem Buggy die Museumsbesucher »terrorisierte«, nicht zu mir gehören würde.

Mit den Jahren hat Jonathan seine bullenhafte Energie gezähmt. Jetzt, mit neunzehn, ist er ein sanfter und leiser junger Mann, kaum noch der von Testosteron getriebene Schrecken, der er einmal war. Doch als er sehr klein war, wußte ich gar nicht, wo seine Hormone ihn oder mich hinführen wollten. In der Tat war meine Mutterrolle stets sehr ambivalent, als mein Sohn klein war. Manchmal fand ich seine Wildheit und Vitalität beeindruckend und lustig, dann wieder zweifelte ich an mir als Mutter, weil seine unermüdliche Tatkraft mich so erschöpfte, daß ich nur noch vor ihr und vor ihm weglaufen wollte. Obwohl seine jungenhafte Energie mich eher überwältigte, schien mein Mann gut damit zurechtzukommen. Als Jonathan klein war, wälzten sich die beiden zusammen auf dem Boden, und offensichtlich machte ihnen das Gerangel Spaß. Manchmal krabbelte Bruce auf allen vieren, knurrte und brüllte, während Jonathan jauchzend auf »Daddys Löwenrücken« ritt. Als Jonathan älter wurde und auch noch im fortgeschrittenen Jugendalter, ging die Balgerei weiter – Gerangel, Geschubse, Geknuffe oder Rempeleien, wobei sie ab und zu unter lautem Getöse eine Lampe oder Pflanze umwarfen. Ihr Herumgetobe brachte mich zum Lachen. Aber es machte mich auch nervös. »Ihr tut euch noch weh«, warnte ich immer, und manchmal geschah das auch.

Sicherlich sind meine Erfahrungen als junge Mutter nicht einmalig. Andere Mütter, besonders die, die mit Brüdern aufgewachsen sind, fühlen sich vielleicht von Anfang an wohl mit der ungestümen Energie ihrer Söhne; und wieder andere finden, daß ihre Söhne diese Energie gar nicht haben, sondern mit einer sanftmütigen Natur auf die Welt gekommen sind.[1] Allen gemein ist allerdings, daß jeder Sohn seine Männlichkeit *irgendwie* ausdrückt und daß jede Mutter *irgendwie* darauf reagiert. In diesem Kapitel verfolge ich zwei Ziele. Erstens will ich die männliche Natur untersuchen – das heißt, die Frage beantworten: »Was genau macht einen kleinen Jungen (und auch einen nicht mehr kleinen) eigentlich aus?« Zweitens will ich die Gefühle erforschen, die die Männlichkeit unserer Söhne in uns Müttern auslöst – unsere Freude und unseren Stolz, aber auch unsere Verwirrung, unser Unbehagen und unsere Ängste, Hoffnungen und Träume, doch auch unsere negativen Projektionen.

In den siebziger Jahren, als ich Jonathan und Leah geboren habe, war es ausgesprochen unmodern, angeborene Unterschiede zwischen Mädchen und Jungen anzuerkennen, außer den offensichtlichen anatomischen. In den zehn Jahren von Unisexkleidung und geschlechtsneutralen Spielsachen vertraten liberale und feministische Denker und Denkerinnen die Meinung, daß bei gleichen Chancen Jungen und Mädchen geschlechtslose Persönlichkeiten entwickeln, daß sie ziemlich ähnlich fühlen, denken, wahrnehmen und handeln würden. Doch diese Evolution kam nicht zustande und vielleicht geschieht das auch nie; und vielleicht wäre es auch gar nicht gut, wenn es dazu käme.[2]

Zwanzig Jahre nach dem Beginn der Frauenbewegung werden mir die meisten bestätigen, daß männliche und weibliche Wesen immer noch verschieden aufwachsen; daß es immer noch anders ist, Mutter eines Sohns als Mutter einer Tochter zu sein, und wir tun gut daran, die Unterschiede nicht zu leugnen. Das Männliche in männlichen und das Weibliche in weiblichen Wesen kann ja so viele Formen annehmen, daß sie sich präzisen, sauberen Definitionen entziehen. Vielleicht kann man mit einiger Zuverlässigkeit nur soviel sagen: Mädchen und Jungen, Frauen und Männer, fühlen verschieden und strahlen eine unterschiedliche *Energie* aus: Sie sprechen anders, lösen Probleme anders, spielen anders, gebrauchen ihren Körper anders, sie nehmen anders Raum ein und bewegen sich anders darin, sie lachen über andere Dinge.[3]

Bei den Vorarbeiten für dieses Kapitel suchte ich vergebens eine griffige Definition gesunder Männlichkeit oder positiver »männlicher Energie«; statt dessen entdeckte ich eine Fülle wunderbarer Bilder. Diane Green, eine Kindergärtnerin, meinte verschmitzt lächelnd, daß kleine Jungen mit einem »inneren Wrrrrummm-Wrrrummm-Wrrrummm« zur Welt kommen, das sich ganz plötzlich einschaltet, wenn sie ihren ersten Tonka-Lastwagen bekommen.[4] Julie Philips, eine wissenschaftliche Autorin, skizzierte den Geist der Jungen mit drei Worten »Zack, bumm, krach!« Carol Ryan, eine Psychiaterin, beschrieb Jungen aller Altersstufen als »außen rauh und innen weich«. Mein Mann beharrt darauf, daß nur Jungen, keine Mädchen, mit einem Gen geboren werden, das sie lauthals über die Späße der *Three Stooges* lachen läßt. Und vor langer, langer Zeit sinnierte jemand in einem englischen Kinderlied, kleine Jungen seien »aus Fröschen, Schnecken und Schwänzen kleiner Hündchen gemacht«.

Der Schriftsteller Robert Bly nennt die ursprüngliche männliche Energie den »Wilden Mann« – ein Bild, das so plakativ ist, daß ich es mir nicht verkneifen kann, es hin und wieder zu übernehmen. Der »Wilde Mann« ist oft ungezähmt, »un-nett« und respektlos; er ist aber auch vital, sinnlich, überschwenglich, gefühlvoll, jedoch nicht gefühlsselig, und zutiefst mit der Erde und der kollektiven Geschichte seiner männlichen Vorfahren verbunden. Bly schreibt in seinem Buch *Eisenhans*: »Was ich damit andeuten will, ist, daß jeder heutige männliche Mensch auf dem Grunde seiner Psyche ein großes, primitives Etwas liegen hat, von Kopf bis Fuß mit Haaren bedeckt.«[5]

Aus der altchinesischen Philosophie schöpfend, beschreibt John Welwood, der Autor von *Journey of the Heart*, Yang, die männliche Energie, als das Prinzip der Zentrifugalkraft, die trennt und wegzieht, und Yin, die weibliche Energie, als das Prinzip der Zentripetalkraft, die hineinzieht und verbindet. Wie Donner und Blitz durchstößt, durchdringt und erregt Yang; wie die lebenspendende Erde und ihre Flüsse und Bäche nährt Yin, und reife Frauen haben sowohl Yin- als auch Yang-Energie, doch wie Welwood sagt, haben Männer einen größeren Anteil an Yang, und man sagt, daß sie »zum Yang gehören«, und Frauen haben im allgemeinen einen höheren Anteil an Yin, und man sagt, daß sie zum Yin gehören. Anders ausgedrückt ist »Yang *Homebase* für Männer und Yin *Homebase* für Frauen.«[6]

Bei meiner Suche nach Beschreibungen von Männlichkeit stieß ich auf ein plakatives Bild der Abwesenheit von Männlichkeit; bei dem Stamm der Sambia in Neuguinea heißt ein Mann, dessen natürliche männliche Energie geschwächt ist, *wasaatu*: ein »Süßkartoffelmann«, weich wie Brei, dem es an Entschlußkraft, Selbstdisziplin und Engagement fehlt.[7] Mir wurde auch der Unterschied zwischen gesunder männlicher Energie und, mangels eines besseren Ausdrucks, »verrückter« männlicher Energie – deren degenerierte Form – ganz deutlich bewußt. Gesunde männliche Energie dreht sich um Tüchtigsein und aktive Teilnahme am Leben; sie ist Brennpunkt, Entschlossenheit und Ausdauer. Die Samurai nennen diese Lebensenergie *ki*; ki bringt einen Mann eher dazu, in den Lebenskampf zu springen als eine passive Haltung gegenüber den Aufgaben und Mühen des Lebens einzunehmen.[8] Verrückte männliche Energie dagegen dreht sich um Gewalt und Unterwerfung. Leider brauchen wir nur in die Tageszeitung zu sehen mit den deprimierenden Geschichten von waffentragenden Viertkläßlern und zwölfjährigen Vergewaltigern, um Beispiele für verrückte männliche Energie zu finden.

Entscheidend für uns Mütter ist die Differenzierung zwischen nicht gewalttätiger, spielerischer Aggression, die an vielen gesunden Jungen zu beobachten ist (und Verständnis und Akzeptanz von uns verlangt), und der gewalttätigen, dominierenden Verrücktheit, die in kranken Jungen steckt (die professionell psychotherapeutisch bewertet und behandelt werden muß). Leider halten manche Mütter jede noch so harmlose Aggression in ihren Söhnen für unakzeptabel. Andere Mütter machen den entgegengesetzten Fehler: Sie halten jede Form physischer Gewalt in ihren Söhnen – sogar Aggressivität, die anderen schadet oder außer Kontrolle gerät – für akzeptabel.

Unsere Welt, in der sich männliche Gewalt immer weiter ausbreitet, könnte viele Frauen zu der Annahme verleiten, Männer seien von Natur aus gewalttätig, besonders wenn sie selbst unter brutalen Männern leiden mußten. Doch diese Fehleinschätzung ist gefährlich. Ein gewalttätig-aggressiver Junge oder Mann ist weder ein normales noch ein typisches männliches Wesen. Vielleicht ist er neurologisch oder psychisch geschädigt;

oder ein Opfer von schlimmem Mißbrauch, gedemütigt, ausgebeutet, vernachlässigt oder Zeuge häuslicher Gewaltszenen; da er Schmerz zufügen als Lebensstil gelernt hat, sei es von den Eltern und anderen Familienangehörigen, aus den Massenmedien, auf der Straße oder in der Schule, setzt er diesen Kreislauf der Gewalt fort.[9] (Mädchen sind natürlich auch Opfer von Mißbrauch und Vernachlässigung. Mißbrauchte Mädchen neigen jedoch eher dazu, sich selbst zu zerstören – in Form von Eßstörungen, Promiskuität und Depression – mißbrauchte Jungen dagegen agieren sich an anderen aus.) Die gewalttätigen Ausbrüche, die wir bei Jungen sehen, verschlimmern sich auch noch durch Lernbehinderungen und Konzentrationsstörungen, die unter der männlichen Bevölkerung viel häufiger vorkommen als unter der weiblichen.[10]

Wenn ein Junge keine Männer aus Fleisch und Blut hat, mit denen er sich identifizieren kann, wie es so oft in vaterlosen Familien oder Gemeinschaften vorkommt, muß er sich wohl zwangsläufig eigene Phantasien von Männlichkeit ausmalen. Manche Jungen lassen sich von den erbärmlichen »Macho«-Bildern anregen, die die Massenmedien verbreiten – die Conans und Rambos und mordenden Cops und destruktiven Rockstars. Oder sie schließen sich Cliquen oder Verbrecherbanden in ihrem Umfeld an, deren Brutalität sie für echte Männlichkeit halten.

In vaterlosen Elternhäusern und Gemeinschaften fehlen den körperlich regen Jungen männliche Mentoren, die ihnen zeigen, wie sie ihre aggressive Energie auf gesellschaftlich akzeptable Weise kanalisieren und steuern sollen: durch Sport, Kampfsport und andere Energie verlangende, traditionell männliche Aktivitäten. Darum läuft ihre aggressive Energie Amok und wird sinnlos oder destruktiv. Und in vaterlosen Familien und Gemeinschaften helfen den kleinen Jungen keine Männer dabei, sich von ihren Müttern zu lösen. Eine unaufhörliche Abhängigkeit und Nähe zur Mutter kann zum Zorn gegen sie und alle Frauen führen, die dann als gefährlich mächtig und allgegenwärtig wahrgenommen werden. Männer, die in der Therapie gegen ihre »erdrückenden« Mütter wettern, sind oft in Wirklichkeit noch wütender auf ihre »fehlenden« Väter, die ihnen nicht dabei geholfen haben, die allzu engen Bindungen zur Mutter zu lösen.

Ja, zahlreiche Untersuchungen haben erbracht, daß Jungen, die ohne Vater aufwuchsen, weniger männlich als Jungen mit Vätern sind oder aber eine Pseudo- oder »Hyper«-Maskulinität an den Tag legen, die sich durch exzessive Aggressivität auszeichnet.[11] Die kulturübergreifende Forschungsarbeit des Soziologen Scott Coltrane zeigt dagegen, daß Gesellschaften, in denen sich Väter stark engagieren, zu relativer Gewaltlosigkeit tendieren.[12]

So wie manche Söhne verzerrte oder engstirnige Vorstellungen von gesunder Männlichkeit haben, so auch manche Mütter, besonders solche, die keine tiefe Beziehung zu ihren Vätern hatten. So erwarten sie etwa von einem Sohn, daß er stark und durchsetzungsfähig ist, auch wenn er eine sanfte Natur hat; oder sie erwarten, daß er Football oder Baseball spielt, obwohl seine Interessen vielleicht woanders liegen. Ich hatte mal eine Nachbarin, deren aufgeweckter und lebhafter junger Sohn lieber Bilder malen als auf seinem Big Wheel (ein kleines Plastikfahrrad mit großem Vorderrad) fahren wollte und der seinen Eltern zu Weihnachten einen Wunschzettel schrieb, der Bücher, aber keine Sportartikel enthielt, Buntstifte, aber keine elektronischen Spielsachen. Als wir eines Morgens zusammen Kaffee tranken, fragte mich meine Nachbarin in besorgtem Ton: »Evi, meinst du, Tommy entwickelt sich normal? Glaubst du, er könnte *schwul* sein?«

Aller Wahrscheinlichkeit nach wird sich ein Junge, wenn er aus dem Kleinkindalter heraus ist, von der symbiotischen Nähe zur Mutter befreien und sich allmählich mit einer fürsorglichen Vaterfigur identifizieren und eine gesunde männliche Persönlichkeit entwickeln. (Diese Entwicklung werden wir in späteren Kapiteln noch im Detail betrachten.) Und wie die Wolken an einem veränderlichen Himmel kann dieses männliche Selbst verschiedene Formen annehmen: Der Junge, der die ganze Nacht aufbleibt, um eine schwierige Geometrieaufgabe zu lösen, drückt gesunde männliche Energie ebenso aus wie der, der seinen Gegner auf dem Fußballplatz unablässig traktiert; ein Junge, der gern Bücher liest, ist genauso vital wie ein Junge, der Spaß am Baseball hat; der Junge, der sich gegen einen sadistischen Lehrer erfolgreich zur Wehr setzt, ist genauso grimmig wie derjenige, der den schlimmsten Rüpel der ganzen Schule zum Faustkampf herausfordert; der Junge, der dem Gruppendruck nicht nachgibt, mit Drogen, Alkohol oder Sex zu experimentieren, demonstriert viel mehr männliche Stärke als der Junge, der Angst hat, ins Abseits zu geraten, wenn er nein dazu sagt; der Junge, der sich für den Schutz der Regenwälder einsetzt, verkörpert den Geist des männlichen Kriegers ebenso wie der Soldat, der sein Land verteidigt; und der Mann, der andere Männer liebt, kann genauso männlich sein wie ein Mann, der Frauen liebt.

Eine meiner Lieblingsmütter aus Kinderbüchern war immer die Kuhmutter von Ferdinand dem Stier.[13] Wer die Geschichte gelesen hat, wird sich erinnern, daß Ferdinand nicht wie seine Freunde ist. Während sie gern rennen, springen, schnauben und mit den Köpfen aneinanderstoßen, ist Ferdinand ein erklärter Pazifist, der lieber an Blumen schnuppert, statt am prestigeträchtigsten Stierkampf von Madrid teilzunehmen. Und da die weise Kuhmutter weiß, daß Ferdinand nicht unglücklich oder willensschwach oder unmännlich ist – tatsächlich ist er der mächtigste und stärkste Stier auf der Weide –, läßt sie ihn seiner friedfertigen Natur folgen; sie akzeptiert und achtet ihren jungen Stier so, wie er ist.

Eine andere Geschichte fällt mir dabei ein. Ein berühmter Stierkämpfer verschwindet von einer rauschenden Siegesfeier zu seinen Ehren. Nachdem man ihn überall gesucht hat, findet ihn eine Frau schließlich in der Küche. Als sie bemerkt, daß es seltsam für einen berühmten Torero ist, Stolz seines Landes und Symbol für strotzende Männlichkeit, eine Frauenschürze anzuziehen und die Paella umzurühren, erwidert er scharf: »Was immer ich zu tun beliebe, ist männlich.«[14] Wie der Stierkämpfer sehr wohl weiß, braucht ein Mann, solange er sich seiner Männlichkeit gewiß ist, sich nicht auf das stereotype männliche Verhalten zu beschränken, sondern besitzt genügend Selbstvertrauen, traditionell weibliche Tätigkeiten zu übernehmen. Der Mann, der sich seiner männlichen Identität dagegen nicht sicher ist, läuft eher Gefahr, die starre Männlichkeit eines Rambo oder Terminators nachzuäffen.

Im Alter von drei bis fünf, wenn Jungen aktiv lernen, männlich und wie ihre Väter zu sein, verhalten sie sich normalerweise geschlechtsstereotyp und lehnen alles ab, was sie mit ihren Müttern in Verbindung bringen. Während der Schulzeit verstärkt der Gruppendruck durch Gleichaltrige starre Geschlechterrollen. Wenn die Jungen jedoch reif und sich ihrer männlichen Identität zunehmend sicherer werden, zeigen sie, wie der selbstbewußte Stierkämpfer, ein flexibleres, androgyneres Verhalten. Ich glaube nicht, daß sich eine Entwicklung zum Androgynen erzwingen läßt und halte es für keine gute Idee, daß Mütter Jungen zum Beispiel Nähzeug und Babypuppen oder Ballettstunden verpassen; mit derartigen Zwängen stoßen sie vermutlich eher auf heftigen Widerstand.[15] Wenn Jungen sowohl die männlichen als auch die weiblichen Wesen in ihrem Leben achten und auch von jenen geachtet werden, haben sie die beste Chance, männliche Männer zu werden, die sich wohl dabei fühlen, ihre weiblichen Seiten auszuleben.

Mütter reagieren unterschiedlich auf die Männlichkeit ihrer Söhne. In der Vergangenheit fühlten sich Frauen durch die Geburt eines Sohns aufgewertet: Die Chancen eines männlichen Kindes, in der Welt mächtig zu werden, versprachen der Mutter indirekte Macht. Meine Großmutter mütterlicherseits, die im Wien des neunzehnten Jahrhunderts keinen Zugang zum Medizinstudium hatte, weil sie eine Frau war, verriet mir einmal ihre drei unerfüllten persönlichen Wünsche: groß zu sein (sie war winzig), als Mann geboren zu sein (in der Beziehung ließ sie offensichtlich zu wünschen übrig) und einen Sohn gehabt zu haben, der alles hätte tun können, was ihr verwehrt worden war (sie hatte drei Töchter). Obwohl Frauen jetzt viel mehr Möglichkeiten haben, glauben manche von ihnen insgeheim wohl immer noch, daß der Sohn ihre Verbindung zur aufregenden Außenwelt ist. Darum ziehen sie den Sohn der Tochter vor und freuen sich besonders über seine jungenhaften Eskapaden. Wenn Mütter durch ihre Söhne leben, um sich mächtiger zu fühlen, bedeutet das zwangsläufig Belastung oder Ausbeutung der Söhne. Oscar Wilde bemerkte, daß Selbstsucht nicht bedeutet, so zu leben, wie man es sich wünscht, sondern einen anderen zu bitten, so zu leben, wie man selbst zu leben wünscht.

Doch die Männlichkeit eines Sohns kann eine Frau auch bereichern, ohne daß sie ihn ausbeutet. Eine lebhafte Zahnarzthelferin erzählte mir, als sie mein entzündetes Zahnfleisch untersuchte, bis ins kleinste und mit unverhohlener Freude von den Abenteuern ihres Sohns, der Pilot war, und über ihre positive Beziehung. Mir war sofort klar, daß diese Mutter, wie unzählige andere, von ihrem Sohn nicht erwartete, für sie beide zu leben, sondern daß sie durch Anteilnahme an seinem aufregenden Leben ihr eigenes bereicherte.

In manchen alten Mythen wird der Sohn zum *Konsorten* der Mutter. Obwohl in modernem englischen Sprachgebrauch ein *»Konsorte« (»consort«)* ein Gefährte, Partner oder Ehegatte ist, hat er, der älteren Bedeutung nach, eine spirituelle Komponente: ein *Konsorte* stärkte und erweckte die Entwicklung eines anderen auf geheimnisvolle Weise. So suchten sich zum Beispiel in manchen Hindutraditionen Yogis eine *Konsortin*, die ihm dabei helfen soll, in sich die eigenständigen und mächtigen Wesenszüge des Weiblichen und Männlichen zu vereinen.[16] Ich kannte ein paar Frauen, die ihre latente männliche Energie freisetzen konnten, weil sie Söhne hatten; in diesen Fällen fungierten die Söhne als *Konsorten.* Ich erinnere mich an ein Gespräch mit einer alten, kranken Frau mit strahlendem Gesicht, die mir erzählte, wie ihre lustigen, respektlosen Jungen ihr immer Auftrieb gaben: »Sie waren richtige Spaßvögel – dumme Jungen. Oft lachten sie so heftig, daß sie zuckend zu Boden fielen, und ihr Lachen steckte mich an. Ich wurde zu einer richtigen Dame erzogen, wissen Sie, aber der wilde Humor meiner Söhne wirkte Wunder und lockerte mich auf!«

Ähnlich erging es meiner Patientin Lee, Mutter zweier erwachsener Söhne, die mir folgende Anekdote erzählte:

> Als die Jungen klein waren, wollte ich ihnen Möglichkeiten schaffen, ihre Spielenergie auszuleben. Ich hielt es für eine wunderbare Idee, wenn sie einen Berg aus Sand zum Spielen hätten, darum habe ich einen in unsere Auffahrt setzen lassen. Ohne nachzudenken habe ich zehn Tonnen Sand bei einem Mann bestellt, der eine Baustoffirma besaß. Und als mein Mann von der Arbeit heimkam und riesige weiße Sandhaufen vor unserem Haus sah, erschrak er. Er brauchte etwas Zeit, um sich an den Anblick zu gewöhnen. Jedenfalls hatten die Jungen und ich viel Spaß beim Buddeln und Herumtollen. Natürlich trugen wir soviel Sand und Schmutz ins Haus, daß die Teppiche bald hin waren. Aber was für ein niedriger Preis für den tollen Spaß, den wir zusammen hatten! Zu meinem Mann habe ich gesagt, daß ich es für unsere Söhne getan hätte, aber in Wahrheit lernte ich durch meine Jungen, selbst

zu spielen – so, als ob dieser wilde und unbekümmerte *jungenhafte Geist* in mir geweckt worden wäre.

Für mich ist Lees Geschichte in zweifacher Hinsicht wunderbar. Einerseits setzte die jungenhafte Energie ihrer Söhne ihre eigene frei; anderseits halfen ihr die fröhlichen Reaktionen auf die jungenhafte Energie ihrer Söhne zweifellos, diesen Teil von sich zu lieben. D.W. Winnicott, ein hervorragender englischer Kinderpsychiater, schreibt, daß der Vorläufer des Spiegels das Gesicht der Mutter ist – und Lees Gesicht strahlte vor Freude und Zustimmung. Interessant ist, daß Lees älterer Sohn, jetzt ein Endzwanziger und erfolgreicher leitender Angestellter einer Fortune-500-Corporation (die 500 umsatzstärksten, gewinnträchtigsten Firmen der USA; Anm. der Übers.), in anderer Hinsicht Konsorte seiner Mutter wurde. Lee war immer Hausfrau und Mutter gewesen, aber als ihre Söhne erwachsen waren, lag ihr daran, Arbeit außerhalb des Hauses zu finden. Sie wußte allerdings nicht, wie sie es anfangen sollte; selbst der Berater vom Arbeitsamt konnte ihr nicht weiterhelfen. Als der Sohn die Ratlosigkeit seiner Mutter bemerkte, gab er ihr einen Anstoß. Von ihm lernte sie, sich durchzusetzen – sich auf ihre eigenen Anteile männlicher Energie zu besinnen-, um Arbeit in der männerorientierten Geschäftswelt zu finden.

Nicht alle Frauen reagieren positiv auf die Männlichkeit ihrer Söhne. Für manche bedeutet die Präsenz des Sohns in ihrem Leben Bedrohung und Gefahr. Carol Klein berichtet in ihrem Buch *Mothers and Sons*, daß in den Träumen schwangerer Mütter, die sie interviewte, oft eine starke Nebenhandlung männlicher Dominanz und Gewalt mitschwang. »Manche erinnerten sich an den gleichen Traum: jede brachte einen ausgewachsenen Jungen zur Welt, der ihren Körper irreparabel ausleierte, als er sich ins Leben hinauszwängte. Ähnliche Züge von Dominanz und Unterwürfigkeit sind leicht in dem ganz häufig auftretenden Traum von einem kräftig gebauten männlichen Baby zu erkennen, das sich nach oben statt nach unten zum Geburtskanal drängt und seiner Mutter den Atem abschnürt, während es um den eigenen ringt.«[17] Für manche Mütter bleibt das Gefühl, vom männlichen Säugling verstümmelt zu werden, nicht auf den Traum beschränkt. Eine Frau in Kleins Untersuchung sagte ihr in Gegenwart ihres achtjährigen Sohns, wie außerordentlich schmerzhaft die Geburt des Jungen für sie gewesen sei und wie er sie im Gegensatz zur vergleichsweise schmerzfreien Geburt der Tochter »zerrissen« habe. »Für diese Mutter schien die Geburt des Sohns Elemente eines gewaltsamen Überfalls zu haben«, schreibt Klein. »Sie, als Frau, war schon ein Opfer seines männlichen inhärenten Sadismus.«[18]

Als Kolumnistin für die Zeitschrift *Parents* bekam ich Briefe von jungen Müttern, die im Gesicht des männlichen Säuglings das verachtete Gesicht eines gewalttätigen Ehemannes oder Vaters sehen, der sie verlassen hat; ihre negativen Projektionen beeinträchtigen ihre Beziehungen zu ihren Söhnen und vielleicht auch die gesunde Entwicklung ihrer Söhne. Wie Marie Bronshvag, die an einer Elternschule in Manhattan unterrichtet, zu Myriam Miedzian, Autorin von *Boys will be boys* sagte: »Minderjährige Mütter, die von ihrem Freund im Stich gelassen wurden, lassen es oft an ihren Söhnen und die Söhne dann an ihren Freundinnen aus.«[19]

Und Klein schreibt im Hinblick auf ihre Interviews mit erwachsenen Männern, die nicht fähig sind, intime Beziehungen mit Frauen zu haben:

> Vielleicht ließ ich mich zu stark durch meine Erinnerung an die Miene des Achtjährigen beeinflussen, als er mitanhören mußte, wie seine Mutter behauptete, mit seinem Leben habe ihr Leidensweg begonnen. Doch mir schien, daß viele dieser Männer darum kämpften, die Wut zu verstehen, die sie, als sie größer wurden, hinter der pflichtbewußten Fürsorge ihrer Mutter vermuteten. Sie hatten die Verbindungslinie gesehen, die ihre Mütter unbewußt zwischen Männlichkeit und Brutalität zogen.[20]

Mir fällt auch eine Textstelle von Christopher Milne ein, dem Sohn von A.A. Milne, berühmt für seine Schöpfung *Pu der Bär*:

> [Meine Mutter] führte ein strenges Regiment. Wenn Hindernisse in ihrem Weg lagen, ignorierte sie sie. Wenn unliebsame Tatsachen ihre Hoffnungen durchkreuzten, tat sie, als ob sie nicht existierten. Wie bereits erwähnt, war eine solche unliebsame Tatsache, mit der sie kurz nach meiner Ankunft konfrontiert wurde, daß ich eindeutig ein Junge war und daß sie neun Jahre lang versuchte, das zu ignorieren, indem sie mich wie ein Mädchen kleidete. . .Glücklicherweise siegte

dieses eine Mal der Geist über die Materie, und ich blieb ein Junge. Aber mit knapper Not, und ich war einer ihrer wenigen Fehlschläge.[21]

Ähnlich äußerte sich auch der englische Romancier und Bühnenautor W. Somerset Maugham: »Ich wurde von einer sehr strengen Mutter in dem Glauben erzogen, daß alle Menschen von Natur aus böse sind.«[22]

Wenn Frauen das Männliche als inhärent destruktive Energie sehen, die sie mit Dominierung und Gewalt in Verbindung bringen, verleitet es sie vielleicht zu dem Versuch, dieses wie Mrs. Milne in ihren Söhnen mit Stumpf und Stiel auszurotten. In einem populären Buch über die Erziehung von Söhnen berichtete die Autorin, wie sie in dem Bemühen, ihren Sohn zu retten, ihn von der Gesellschaft männlicher Wesen fernhielt, in einem Kaufhaus für ihn Mädchenkleidung aussuchte und ihn ermutigte, sich auf Gebieten zu betätigen, die traditionell als nicht männlich betrachtet werden. Eine meiner früheren Patientinnen war noch extremer. Als sie schwanger wurde, beschloß sie, falls die Fruchtwasseruntersuchung ergäbe, daß sie ein männliches Baby haben würde, es zur Adoption freizugeben: »Ich sehe mich einfach nicht in der Lage, einen aggressiven kleinen Jungen in meinem Leben zu dulden«, erklärte sie.

Sicherlich drücken die meisten Mütter die Mißbilligung der aggressiven Energie ihrer Söhne subtiler aus, was trotzdem schädlich sein kann. »Sei nett; benimm dich; achte auf deine Manieren; streite dich nicht; sei nicht so rüpelhaft; sei still; reg dich ab, und sitz um Himmels willen still!« Tausende von Müttern (und Lehrerinnen) sagen das Tausenden von Söhnen tagtäglich in ihrem Bemühen, sie zu sozialisieren. Aber diese Anstrengungen sind übereifrig. Wenn eine Mutter den »Wilden Mann« nicht nur zähmt, sondern austreibt, beraubt sie ihren Sohn seiner Vitalität – seiner Lebensessenz.

Gesunde aggressive Energie, die unterdrückt wird, nimmt oft destruktive Formen an, wie Feindseligkeit, Racheakte, Sabotage und Suche nach Sündenböcken. In den sechziger Jahren, als ich Lehrerin in Harlem war, hatte ich eine Kollegin, bei der es immer mucksmäuschenstill im Klassenzimmer war, wenn sie unterrichtete. Doch wenn es um drei Uhr klingelte, warfen die »wohlerzogenen« kleinen Jungen meiner Kollegin Mülltonnen um, Fensterscheiben ein und prügelten sich. Gesunde aggressive Energie, die unterdrückt wird, statt als positives Ventil zu dienen, kann auch zu innerer Abstumpfung führen. Bly schreibt in bezug auf den »neuen Mann«: »In den letzten zwanzig Jahren ist der männliche Mensch nachdenklicher, freundlicher geworden. Doch dieser Prozeß hat ihn nicht freier gemacht. Er ist ein netter Kerl, der es nicht nur seiner Mutter recht machen will, sondern auch der jungen Frau, mit der er zusammenlebt . . . Doch viele dieser Männer sind nicht glücklich. Man spürt schnell, daß es ihnen an Energie fehlt. Sie sind lebenerhaltend, aber nicht gerade lebenspendend.«[23]

Oliver, ein Patient im mittleren Alter, erzählte mir, daß seine Mutter, eine sehr feinsinnige Frau, ihn einen Flegel schalt, wenn er als kleines Kind seine männliche Vitalität in einer Zote oder durch Toben ausdrückte – ganz ähnlich wie sein »ordinärer« Vater, von dem sie sich vor der Geburt meines Patienten hatte scheiden lassen. Er erzählte mir auch, daß sie ihn – ausdrücklich zu seinem Besten – davon abgehalten hatte, mit den Nachbarsjungen Kontakte zu pflegen, die sie für »Lümmel« hielt, aber die laut Oliver nur normale lebhafte Jugendliche waren. Zur Befriedigung seiner Mutter entwickelte sich Oliver zu einem Mann von Kultur mit untadeligen Manieren, der immer einen guten Eindruck machte. Ja mehr noch, er übernahm die abschätzige Einstellung seiner Mutter gegenüber der Spezies Mann und bemühte sich nach Kräften, sie nicht zu mögen. Doch wie mir Oliver im frühen Stadium seiner Therapie oft sagte, trauerte er um seine unterentwickelte Männlichkeit. Da er als kleines Kind von der Welt der Jungen abgeschnitten war, fühlte er sich unter Männern steif und unbehaglich. Weil er seine natürlichen männlichen Energien nie ausleben durfte, fehlte es ihm an Lebensfreude.

Trotz meiner Andeutung, daß Mütter ihre Söhne stärken, indem sie ja zu ihnen sagen und ihre männliche Natur fördern, möchte ich betonen, daß die Beschützerinneninstinkte einer Frau ihr dieses vielleicht auch erschweren. In meinen Gesprächen mit Müttern von Söhnen hörte ich immer wieder, daß die Mütter Angst um ihre Jungen hatten. Wie wir alle wissen, endet es, wenn Jungen sich wie Jungen benehmen, oft damit, daß sie sich weh tun. Mädchen, die nicht weniger sportlich als Jungen sind, legen es nicht so sehr auf körperliche Gefahren und körperliche Verletzungen an, wie Jungen, besonders in der Adoleszenz, es anscheinend tun. Gesunde Mädchen und Frauen werden von Natur aus ihren Körper pflegen und schützen; gesunde Jungen und Männer drängt es dagegen anscheinend, manchmal ihre physischen Grenzen auszutesten und zu überschreiten. Vielleicht ist das der Grund, warum es fast viermal so viele tödliche Unfälle unter heranwachsenden und jungen erwachsenen Männern gibt als unter weiblichen in derselben Altersgruppe und warum die Mehrheit von Rückgratverletzungen bei jungen Männern vorkommt.[24]

Robert Bly schreibt anschaulich über die gefährlichen Neigungen junger Männer: »Es ist erstaunlich, wie viele Verletzungen ein durchschnittlicher Mann erlitten hat. Das wurde mir eines Tages in San Francisco anschaulich klar, als mehrere hundert Männer in einem großen Raum versammelt waren. Einer der Lehrer, Doug van Koss, verteilte zwei- oder dreitausend rote Stoffstreifen und bat jeden Mann, einen roten Streifen an allen Körperteilen zu befestigen, die in irgendeiner Weise einmal verwundet worden waren – ein Schnitt, ein gebrochenes Bein, eine Messerwunde, eine Narbe.

Viele Männer brauchten zehn oder noch mehr Streifen. Bei einigen Männern war die ganze rechte Körperhälfte von Kopf bis Fuß leuchtend rot; bei anderen bedeckte das Rot fast den ganzen Kopf; bei wieder anderen waren es Arme und Beine. Am Ende der Übung war der Raum ein einziges rotes Meer.«[25]

Als Jonathans Mutter glaube ich, daß meine größte Herausforderung in seiner Teilnahme am organisierten Sport bestand, trotz der Tatsache, daß er mit Körperverletzung in Verbindung gebracht wurde. In der Hoffnung, daß meine Geschichte bei Müttern, die dieses Buch lesen, Anklang findet, beschließe ich dieses Kapitel damit.

Seit Jonathan sieben war, kanalisierte er mit der begeisterten Zustimmung seines Vaters seine »Stier«-Energie in Football, Basketball und vor allem in Baseball. In den frühen Jahren war Sport gleichbedeutend mit Spaß – Werfen, Fangen und Hinfallen, Herumtoben, Rote-Wangen-Bekommen und Verdrecken, Neue-Freunde-Finden. Als Jonathan älter wurde, verwandelte sich das Ballspiel jedoch in blutigen Ernst. Auf der Junior High-School war ihm sein Baseballtraining wichtiger geworden als die Hausaufgaben, waren ihm Trainer wichtiger als Lehrer. Vor seinen großen Spielen beklagte er sich öfter über Bauchschmerzen und nervöse Kopfschmerzen; wenn er schlecht abschnitt, zerriß es ihm das Herz, oft tagelang. Er zog sich auch eine Unzahl kleinerer Sportverletzungen zu, gequetschte oder gebrochene Finger, Bänderrisse, Knieprobleme; unsere Gefriertruhe war nicht mit Eis am Stiel und Pizzen vollgestopft, sondern immer voller Kühlkompressen. Als wir unsere Tochter großzogen, mußten mein Mann und ich sie dreimal zur Unfallstation bringen; einmal, weil sie in unserem Garten Blumen gefuttert hatte, ein zweites Mal, weil sie sich im Turnunterricht den Arm gebrochen hatte (was ihre Karriere als nächste Nadia Comaneci ein für allemal beendete), und ein drittes Mal wegen einer leichten Gehirnerschütterung, nachdem ein verirrter Volleyball sie am Kopf getroffen hatte. Als Jonathan zwölf wurde, hatte ich bereits aufgehört, die Fahrten zur Ambulanz zu zählen.

Weil Baseball meinem Sohn und mir soviel Scherereien einbrachte, fing ich an, es zu verabscheuen. Und als er einmal ein ganz schlimmes Tief hatte und ankündigte, seine Mannschaft zu verlassen, hoffte ich, daß er es tun würde, obwohl ich wußte, daß es sich um leere Drohungen handelte und ihn irgend etwas zum Durchhalten, zum Überwinden seiner Verletzlichkeiten und zum Hartwerden zwang.

Während der High-School-Zeit »arbeitete« Jonathan weiter am Baseball. Wenn ich bei seinen Spielen zusah, war mir klar, daß die Jahre disziplinierten Trainings ihn neben seinen natürlichen Fähigkeiten zu einem guten Athleten machten. So wie ich erstaunt gewesen war durch seine unerschöpfliche Energie als Kleinkind, bestaunte ich nun seine männliche Anmut und Kompetenz. Obwohl er kein kraftvoller Schläger war, brillierte er als Außenfeldspieler und Base-Runner. Jonathan hatte etwas, was man einem Jäger zuschreibt: ein Bewußtsein, eine Aufmerksamkeit, eine »Wachsamkeit« voller Schwung und Elan und der Bereitschaft für den kritischen Augenblick.[26]

Doch beim Zuschauen wurde mir mulmig. Die anderen Jungen waren viel stämmiger als der schmächtige Jonathan, und sie spielten mit *harten Bandagen*. Die Werfer schleuderten ihre schnellen Bälle mit solcher Wucht, daß ich jedesmal aufstöhnte, wenn sie über die *Plate* gingen; wenn die Außenfeldspieler bei den langen hohen Würfen lospreschten, die in ihre Richtung kamen, sah ich sie im Geist schon mit dem Zaun oder miteinander zusammenprallen. »Irgendwer wird sich noch schwer verletzen«, murmelte ich dann vor mich hin ... und eines Abends passierte es meinem Sohn.

Ich war nicht unter den Zuschauern, als mein Sohn verletzt wurde. Seine Mannschaft spielte ein Hin- und Rückspiel, und mein Mann und ich waren mitten im zweiten Spiel heimgegangen. Jonathan hatte bis dahin hervorragend gespielt, und wir gingen in der Gewißheit schlafen, daß er mit seiner Leistung zufrieden wäre, und freuten uns für ihn. Kurz nach Mitternacht klopfte ein Freund von ihm mit aschfahlem Gesicht an unsere Tür. Jonathan war mit Blaulicht ins Krankenhaus gebracht worden. Bei dem Versuch, die zweite *Base* zu stehlen, hatte man ihn geschubst und hingeworfen. Sein Kopf war auf der *Base* aufgeschlagen, und er hatte das Bewußtsein verloren.

Als wir zur Unfallstation kamen, fühlte ich mich innerlich völlig benommen. Eltern können es sich einfach nicht vorstellen, daß ein Kind, das voller Leben ist, ein Kind, das in tausenderlei Hinsicht liebevoll umhegt wurde, ihnen plötzlich genommen oder irreparabel geschädigt wird. Erst Tage darauf, als ich wußte, daß mein Sohn durchkommen würde, traute ich mich darüber nachzudenken, was beinahe geschehen wäre. Wie ich erweckte mein Mann im Krankenhaus einen ruhigen *Eindruck*; er brachte es fertig, mit den erschrockenen Mannschaftskameraden meines Sohns und dem Trainer, die alle mit uns einen Teil der Nacht an seinem Bett wachten, Witze zu reißen. Doch zwei Tage nach dem Unfall erwachte Bruce nachts und schrie, das Zimmer drehe sich völlig ohne Kontrolle.

Meine Erinnerungen an jene schreckliche Nacht im Krankenhaus sind verschwommen, aber ich erinnere mich, daß, nachdem mein Sohn zu sich kam, er seinen Vater und mich als erstes fragte: Wißt ihr, ob ich es in die zweite *Base* geschafft habe?« (Der Schiedsrichter hatte ihn in Wahrheit ausgezählt.) Die zweite Frage war: »Kann ich morgen wieder spielen?« Mein Mann brachte ihm schonend bei, daß es noch eine Weile dauern würde, bis er wieder spielen könne. Natürlich wollte ich nicht, daß Jonathan je wieder Baseball spielte. Vielleicht könnte ich ihn für Computer interessieren, versuchte ich mir einzureden.

Ein paar Tage nach der Entlassung aus dem Krankenhaus fühlte sich Jonathan so schlecht, daß er im Bett blieb. Doch als Kopfschmerzen und Übelkeit nachließen, sprach er schon davon, wieder in der Mannschaft mitzuspielen. Als Psychologin wußte ich, daß mindestens einige Monate nach einer schweren Gehirnerschütterung der traumatisierte Teil des Gehirns besonders empfindlich ist und daß neue Verletzungen sehr ernste Folgen haben können. Ganz instinktiv wollte ich meinen Sohn davor schützen, ein unnötiges Wagnis einzugehen. Ich flehte ihn an, eine Saison auszusetzen, aber er bestand auf seiner Teilnahme. Im Lauf der Zeit wuchs die Spannung zwischen uns. Er lief wie ein Tier im Käfig im Haus herum, und trotz meiner Proteste trug er seinen Schläger bei sich und übte damit im Wohnzimmer.

Es gibt Zeiten, in denen die Stimme der Mutter sehr wenig Einfluß hat. Ich wußte, daß dies so ein Augenblick war. Jungen wenden sich an Männer, nicht an ihre Mütter, um ihren physischen Mut bestätigt zu bekommen. Wie wir leider wissen, gibt es aber Männer (von denen manche Trainer werden), deren Vorstellung von Männlichkeit so verzerrt ist, daß sie Jungen ermutigen, ihren Körper unnötig zu opfern – alle Gefühle von Angst oder Schmerz zu verbergen und der Aggression gegenüber der anderen Partei freien Lauf zu lassen, um ihre Männlichkeit zu beweisen. Von solchen unausgeglichenen Männern lernen die Jungen unter Umständen Gewalt; vor solchen unausgeglichenen Männern muß man die Jungen beschützen.

Wenn Söhne den mütterlichen Rat ablehnen, ist es vielleicht das Beste, was Mütter tun können, sie zu Männern zu bringen, die reif, freundlich und fürsorglich sind, Männer, die nicht Vorteile aus der Verwundbarkeit eines Jungen schlagen, wenn er seine männliche Stärke beweisen will, sondern die ihm vielmehr helfen, vernünftige Wege zu finden, sie auszudrücken.

Jonathan, sein Vater und ich willigten schließlich ein, daß Jonathan die Empfehlung unseres Hausarztes befolgen würde – ein Mann, den Jonathan seit frühester Kindheit gekannt hatte und dem wir alle vertrauten. Wir einigten uns auch, daß ich nichts zu Dr. Bearsley sagen würde, um seine Entscheidung zu beeinflussen. Zu Jonathans Befriedigung sagte der Arzt, das Risiko sei gering, er könne quasi sofort in seine Mannschaft zurückkehren.

Äußerlich akzeptierte ich Dr. Bearsleys Entscheidung sofort, aber sie gab mir keinen inneren Frieden. Vom Intellekt her verstand ich, daß meine schützende Hand loslassen und ich darauf vertrauen mußte, daß Jonathans Trainer, der zum Glück ein fürsorglicher und kluger Mann war, beim Training und bei den Spielen auf ihn aufpassen würde und Jonathans Begeisterung für Sport unterstützen mußte. Aber in meinem Herzen war ich dagegen, daß Jonathan Ball spielte und erneut die Gefahr einer Verletzung auf sich nahm. Um den Konflikt zwischen meinem Kopf und meinem Herzen zu lösen, mußte ich ganz eindeutig an mir arbeiten.

Ich wurde mir darüber klar, daß ich als Mutter eine doppelte Aufgabe zu erfüllen hatte. Erstens mußte ich die Illusion fahrenlassen, daß ich meinen Sohn vollkommen vor leiblichem Schaden beschützen könnte; wenn er sich in die Welt hinauswagte, waren meine Arme zu kurz, um sie nach ihm auszustrecken, sie um ihn zu schlingen und ihn gegen alle Schicksalsschläge abzuschirmen. Zweitens mußte ich die Tatsache akzeptieren, daß, trotz meiner großen Liebe zu Jonathan und obwohl ich ihn sicher und gesund wissen wollte, es falsch von mir wäre, ihn mit meiner schützenden mütterlichen Liebe zu belasten, die ihn vielleicht hemmen und übertrieben ängstlich machen könnte.

Sara Ruddick nennt den schützenden Aspekt der mütterlichen Sorge »erhaltende Liebe«. »Das Leben von Kindern zu erhalten«, schreibt sie, »ist das zentrale, grundlegende, unveränderliche Ziel mütterlicher Praxis«.[27] Doch, fährt Ruddick fort, die erhaltende Liebe einer Mutter müsse durch ihre »Demut« gemäßigt werden, denn erhaltende Liebe degeneriert, wenn sie grandios und grenzenlos ist. Nur mit Demut ist es einer Mutter möglich, die Grenzen ihrer Macht und »die unabhängigen, unkontrollierbaren und zunehmend eigenständigen Existenzen ihrer heranwachsenden Kinder« zu akzeptieren.[28]

Eine altgriechische Sage über die Muttergöttin Thetis und ihren Sohn Achill erinnerte mich auch an meine notwendigen mütterlichen Beschränkungen. Thetis versucht, Achill unverwundbar zu machen, indem sie ihn kopfüber in den heiligen Fluß Styx taucht. Doch die Stelle an seiner Ferse, wo ihre Finger ihn halten, kommt nicht mit dem Zauberwasser in Berührung, und schließlich erleidet er den Tod durch einen Pfeil, der ihn an eben dieser Stelle trifft. Die Ironie will es, daß Thetis Achill gerade an jener Stelle verwundbar macht, wo sie ihn beim Eintauchen festhält. Ich wollte den Fehler der Thetis nicht an meinem eigenen Sohn wiederholen.

Auf Jonathans Einladung sahen Bruce und ich bei dem ersten Heimspiel zu, an dem er nach seiner Kopfverletzung teilnahm. Sobald wir zum Baseballplatz kamen, musterte ich die Spieler der gegnerischen Mannschaft; sie kamen mir bedrohlich groß und stark vor. Als das Spiel begann, wurde es dunkel, und als die Erinnerung an die Nacht von Jonathans Unfall in mir aufblitzte, begann mein Herz schneller zu schlagen. Als Jonathan zum erstenmal am *Schlagmal* war, warf er viermal daneben und ging zur ersten *Base*. Nachdem der nächste Schläger Aufstellung genommen hatte, bemerkte ich, wie der *Coach* Jonathan das Zeichen gab, die zweite *Base* zu stehlen. Obwohl eine Schockwelle über mich hinwegrollte und ich wegsehen wollte, zwang ich mich, die Augen auf meinen Sohn zu heften. Beim ersten Wurf rannte Jonathan los wie ein wild gewordener Stier, rutschte in die zweite *Base* – und war diesmal in *Sicherheit*. Nachdem er sich aufgerappelt und den Dreck vom Trikot geklopft hatte, warf er uns ein triumphierendes Lächeln zu.

In diesem Augenblick wich die Angst von mir, die sich seit Jonathans Unfall in mir aufgestaut hatte. Großer Stolz und Liebe traten an ihre Stelle. Ich kniff die Augen zu, ich gelobte insgeheim, daß ich von jetzt an nicht länger über die schlimmen Dinge nachgrübeln würde, die Jonathan beim Sport zustoßen könnten. Ich würde seine Begeisterung teilen und respektieren, was immer in ihm seinen männlichen Esprit bewegen würde – oder wenigstens würde ich es versuchen. Gemeinsam mit meinem Mann und ein paar anderen Leuten auf der Zuschauertribüne stand ich auf und spendete dem beherzten jungen Sportler, der gerade die zweite *Base* gestohlen hatte, frenetischen Beifall.

2 Superman, Bruce Springsteen und Papa: männliche Vorbilder

Männer müssen schließlich danach streben, Männer zu sein, und obgleich ein Mann ganz verschiedene Züge haben kann, scheint das Mann-Sein, was immer das bedeuten mag, immer von zentraler Bedeutung zu sein.

GERALD I. FOGEL: The Psychology of Men

Mit etwa fünf Jahren durchlebte mein Sohn eine seltsame Wandlung. Von irgendwoher organisierte er sich einen rotseidenen Stoffetzen als »Umhang«. Dann tat er so, als könne er mit Röntgenblick durch feste Materie sehen, oder sprang mit ausgestreckten Armen vom Stuhl zur Couch und auf den Couchtisch. Dieses bizarre Benehmen dauerte wochenlang an. Auf Jonathans ausdrücklichen Wunsch spielten wir sein Spiel alle mit; als besondere Belohnung kaufte ihm sein Vater Superman-Comics, ich einen Schlafanzug mit Superman-Insignien, und sein bester Freund schenkte ihm einen riesigen Superman-Kalender. Doch obwohl ich nach außen hin Jonathans Begeisterung für Superman teilte, beunruhigte sie mich insgeheim. Ich fragte mich, ob seine Faszination wohl eine ungesunde Flucht aus der Wirklichkeit wäre. Würde er vom Dach springen, um zu »fliegen«?

Eines Morgens beschloß ich, nachdem ich den Jungen mit dem kleinen roten Cape im Montessori-Kindergarten abgeliefert hatte, Mrs. Gollin, die Leiterin, aufzusuchen, eine weißhaarige Frau, die meines Erachtens alles über Kinder wußte. Als ich sie fragte, was hinter Jonathans leidenschaftlicher Identifizierung stecken mochte, antwortete sie, ohne zu zögern: »Das hat mit dem Erlangen von Macht, männlicher Macht, zu tun.« Ich verließ das Büro der Leiterin, ohne ihre Erklärung in letzter Konsequenz zu verstehen, fühlte mich jedoch erleichtert, weil mein kleiner Superman sie anscheinend nicht beunruhigte.

Nicht lange nach meinem Gespräch mit Mrs. Gollin verschwand Superman aus unserer Familie. Eines Morgens zog Jonathan zu meiner Überraschung nicht sein rotes Cape an. Statt dessen bettelte er um einen schmierigen Lappen, der so aussah und roch wie der, den der Mechaniker von der Tankstelle benutzte. Zu seiner Freude fand ich einen schwärzlichen, schmierigen Lappen in der Garage. Ich präsentierte Jonathan diesen »Schatz«, und er zog ihn behutsam durch die Schlaufen seiner Jeans und trug ihn viele Wochen lang täglich als Teil seiner Kindergartenkluft. Jonathan war zufrieden in der Annahme, daß er dem versierten, gutaussehenden jungen Mechaniker ähnelte, der unseren Dodge Dart reparierte.

Doch genauso wie Superman uns verlassen hatte, verschwand auch der Mechaniker. Eines Tages erschien Jonathan ohne seinen Lappen, ließ die Muskeln spielen, gab Grunzlaute von sich, schubste seine Schwester, warf die Möbel im Wohnzimmer um und verkündete, er sei *Hulk*.

Als ich die Ideen für dieses Kapitel über männliche Vorbilder formulierte, dachte ich viel über die frühen Metamorphosen meines Sohns nach und konnte die Richtigkeit von Mrs. Gollins Erklärung bestätigen: Jonathans scheinbar merkwürdige Verhaltensweisen hatten alle mit dem Erwerb von Macht zu tun. Wie die meisten kleinen Jungen suchte er sich heldenhafte Männer und versuchte deren wunderbare Stärke in sich aufzunehmen, so daß er selbst, ein kleiner, abhängiger, verletzlicher Junge, sich stark fühlen konnte. Ich bin auch zu der Überzeugung gelangt, daß das Streben eines Jungen nach männlicher Macht – damit meine ich Fähigkeiten, Kompetenz und Tüchtigkeit, nicht die negativen Seiten – durch die Identifizierung mit vitalen Männern ein wesentlicher Aspekt seiner gesunden Entwicklung und es klug von uns Müttern ist, das zu verstehen, denn dann können wir geeignete Wege suchen, ihn in diesem Streben zu unterstützen. Da wir allerdings nie danach getrachtet haben, Männer zu werden, erfordert solch ein Verständnis von uns, daß wir uns sehr anstrengen müssen, um uns in sie hineinzuversetzen.

Das Ringen männlicher Kinder um Stärke und Unabhängigkeit, den Identifikationszwang mit starken Männern – besonders mit dem Vater – beschreibt Felix Salten in seinem Kinderbuchklassiker *Bambi* so zart und einfühlsam, daß mir keine bessere Methode einfällt, uns in sie hineinzuversetzen, als Auszüge wiederzugeben und zu interpretieren. (Tatsächlich bin ich mit dem Dichter Friedrich von Schiller einer Meinung, der erfundenen

Geschichten, die man uns als Kindern erzählt, größere Bedeutung zumaß, als den Tatsachen, die uns die Wissenschaft lehrt.)

Wie sich diejenigen erinnern werden, die die Originalversion von *Bambi* gelesen haben, verbringt das junge Kitz seine frühe Kindheit bei seiner Mutter, die es getreulich schützt, nährt und unterweist. Doch mit der Zeit regt sich etwas in Bambi, zieht ihn allmählich zur Welt des Männlichen und zu seinem Vater hin. Das junge Kitz ist an der Seite seiner Mutter, knabbert zufrieden an Blättern, als es lautes Rascheln im Gebüsch hört und ein Rudel Hirsche bemerkt. Die vorbeiziehende Prozession erfüllt Bambi gleichzeitig mit Schrecken und Staunen. Ein Hirsch kommt ihm riesenhaft vor, und der riesigste von allen beeindruckt ihn mit seiner wilden Mähne und dem baumartigen Geweih ganz besonders.

Im Vergleich zu diesen königlichen Geschöpfen erscheint Bambis Mutter, die er bislang als allmächtig und allerhaltend erlebt hat, ihm plötzlich »verkleinert«. Neben dem Hirsch empfindet Bambi auch seine eigene Kleinheit. Zum erstenmal kommt er sich »erbärmlich klein« vor. Doch trotz des Verlusts des Selbstwertgefühls ist Bambi von der Herrlichkeit der schieren Körperkraft des Bocks hingerissen und, wie es bei Salten heißt, »ihm war unheimlich zumute wie noch nie. Er hatte Angst, aber auf eine besondere Art.«[1] Von da an ist der junge Rehbock nicht mehr damit zufrieden, wie seine Mutter zu sein oder ausschließlich in der weiblichen Welt zu leben. Vielmehr fasziniert ihn immer stärker der große Hirsch, der die ursprüngliche männliche Natur repräsentiert:

> Eine Zeitlang ergötzte er sich, seine großen Verwandten, die Hirsche, schreien zu hören. Der ganze Wald dröhnte von den Stimmen der Könige. Bambi lauschte und fürchtete sich sehr, aber sein Herz bebte vor Bewunderung, wenn er diese Donnerrufe vernahm. Er dachte daran, daß die Könige Kronen tragen, die so groß waren und so verzweigt wie starke Baumäste, und er dachte, ihre Stimme sei ebenso gewaltig wie ihre Krone. Vernahm er den machtvollen Ausbruch einer solchen Stimme, dann stand er still und rührte sich nicht. Gebieterisches Verlangen rollte dahin in tiefen Klängen, ungeheures Aufstöhnen eines edlen, rasend gewordenen Blutes, das von Urkraft schäumte in Sehnsucht, Zorn und Stolz.[2]

Aus Bambis zitternder Bewunderung für die Hirsche spüren wir die freudige Erwartung und Angst und Ehrfurcht vor der eigenen erblühenden Manneskraft: Eines Tages wird auch ihm ein Geweih wachsen und er selbst sich in einen mächtigen Rehbock verwandeln. Unschwer läßt sich eine Parallele zwischen Bambis Reaktionen auf die mächtige physische Anwesenheit des Hirschs und den Gefühlen des kleinen Jungen zum männlichen Körper seines Vaters ziehen. So wie der Anblick des Geweihs Bambi gleichzeitig beeindruckt und einschüchtert, empfindet auch der kleine Junge gleichzeitig Bewunderung und Demütigung beim Anblick der Genitalien seines Vaters. Einerseits läßt das mächtige Organ des Vaters den kleinen Jungen daran denken, daß auch sein kleiner Penis mit der Zeit wächst und er selbst ein starker Mann wird; andererseits erinnert es ihn daran, daß er im Augenblick weniger als ein Mann ist – nämlich klein und schwach.

Im Verlauf der Geschichte tritt Bambis Vater auf, »der Alte« oder »der Fürst« des Waldes, und der junge Rehbock beobachtet ihn gebannt. Allmählich entwickelt sich eine Beziehung voller Bemühen, Leidenschaft und Liebe. Nun ist der Vater, nicht die Mutter, das Objekt von Bambis Faszination, und von nun an wird er dem Vater und nicht mehr der Mutter nacheifern.

Sicherlich fühlt sich Bambi bei seinem Vater nicht immer wohl. So bringt der junge Rehbock zum Beispiel eines Tages, als ihn eine Schießerei im Wald gerade erschreckt hat, den Mut auf, seinen Vater nach den Jägern zu fragen, von denen sie verfolgt werden. Doch der strenge Vater tröstet und beruhigt ihn nicht, wie seine Mutter es bestimmt getan hätte. Vielmehr fordert er Bambi auf: »›Selber hören, wittern und sehen. Selber lernen.‹ Er hob das gehörnte Haupt noch höher. ›Leb wohl‹, sagte er. Sonst nichts mehr. Dann war er verschwunden.«[3] Bambis Reaktion auf dieses Zusammentreffen ist ambivalent. Er will weinen, weil sein Vater hart ist, aber er ist auch durchdrungen von einem Gefühl wachsenden Stolzes und Selbstvertrauens, daß er dessen Anforderungen genügen kann.

Bambis Vater verhält sich so, wie es die Väter von Söhnen traditionsgemäß tun: Er versucht, sein Kind stark zu machen; seine Fähigkeit zur Selbstverteidigung zu fördern; seinen Forschergeist zu wecken; ihn auf die große weite Welt vorzubereiten – die Welt, die sich über die Obhut und den Schutz des mütterlichen Reichs hinaus erstreckt. Und solange er Zuwendung und Achtung statt Kälte und Verachtung erfährt, gibt der traditionell fordernde und anspornende Stil der väterlichen Erziehung dem geistigen Wachstum und dessen männlicher Entwicklung Nahrung.

In der ganzen Geschichte von Bambi treten die Unterschiede zwischen väterlicher und mütterlicher Sorge klar zutage. Bambis Mutter bereitet zum Beispiel ihren jungen Rehbock auf das Leben vor, indem sie ihm vom Wald und seinen Geschöpfen erzählt; mit großer Geduld beantwortet sie Bambis viele, viele Fragen und hilft ihm auf diese Weise, seine Welt zu verstehen. Der Vater redet dagegen nicht viel mit Bambi. Doch er regt eine andere Art Wachstum an, indem er Bambi hilft, sich an ihn zu wenden, um seine eigenen Antworten zu finden.

»Brüten« ist der Ausdruck, den der Schriftsteller J. Lang für den Prozeß verwendet, bei den eigenen Gefühlen zu verweilen, bis etwas »schlüpfen« kann. Diese Art zu »brüten« bringt der alte Rehbock Bambi bei. Nach Lang ist »Brüten« eine Art, nach der Männer traditionsgemäß Zugang zu ihren tiefsten Gefühlen fanden. »Die Dinge durchsprechen« ist dagegen eine Art, mit der Frauen traditionsgemäß ihre Emotionen in den Griff bekommen haben.[4] Weil wir Frauen uns oft wohl fühlen, wenn wir die Sprache von Gefühlen und Emotionen sprechen, sind wir vielleicht zu schnell, wenn wir die Väter unserer Kinder verdammen, weil sie es nicht tun. Vielleicht sollten wir statt dessen daran denken, daß Empfindsamkeit sich verschieden äußern kann, manchmal auch ohne Worte.

Natürlich sehnt sich jeder Sohn nach der Zustimmung des Vaters. Eine rührende Szene aus *Bambi* zeigt, daß väterliches Lob tatsächlich wortlos sein kann. Bambi hat gerade dem großen Rehbock erzählt, daß er jetzt auf sich selbst aufpassen kann und daß er nicht mehr nach seiner Mutter weint, wenn sie ihn allein läßt. »Prüfend sah der Alte auf Bambi und lächelte, ganz wenig, kaum zu merken, *aber Bambi merkte es dennoch.*«[5] (Kursivschreibung hinzugefügt.)

Als sich die Beziehung zu dem großen Rehbock vertieft, wächst auch Bambis Verständnis für seine Umwelt. Bambis frühe Idealisierung des Vaters wandelt sich zu einer wahrhaftigeren Würdigung. Aus genauer Beobachtung des »Alten« erfährt Bambi die tiefsten Geheimnisse des Waldes. Er gelangt auch zu der Erkenntnis, daß sich die Macht des alten Rehbocks nicht so sehr von seiner Körperkraft, sondern von seiner Kenntnis der natürlichen Welt, seinem Mitgefühl und seinem Engagement für den Schutz des Lebens ableitet; und als Bambi, verwundet durch den Schuß eines Jägers, von dem alten Rehbock gesund gepflegt wird, lernt er die heilenden Kräfte der väterlichen Fürsorglichkeit kennen.

Als Bambi reifer wird, lernt er auch die Tatsache zu akzeptieren, daß sein Vater verwundbar und sterblich ist – ja, daß er nicht immer für ihn da sein wird. Die grausame Ironie für jeden jungen Mann ist, daß er heranwächst und zunehmend an Kraft gewinnt, während sein Vater alt wird und an Stärke verliert. Den Vater zu überrunden ist für viele Söhne problematisch, so problematisch, daß manche sich stets davor hüten, erfolgreicher als der Vater zu werden. Es stimmt auch, daß es für übermäßig ehrgeizige und narzißtische Väter so bedrohlich ist, von ihren Söhnen übertroffen zu werden, daß sie versuchen, den Sohn unten zu halten.

Die Geschichte von Bambi veranschaulicht die natürliche Ordnung: Der alte Vater übergibt die Krone seinem Sohn. Die Geschichte endet damit, daß Bambi, jetzt ganz erwachsen und stattlich, den Segen seines Vaters empfängt, den Platz des sterbenden Rehbocks auf dem Berggipfel einnimmt und selbst Vater wird. Bambi hat sich mit seinem vitalen und liebevollen Vater als Vorbild in den mächtigen Bock seiner Kinderträume verwandelt. Das große Geweih, das Bambis Vater krönt, stellt die Zyklen von Wachstum und Regeneration dar, die er durchlief. Aber wie Felix Salten andeutet, wird das Leben für den Rehbock nicht leicht sein. Bambi wird, genau wie seine menschlichen Entsprechungen, lange und schwer kämpfen müssen, um seine männliche Kraft klug einzusetzen.

Mir scheint, daß Bambis Ringen, ein großer Bock zu werden, die Kämpfe eines jeden Jungen widerspiegelt, ein starker Mann zu werden. Wie der Waldfürst, so muß auch ein Junge seiner Mutter entwachsen, der Urquelle des Trostes und der Erinnerung an seine Säuglingszeit, in seine Männlichkeit und ins Erwachsensein hinein. Um den erheblichen Verlustschmerz zu lindern, der mit der Abgrenzung und Loslösung von der tröstenden Mutter verbunden ist, sucht der kleine Junge typischerweise Männer aus, mit denen er sich stolz identifizieren kann. Außerdem wird der Junge in den Jahren des Wachsens bei anderen Männern Führung und Verstärkung für seine eigene Mannwerdung suchen.

Bambis Bewunderung für den mächtigen Hirsch – seine zitternde, erbebende Ehrfurcht – ist in Wahrheit nicht anderes als die Gefühle, die manche kleinen Jungen den Spielern der National Football League, der National Basketball Association oder der *Major League* im Baseball entgegenbringen. In meiner Grundschulzeit waren meine männlichen Klassenkameraden so in ihre Baseballhelden verliebt, daß sie miteinander um die Spindnummern sieben und vierundzwanzig wetteiferten (sich manchmal sogar darum prügelten), die Nummern, die ihre Götter, Mickey Mantle und Willie Ways, auf ihren Trikots trugen. Jetzt, fast vierzig Jahre später, beobachtete ich meinen Sohn und seine Freunde, wie sie den Superbowl am Bildschirm verfolgen; sie scheinen gleichzeitig erregt und gebannt zu sein von der männlichen Schönheit, der Kraft und dem Können der Spieler auf dem Feld – ganz ähnlich wie Bambi, als er die Parade der Hirsche sieht. Wenn einem Spieler ein toller Paß gelingt oder wenn er schnell wie der Wind läuft, werden die Jungen wild vor Freude; sie sonnen sich in der Unschlagbarkeit der Spieler und ihrer gottähnlichen Macht, sie müssen glauben, scheint mir, daß auch sie unbesiegbar und gottähnlich sind.

Sicherlich genügt es nicht, daß ein Junge sich mit den Superstars des Sports (oder mit *Superman* oder *Hulk*) identifiziert, denn das sind Phantasiemänner, eindimensionale Figuren, von den Medien exakt konzipiert und manipuliert. Ein Junge muß sich auch mit Männern aus Fleisch und Blut identifizieren, deren Männlichkeit plastischere, realistischere Formen annimmt. Sicherlich ist der eigene Vater der Mann, der ihm fast immer am wichtigsten ist und den er durch einen langen, komplexen Prozeß der Nachahmung verinnerlicht; denn für die meisten Jungen ist der leibliche Vater der Fürst des Waldes. Der Vater verkörpert die männliche Kraft, die der Junge in sich zu entwickeln hofft; den Vater möchte der Junge gern als im Grunde guten, starken, aufrichtigen und charaktervollen Menschen sehen. Die Sehnsucht des Jungen nach dem Vater, den er bewundern kann, beschreibt der Schriftsteller Sherwood Anderson sehr schön in seiner Autobiographie:

Ein Junge will etwas ganz Besonderes von seinem Vater. Man hört immer wieder, daß Väter sich Söhne wünschen, die so sind, wie sie selbst nach eigenem Gefühl nicht sein können, aber ich sage Ihnen, es ist andersherum. Ich weiß, daß ich mir als kleiner Junge einen stolzen, stummen, schweigenden Vater wünschte. Wenn ich bei den anderen kleinen Jungen stand und er die Straße entlangkam, wollte ich meine Brust vor Stolz schwellen spüren.[6]

Es gibt eine berühmte Geschichte von Sigmund Freud und seinem Vater Jakob, die den heißen Wunsch jedes Jungen verrät, den Vater zu bewundern – und die Enttäuschung, *wenn er es nicht kann*. Auf einem ihrer langen gemeinsamen Spaziergänge vertraute Jakob dem zwölfjährigen Sigmund an, daß er eines Tages mit einer neuen Pelzmütze die Straße entlanggegangen war und jemand sie ihm vom Kopf gehauen und gegeifert hatte: »Runter vom Bürgersteig, Jude!«[7] Als Sigmund den Vater fragte, wie er reagiert habe, erwartete er zu hören, daß Jakob den Widersacher niedergeschlagen oder wenigstens beschimpft hätte. Doch sein Vater erklärte, er habe einfach die Mütze aufgehoben und sei weitergegangen. Weil der kleine Sigmund plötzlich seinen Vater als mutlos und feige wahrnahm, bekam die echte Liebe, die er für den älteren Mann empfunden hatte, jetzt Flecke der Verachtung.

Diese traurige Geschichte erinnert mich daran, wie verheerend es für alle Kinder unterdrückter Minderheiten ist, sehen oder anhören zu müssen, wie ihre Eltern von denen in mächtigen Positionen gedemütigt oder niedergeschlagen werden. Mir fällt dazu eine Geschichte ein, die mein alter Freund Avraham, ein aus dem Irak gebürtiger Jude, mir mal erzählte. Als kleines Kind stand Avraham hilflos daneben, als ein wütender Mob in der Mittagsstunde in sein Haus eindrang, seinen Vater auf die Straße zerrte, ihn verhöhnte und ihn brutal zusammenschlug. »Schon oft waren auf dem Schulweg andere Kinder über mich hergefallen, weil ich Jude war, aber das hinterließ nicht so tiefe Spuren in mir wie der Überfall auf meinen Vater, den ich mitansehen mußte. Ich konnte die Erinnerung daran nie verdrängen und auch nicht die zornigen Gefühle, die ich dabei empfand.«

Jeder Junge möchte an die Stärke und Güte seines Vaters glauben, denn dieser Glaube ermöglicht es ihm, seinem eigenen

Potential an Stärke und Güte zu vertrauen. Ich bin davon überzeugt, daß die Mutter von allen Menschen, die einem Jungen helfen können, positive Gefühle für den Vater zu haben, den größten Einfluß hat; die Mutter »interpretiert« ja die Welt für ihn und sagt ihm, was gut und böse ist; der Wahrhaftigkeit der Mutter vertraut er schließlich.

Ich war beeindruckt von einer Geschichte, die mir Jenna, eine ehemalige Patientin, erzählte. Sie hatte bemerkt, daß ihr elfjähriger Sohn Brent seinen Vater nicht richtig einbeziehen wollte. Da Brent die Labilität seines Vaters spürte, befürchtete er, er könnte etwas sagen, was dessen Gefühle verletzen würde. Obwohl Jenna einräumte, daß ihr Mann als Folge seiner Kriegserlebnisse in Vietnam phasenweise an Angstzuständen und Depressionen litt, war sie dennoch zuversichtlich, daß er nicht völlig zusammenbrechen oder die Kontrolle verlieren würde, und sie zweifelte nie daran, daß er ein durchaus engagierter Vater war. Behutsam erklärte sie ihrem Sohn, daß er nicht der Beschützer seines Vaters sein oder sich Sorgen um dessen Stimmungen machen müsste, daß nichts Schreckliches mit dem Vater passieren würde, wenn Brent ihm gegenüber gelegentlich Verärgerung oder sogar Zorn zum Ausdruck bringen würde. Sie erinnerte Brent auch daran, daß sein Vater ein Kriegsheld gewesen war – ein überaus tapferer, integrer Mann –, auf den er stolz sein könne, und daß die traurigen und ängstlichen Stimmungen seines Vaters einfach die Narben der Kriegserlebnisse waren. Dank des Zuredens der Mutter wurde Brent lockerer im Umgang mit seinem Vater. Jenna half ihrem Sohn in ihrer wunderbaren Art, sich eher auf die Stärken des Vaters als auf seine wunden Punkte zu konzentrieren und sich stolz mit ihm zu identifizieren.

Bambis Mutter stärkt die Bewunderung ihres Sohns für den Vater und die Identifizierung mit ihm auf ähnliche Weise. Als sie bemerkt, daß Bambi von der stattlichen Erscheinung des Vaters völlig hingerissen ist, sagt sie zu dem jungen Rehbock: »›Wenn du am Leben bleibst, mein Kind, wenn du klug bist, die Gefahr vermeidest, dann wirst du auch einmal so stark und schön sein wie dein Vater und wirst auch eine solche Krone tragen wie er.‹

Bambi atmete tief. Das Herz wurde ihm weit vor Glück und Ahnung.«[8]

Natürlich denken nicht alle Frauen gut von den Vätern ihrer Söhne. Doch wenn sie ihre geringschätzige Meinung ihren Söhnen übermitteln, bleibt es nicht aus, daß sie die Selbstachtung der Jungen untergraben. Ja, wenn eine Mutter den Vater ihres Sohns herabsetzt, fühlt sich auch der Junge herabgesetzt; wenn man Kinder um den Wunsch bringt, ihre Eltern zu idealisieren, besonders den gleichgeschlechtlichen Elternteil, verlieren sie ihr Selbstwertgefühl, was Gefühle der Scham hervorruft. Diese Wirkung wird treffend in einem Cartoon von Jules Feiffer beschrieben, in dem ein Junge schweren Herzens sagt: »Von meinem Vater habe ich den Gang, die Sprechweise, die Körperhaltung, die Ansichten . . . und von meiner Mutter die Verachtung für meinen Vater.«

Manchmal fragen mich Patientinnen, wie sie mit gerechtfertigten Gefühlen der Wut, mangelnden Respekts oder der Enttäuschung gegenüber den Vätern ihrer Söhne umgehen sollen. Obwohl ich ihnen keine Patentlösungen bieten kann, dränge ich sie, ihre Klagen und negativen Gefühle mit Freundinnen oder mir zu besprechen, aber nicht ihren Söhnen. Ich dränge sie auch, ihre Söhne hin und wieder wissen zu lassen, was bewundernswert oder gut an ihren Vätern ist. Joanne, eine Patientin, erzählte mir, daß sie tief graben mußte, um etwas Gutes über ihren ehemaligen Mann sagen zu können, der in zweifelhafte Geschäfte verwickelt und ein krankhafter Lügner gewesen war: »Ehrlich gesagt, hielt ich es für unmöglich, etwas Nettes über meinen ›Ex‹ zu meinem Sohn zu sagen, da ich den Mann wirklich verabscheue, aber auf Ihr Drängen hin habe ich mich bemüht, etwas zu finden. Wahr ist, daß er sehr intelligent ist. Meine Bemerkung, daß er die ›superschlauen Gene‹ seines Vaters geerbt hat, quittierte mein Sohn mit einem verlegenen Grinsen, und offenbar freute er sich über diese positive Verbindung mit ihm.«

Trotzdem muß eine Mutter den Jungen wissen lassen, daß sie außer sich ist, wenn ein Vater ein Mitglied der Familie körperlich oder seelisch mißhandelt. Kinder, denen man nicht sagt, daß die Mißhandlung durch einen brutalen Vater unverdient ist, glauben am Ende, daß *sie* und nicht der Vater einen schweren Makel haben; und Söhne, die zusehen, wie ihre Mütter vom Ehemann mißhandelt werden, laufen größere Gefahr, selbst gewalttätig zu werden. Darüber hinaus muß eine Mutter gegebenenfalls zum Schutz des Kindes einen Vater fernhalten, wenn er eine Bedrohung des Kindeswohls darstellt. Dennoch, sogar in Extremsituationen väterlicher Gewalt, die zu einer Trennung von Vater und Kind führen, muß eine Mutter nicht den Vater als ausgemachtes Ungeheuer zeichnen. Während sie seine Akte der Gewalt und Charakterschwächen benennt, kann sie auch seine positiven Eigenschaften, Fähigkeiten und Talente erwähnen, so daß der Sohn etwas Positives entdeckt, mit dem er sich identifizieren kann.

Neben dem Anekdotenmaterial haben wir auch Forschungsergebnisse, die darauf hinweisen, daß die Beschreibung des Vaters durch die Mutter das Selbstbild des Jungen beeinflußten. In einer Untersuchung, die Söhne verstorbener Väter mit Söhnen von Vätern verglich, die aus anderen Gründen abwesend waren, konnten sich die Söhne verstorbener Väter besser wiederfinden. Die plausibelste Erklärung für dieses Resultat ist, daß Witwen, im Gegensatz zu unverheirateten und geschiedenen Müttern, eher positive Erinnerungen an ihre Ehemänner hegen und mit herzlicher Anteilnahme von ihnen sprechen; die schmeichelhaften Geschichten, die sie ihren Söhnen über ihre Väter erzählen, helfen ihnen, die notwendige Idealisierung und Identifizierung mit ihnen zu vollziehen.[9]

Ich lerne von meinen männlichen Patienten, daß der erwachsene Mann den Vater genauso bewundern will wie der kleine Junge, der seinen Vater vergöttern und ihm nacheifern muß. Kürzlich offenbarte mir Ed, ein Mittfünfziger, er habe gerade erfahren, daß sein vor einigen Jahren verstorbener Vater seine Schwester als Kind zweimal sexuell mißbraucht hat. Dieses Wissen vernichtete meinen Patienten. Nicht nur, daß er tiefe Betroffenheit für das Leiden der Schwester empfand, er sah sich plötzlich auch des »guten Vaters« beraubt – des Vaters, der ihm das Angeln beigebracht hatte und wie man etwas mit eigenen Händen baut und der sein erstes Vorbild gewesen war.

Als ich Ed fragte, wie ich ihm helfen könnte, erwiderte er, es sei wichtig, sich einige positive Gefühle für seinen Vater zu erhalten. Zwar wollte Ed die Schwere der entsetzlichen Taten seines Vaters nicht bagatellisieren, wollte ihn aber auch nicht als Ungeheuer sehen; vielmehr wollte er ein wenig Respekt für den Mann behalten, der ihm den Weg zum Mannsein gezeigt hatte.

Im Verlauf der Gesprächstherapie fügten Ed und ich die glücklichen Erinnerungen an seine Kindheit und einen Vater, der trotz des Mißbrauchs seiner Tochter in vielerlei Hinsicht seinem Sohn geholfen hatte, zu dem patenten, kompetenten, liebevollen und geliebten Mann zu werden, der er ist, stückweise zusammen.

Eds Lage erinnert mich an einen anderen Fall. Vor Jahren beriet ich einen ausgesprochen liebenswürdigen und intelligenten Kommilitonen. David hatte eine Therapie angefangen, um die qualvolle Beziehung zum kalten und gleichgültigen Vater, der ihn und seine Geschwister verlassen hatte, als sie kleine Kinder waren, aufzuarbeiten. Obwohl David verzweifelt nach etwas suchte, was er an seinem Vater bewundern könnte, gelang es ihm nicht. Ratlos und zunehmend verbittert, beschloß David, seinen Nachnamen abzulegen, als Möglichkeit, die Bande mit dem verachteten Vater zu zerschneiden. »Die Wahrheit ist, daß ich nichts mit diesem Mann gemein habe, der mich *zufällig* gezeugt hat. Es ist lachhaft, daß uns ein Familienname aneinander binden sollte.« Obwohl ich keine Argumente gegen Davids Entschluß vorbringen konnte, riet ich ihm, sich etwas Bedenkzeit zu nehmen, bevor er solch einen radikalen Schritt tue.

In der folgenden Woche kam David in euphorischer Stimmung in die Therapie. Er verkündete, daß er seinen Familiennamen nicht ablegen wolle, denn er habe doch noch eine wichtige Verbindung zu seinem Vater gefunden. Wie David erklärte, waren es nicht die Ähnlichkeiten, sondern die Unähnlichkeiten, die sie miteinander verbanden. Als einfühlsamer, sensibler und bindungsfähiger Mann schloß David, daß er das auslebte, was sein unfertiger und unzulänglicher Vater nicht konnte – daß er umsetzte, was in dem älteren Mann unterentwickelt war. Jetzt waren Vater und Sohn eine gewisse Einheit geworden, und obgleich David verstand, daß eine physische Beziehung zu dem schwachen und herzlosen Vater nicht möglich war, konnte er eine geistige Verbindung mit ihm aufrechterhalten. Darüber hinaus konnte David durch die Beibehaltung des Nachnamens die Verbindung mit allen seinen männlichen Vorfahren erhalten, die sein eigenes Gefühl von Identität stärkten.

Im vorhergehenden Kapitel habe ich kurz meinen Patienten Oliver beschrieben, der nach der Isolation vom eigenen Vater und von allen Männern keine positive männliche Identität entwickeln konnte. Weil viel von unserer Arbeit in der Therapie sich um Olivers Wiederentdeckung des Vaters drehte, von dem er sich seit der Geburt entfremdet hatte, scheint es angebracht, zu Olivers Geschichte zurückzukehren.

Olivers Vater, ein erfolgreicher Bauunternehmer, hatte kurz vor Olivers Geburt in eine Scheidung »im gegenseitigen Einvernehmen« eingewilligt. Abgesehen von den monatlichen Besuchen, bei denen er die Unterhaltsschecks überbrachte, hatte der Vater wenig mit seinem Sohn zu tun. Unkultiviert, ohne gute Umgangsformen und mit einer Neigung zu Ausbrüchen verbaler Aggression wegen seiner Geschäfte, erntete er von seiner Exfrau und Oliver nur Verachtung. Der plumpe, unbeholfene Mann zerbrach unweigerlich etwas oder warf etwas um, wenn er bei seinen monatlichen Besuchen mit seiner Exfrau und seinem Sohn eine gemeinsame Mahlzeit einnahm. In dem Bemühen, die dumpfe Atmosphäre am Tisch etwas aufzulockern, riß er manchmal einen albernen Witz oder gab Anzügliches von sich, was Mutter und Sohn nur verärgerte und in Verlegenheit brachte. So unwillkommen wie ein Elefant im Porzellanladen, muß er gewußt haben, daß sowohl seine Exfrau wie auch sein Sohn alles daran setzten, ihn aus ihrem Leben zu vertreiben. Als dieser ungeliebte Mann plötzlich starb, fand sein damals achtzehnjähriger Sohn keinen Grund zur Trauer.

In einer unserer Sitzungen fragte ich Oliver, ob er sich *überhaupt* an schöne Momente mit seinem Vater erinnern könne. Nach einer beträchtlichen Pause erzählte er, daß er sich an eine lustige Begebenheit erinnere. Zu seinem zehnten Geburtstag hatte sich sein Vater ein einziges Mal über die Einwände der Mutter hinweggesetzt und ihn zu einem Ringkampf mitgenommen, wo zwei langhaarige, grobschlächtige Kerle in straßbesetzten Bikinishorts übereinander herfielen. Oliver erinnerte sich, daß sein Vater so laut über die Posen der Ringer lachte – der Kampf war offensichtlich eine abgekartete Sache –, daß er vom Sitz fiel. Angesteckt vom Gelächter des Vaters, erlaubte sich Oliver auch, über das ordinäre, aber harmlose Vergnügen zu heulen und zu kreischen, etwas, was er normalerweise nicht tat. Für Oliver setzte diese Erinnerung andere positive frei, die er mir eifrig erzählte. Es schien, daß er zum erstenmal die Bemühungen seines Vaters würdigen konnte, den Ernst zu bekämpfen, der über dem Haus seiner Mutter hing. Wo Oliver vorher Flegelhaftigkeit in seinem Vater gesehen hatte, sah er jetzt eine liebenswerte Verspieltheit und Fröhlichkeit.

Als es Oliver mit der Zeit gelang, die Heiterkeit, ja auch die albernen Späße und schlüpfrigen Bemerkungen seines Vaters zu schätzen, kultivierte er allmählich einen eigenen Sinn für Humor; er wagte es sogar, seinen männlichen Kollegen ein paar Zoten zu erzählen. In einer unserer Sitzungen sagte er mir, daß er sich energiegeladen fühle, und mit unverhohlener Freude sprudelte er hervor: »Ich glaube, daß mein toter Vater beschlossen hat, in das dunkle, leere Loch zu kriechen, das in mir war, um mich aufzuheitern.«

In den letzten Jahren ist es Mode geworden, Unterschiede zwischen Müttern und Vätern zu bagatellisieren oder zu leugnen. So zieht man zum Beispiel statt »mütterliche« und »väterliche Sorge« oft den Ausdruck »elterliche Sorge« vor. Außerdem hat der reale Machtmißbrauch, den man mit dem Patriarchat assoziiert, viele sensible Menschen veranlaßt, die traditionelle Vaterrolle nur in negativem Licht zu sehen. Familien, so behaupten sie, seien viel nettere Einrichtungen, wenn Männer mit Kindern eher die Mutter- als die Vaterrolle übernähmen – wenn sie »männliche Mütter« würden. Ich bestreite das.

Als Gesellschaft bewegen wir uns auf eine größere Flexibilität in unseren Geschlechterrollen zu, und dieser Fortschritt eröffnet neue und wunderbare Möglichkeiten für Männer und Frauen und für unsere Kinder. Heute werden Mütter generell nicht stigmatisiert, wenn sie sich für eine Karriere außer Haus entscheiden, und Väter werden generell nicht verspottet, wenn sie ihren Babys die Windeln wechseln. Immer mehr moderne Väter erwarten nicht, daß ihre Frauen die ganze Kindererziehung übernehmen, und immer mehr moderne Mütter erwarten von ihren Ehemännern nicht, daß sie die einzigen Verdiener in der Familie sind.

Trotz der Tatsache, daß die Elternrollen für Mütter und Väter sich überschneiden und manchmal auch ganz getauscht werden, nehmen Mutter- und Vaterliebe oft verschiedene Formen an. Wenigstens *neigen* die Mütter in den meisten mir bekannten Familien dazu, die Kinder eng an sich ziehen und zu behüten, während Väter dazu *neigen*, sie in die Welt hinauszuschubsen; während Mütter eher bestärken und akzeptieren, spornen Väter eher an und fordern. Ich meine, so lange diese Tendenzen nicht zu starren Verhaltensregeln verkommen, werfen sie nicht unbedingt Probleme auf; ja, die unterschiedlichen Erziehungsstile von Müttern und Vätern fördern die Flexibilität eines Kindes.

Ein Beispiel aus meinem eigenen Leben fällt mir dazu ein. Ich erinnere mich, daß mein Sohn, nachdem er sich nach einer Auseinandersetzung wegen eines schludrigen Referats wieder mit seinem Vater vertragen hatte, mich fragte, ob wir miteinander reden könnten. Jonathan ließ sich darüber aus, wie unterschiedlich sein Vater und ich ihn oft behandelten. In diesem Fall hatte Jonathan auch mich gebeten, sein Referat zu lesen, aber ich hatte es für das Beste gehalten, eher die Stärken als die Schwächen herauszustreichen. »Du akzeptierst mich so, wie ich bin, und das brauche ich«, sagte Jonathan, »aber Dad spornt mich an, es besser zu machen, und das brauche ich auch.«

Wie der Gesellschaftskritiker David Blankenhorn schreibt: »Weder Mutter- noch Vaterliebe ist ausreichend. Doch zusammen werden sie ein Ganzes, ergänzen sich zu dem, was ein Kind braucht.«[10] Mein enger Mitarbeiter, Dr. Ivan Miller, drückt es so aus: »Mütter und Väter sind unähnlich, so wie ein Ölgemälde einem Aquarell unähnlich ist. Beide sind wunderbar andersartig und interessant. Beide haben eine volle Farbpalette, aber die Textur und Beschaffenheit eines Ölbilds ist gewiß nicht die eines Aquarells.«

Ich stimme mit David Blankenhorn überein, wenn er meint, daß wir nicht voreilig die unterschiedlichen Erziehungsstile von Müttern und Vätern als richtig oder falsch beurteilen sollten. Der Vater, der seinen kleinen Sohn antreibt, auf einem Abenteuerspielplatz ganz hoch zu klettern, hat nicht unrecht, doch auch nicht die Mutter, die ihn zur Vorsicht mahnt; die Mutter, die das Kind leise fragt: »Wo tut es denn weh?«, ist nicht im Unrecht, aber auch nicht der Vater, der sagt: »Du wirst schon wieder, mach dir nichts draus!«[11]

Mütterliche und väterliche Fürsorge sehen nicht immer gleich aus, doch beide dienen dem Wohl und Wachstum des Kindes. Als ich eine Mappe mit frühen Zeichnungen, Geschichten und Briefen meiner Kinder durchsah, fand ich einen Zettel, den uns der neunjährige Jonathan aus dem Ferienlager geschickt hatte.

Liebe Mom, lieber Dad,
ich hasse das Lager. Bitte kommt so schnell wie möglich und holt mich nach Hause.
Liebe Grüße von eurem unglücklichen Sohn
Jonathan

In Jonathans Zettel lagen die Briefe, die mein Mann und ich unserem Sohn als Antwort geschrieben hatten, die er aufgehoben und uns zurückgegeben hatte.

Lieber Jonathan,
weil ich dich sehr liebhabe, möchte ich, daß du stark bist. Ich will, daß du dich an Situationen anpaßt, auch wenn es dir zuerst nicht gefällt. Du bist sehr aufgeweckt und hast einen sehr guten Kern. Jetzt mußt du lernen, das *Beste* aus der Situation zu machen, indem du lernst, flexibler zu sein.
Ich liebe dich und habe Vertrauen zu dir.
Dad

Lieber Jonathan,
Dad und ich haben viel miteinander gesprochen. Wir glauben beide, daß du es mit dem Lager noch einmal versuchen solltest. Aber ich möchte wirklich wissen, was dich eigentlich so bedrückt. Bitte ruf mich an, wenn du diesen Brief bekommst – du darfst das Telefon im Büro der Leiterin benutzen. (Ich habe mit ihr gesprochen, und sie sagte, daß du gern zu Hause anrufen darfst.) Dann können wir gemeinsam überlegen, was zu tun ist.
Ich liebe dich und bin immer für dich da.
Mom

In meiner Praxis habe ich beobachtet, daß manche Frauen, die normalerweise weich und nachgiebig sind, sehr wütend werden, wenn die Väter ihrer Kinder ihren Erziehungsstil nicht teilen. »Wie kann mein Mann so herzlos sein und verlangen, daß unser Sohn an kalten Wintertagen zu Fuß zur Schule geht, wenn es ihn nur fünfzehn Minuten Umweg kostet, Brian hinzufahren? Wenn ich ein Auto zu meiner Verfügung hätte, würde ich Brian ganz bestimmt überall hinfahren«, beklagt sich eine Patientin. »Ich bin wütend auf meinen ›Ex‹, weil er so streng mit Joel ist, der offensichtlich traurig und bedrückt ist. Er braucht etwas Mitgefühl von seinem Vater, so wie ich es ihm geduldig tagein, tagaus gebe – statt dieses ewige ›Nun reiß dich doch mal zusammen!‹«

Eine Mutter mag versuchen, ihren Sohn vor den Anforderungen seines Vaters zu »schützen«, ohne sich darüber klar zu sein, daß solch ein »Schutz« die Entwicklung des Sohns unterminiert. Ich habe diese Neigung in letzter Zeit auch an mir entdeckt. Nachdem mein Mann Jonathans schlampig verfaßtes Referat gelesen hatte, verbot er ihm, an diesem Abend zu einer Party mit seinen Freunden zu gehen, und bestand darauf, daß er statt dessen die Arbeit noch einmal schrieb. Jonathan tobte und schrie: »Wie kannst du mir das antun? Weißt du nicht, wie wichtig es für mich ist, mit meinen Freunden zusammen zu sein? Ich muß heute abend ausgehen.« Verwünschungen gegen den »großen bösen Bruce« ausstoßend, zog er sich auf sein Zimmer zurück, wo er den Abend mit Schreiben verbrachte. Ich für meinen Teil war böse auf Bruce, weil er solch eine harte Haltung einnahm, und als wir allein waren, drängte ich auf einen Kompromiß. Er lehnte ab, und ich fand, es sei besser für uns drei, wenn ich die Angelegenheit auf sich beruhen ließe. (In den siebenundzwanzig Jahren einer sehr guten Ehe haben Bruce und ich gelernt, daß nicht jede Meinungsverschiedenheit zwischen uns »ausgetragen« werden muß. In Fragen der Kindererziehung haben wir gelernt, uns dabei abzuwechseln, nicht auf der eigenen Meinung zu beharren, da wir beide ein Urvertrauen in die elterliche Güte des anderen haben.)

Am nächsten Morgen klopfte Jonathan an die Tür des Arbeitszimmers seines Vaters, gab ihm das Referat und sagte lächelnd: »Dad, ich habe mir wirklich Mühe damit gegeben. Du wirst sehen, jetzt ist es gut.« Bruce (er ist Englischprofessor) nahm das Referat, las es und stimmte Jonathans Beurteilung zu. Ich konnte sehen, daß Jonathan stolz auf seine Leistung und von der Zustimmung seines Vaters gerührt war. Hätte Bruce mir nachgegeben und seine harte Haltung gelockert, hätte Jonathan nicht so gut dagestanden, glaube ich jetzt. Guy Corneau, ein französischer Analytiker und Autor von *Absent fathers, lost sons* schreibt:

> Im großen und ganzen zeigen Kinder, die eine angemessene väterliche Erziehung bekommen, mehr Selbstvertrauen beim Lernen, in der Berufswahl und in bezug auf Eigeninitiative.

Die Liebe eines Vaters drückt sich oft in Bedingungen aus, als ein Weg, das Kind zu Leistungen anzuspornen: »Wenn du dies schaffst, schenke ich dir, was du willst.« Der Druck dieses Bedingungselements ist wichtig für die Entwicklung des Verantwortungsgefühls des Kinds, eine Bereitschaft, Grenzen auszuprobieren und zu überschreiten, und sogar einen Respekt für etablierte Hierarchien zu entwickeln; doch es wird nur dann ein positiver Einfluß, wenn es durch Zuneigung ausgeglichen wird.[12]

Neben vielen anderen Dingen habe ich beim Erziehen meines Sohns gelernt, daß meine Rolle in seinem Leben beschränkt ist. Sicherlich gibt es viele Möglichkeiten für eine Mutter, ihren Sohn zu umsorgen und seine Vitalität und das Gute in ihm zu fördern. Doch wie Robert Bly hervorhebt, sind Mütter nicht dafür gerüstet, ihren Söhnen beizubringen, was sie wissen müssen, um Männer zu werden; das lernen Jungen von ihren leiblichen Vätern oder von Vaterfiguren. Zwischen meinem Sohn und seinem Vater scheint es eine besondere Art der Kommunikation zu geben, die ich nicht immer verstehe. Wenn sie sich berühren, wenn sie spielen, wenn sie miteinander konkurrieren, sogar wenn sie sich streiten, weiß ich, daß etwas Lebenspendendes zwischen ihnen vorgeht. Mit der Zeit lerne ich, mich mehr zurückzuhalten und mich nicht in ihre Beziehung einzumischen, indem ich als Puffer oder Vermittlerin auftrete.

Bei dem Versuch, dieses Kapitel abzuschließen, wurde ich eines Tages vom gedämpften Klang eines Bruce-Springsteen-Songs abgelenkt, der durch den Luftschacht hereindrang, der Jonathans Zimmer mit meinem Schreibplatz verbindet. Bruce Springsteen und Martin Luther King waren die neuesten Vorbilder meines Sohns. Er hat die meisten Liedtexte von Springsteen auswendig gelernt, die von den Ungerechtigkeiten erzählen, die auf der Arbeiterklasse lasten, und einen großen Teil von Kings Rede »I have a dream«. Diesmal mußte ich nicht Mrs. Gollin fragen, was Jonathans leidenschaftliche Identifikationen zu bedeuten hatten. Ich wußte es. Es ging um Macht. Aber Jonathan suchte nicht die Macht von *Hulk* oder *Superman*; er suchte die Kraft, um sich gegen Ungerechtigkeit zu erheben, um sich durchzusetzen und die Welt zu verbessern. Die unbesiegbaren, übernatürlichen Helden hatten ihre Anziehungskraft verloren;

Männer aus Fleisch und Blut, die etwas tun, um anderen zu helfen, hatten statt dessen von seiner Phantasie Besitz ergriffen.

Beim Abendessen desselben Tages erzählte Jonathan mit offensichtlicher Bewunderung meinem Mann und mir, daß Bruce Springsteen manchmal den ganzen Erlös aus seinen Konzerten für wohltätige Zwecke spendet.

»Nicht, um Steuern zu sparen«, versicherte Jonathan. »Er will Gutes tun.«

»Wißt ihr«, fügte er hinzu, »Bruce gibt *mir* wirklich das Gefühl, daß ich auch etwas Gutes in der Welt tun kann; Bruce gibt mir diese Art Zuversicht.«

»Welchen Bruce meinst du?« fragte ich prompt. Und mit einem warmen Lächeln in Richtung seines Vaters antwortete mein Sohn: »Beide.«

3 Wachstumsschmerzen: männliche Loslösung

Die Pflanze möchte wachsen
und dennoch als Embryo verharren,
zunehmen und dennoch entgehen
dem Schicksal der Formgebung.
RICHARD WILBUR: Seed Leaves

Im letzten Kapitel haben wir die notwendige Identifikation des Jungen (und des Mannes) mit anderen Geschlechtsgenossen, insbesondere mit dem Vater, untersucht. Ausgehend von der theoretischen Psychologie wie auch von klinischen Berichten und der Fachliteratur, wollen wir jetzt kurz die notwendige Loslösung des Jungen (und des Mannes) von der Mutter zurückverfolgen und etwas gründlicher in Augenschein nehmen. Wir wollen unsere einfühlende Phantasie bemühen und zu verstehen versuchen, was unsere Söhne erleben, wenn sie darum ringen, sich von uns Müttern fortzuentwickeln.

Aus Beobachtungen und Studien von Müttern und Säuglingen wissen wir, daß das Kind in den ersten Wochen nach der Geburt in der Illusion lebt, mit seiner fürsorglichen Mutter eine Einheit zu bilden. Zwischen beiden besteht so gut wie keine Distanz: Nur schwer könnte man sagen, wo der eine beginnt und der andere endet, und es gibt nur die Einheit, das Gefühl von Ganzheit und Harmonie. Im Laufe der Wochen und Monate jedoch beginnt der Säugling, von einer geheimnisvollen Lebenskraft getrieben, sich von der Mutter abzustoßen, aus dem gemeinsamen Lebensbereich auszubrechen, die eigenen Erfahrungen von denen der Mutter zu unterscheiden und ein zunehmend individuelles und abgegrenztes Dasein für sich zu beanspruchen. Dieser Vorgang des Loslösens beginnt im Säuglingsalter und dauert das ganze Leben über fort.

Normal entwickelte Kinder beiderlei Geschlechts lösen sich psychisch von der Mutter, doch hat diese Loslösung eine andere

Bedeutung und verläuft für Töchter und Söhne in einem unterschiedlichen Zeitrahmen. Im Gegensatz zu einem Jungen identifiziert sich ein kleines Mädchen, da es demselben Geschlecht angehört, nach wie vor viel stärker mit seiner Mutter, auch wenn es zunehmend selbständiger wird. Tief in seinem Innern scheint es zu wissen, daß es aus demselben Holz geschnitzt ist wie seine Mutter. Während der ganzen Kindheit hält es sich daher in der Nähe seiner Mutter auf, nach der es seine Wirklichkeit und geschlechtliche Identität modelt, und beobachtet sie aufmerksam. Gewöhnlich behauptet es erst mit dem Heranwachsen vehement die Unterschiede zur Mutter, und selbst dann besteht das Gefühl von einer gemeinsamen Weiblichkeit fort.

Will ein Junge seine Identität erwerben, so kann er sich jedoch nicht an seiner Mutter orientieren. In den frühesten Jahren muß er sich von der Mutter ab- und seinem Vater (oder Vaterersatz) zuwenden. Allmählich muß er damit beginnen, sich auf einfallsreiche Weise von der Frau, mit der er einst verbunden war, zu trennen oder »zu ent-identifizieren« – von jenem menschlichen Wesen, das ihn neun Monate in seinem Leib getragen, ihm die Brust gegeben und zweifelsohne als die wunderbarste und mächtigste Person auf der Welt gegolten hat – und sich mit dem Mann, der bis dahin als »Außenseiter« gegolten hat, zu »gegen-identifizieren«[1]. Ich erinnere mich an die Worte eines Fünfjährigen, der die unterschiedlichen Vorbilder für eine Identifikation von Mädchen und Jungen in charmanter Weise zusammenfaßte: »Muttis sind die Lieblingsmenschen für die Mädchen, und Papis sind die Lieblingsmenschen von Jungs.«

Niemand weiß genau, welches Gemisch von Faktoren die Trennung von Müttern und Söhnen auslöst. In ihrem Buch *The way men think* behaupten die britischen Forscher Liam Hudson und Bernadine Jacot, die ausführlich die Geschlechterentwicklung untersucht haben, daß Jungen möglicherweise biologisch so programmiert sind, daß sie die Nähe zu ihrer Mutter aufgeben.[2] So ist es beispielsweise durchaus denkbar, daß die pränatale Entwicklung – neurologische Unterschiede in Struktur und Funktion des Gehirns – dazu führt, daß männliche Säuglinge unruhiger und intoleranter auf Frustrationen reagieren und weniger auf Gesichter und Stimmen der Menschen ansprechen als weibliche Säuglinge. Von daher könnten Jungen weniger gut für eine längere symbiotische Einheit mit der Mutter geeignet sein als ihre Schwestern. Für mich selbst war es viel befriedigender, meine Tochter zu stillen als meinen Sohn: Während sie sich zufrieden an meine Arme anschmiegte und mir in die Augen blickte, wurde er an meiner Brust ungeduldig und stieß sich energisch davon ab, um in die Runde zu schauen. Aus diesem Grund stillte ich Leah, meine »entgegenkommende« Partnerin, fast zwei Jahre lang und Jonathan, meinen »abweisenden« Partner, nicht einmal ein Jahr.

Doris Bernstein, ehemalige Leiterin des Institute for Psychoanalytic Training and Research, schreibt, daß die Antomie des Jungen und seine Körpererfahrungen ihm dabei helfen, Distanz von der Mutter zu gewinnen: »Der Penis ist außerordentlich gut zur Individuation geeignet, denn er dient als natürliches anatomisches Instrument beim Drang nach außen.« Er symbolisiert das energische Vorwärtsdrängen und Beiseitedrücken des Mannes, der in die Welt hinausgeht. Wie Bernstein weiter ausführt, kündigt es an, »daß Männer sich lösen (und individuieren) und separate menschliche Wesen zu werden vermögen«.[3] Im Gegensatz dazu scheinen sich die sexuellen Gefühle der Mädchen – diffus, nach innen gekehrt, aus einer geheimnisvollen, verborgenen Quelle tief im Innern sprudelnd – einer Trennung zu widersetzen; sie verstärken die verschwommenen Grenzen zwischen Mutter und Kind und spiegeln sie wider.[4]

Andererseits ist es ebensogut möglich, daß Mütter als Reaktion auf die Männlichkeit ihrer Söhne, auf ihr »Anderssein«, sich ihnen gegenüber – im Vergleich mit den kleinen Töchtern – von Anbeginn an distanzierter verhalten. Jede Mutter erkennt sich im Körper ihres weiblichen Kindes wieder, doch ist dies beim männlichen Kind nicht möglich, und aus diesem Grund fühlt sie sich ihm gegenüber entfremdet. Mir fällt das freimütige Geständnis einer zweiundsiebzigjährigen Frau ein, die sich erinnerte, was ihr bei der Geburt ihres Sohns als erstes in den Sinn kam. Als sie erfuhr, daß sie einen Sohn geboren hatte, dachte sie spontan: »Was zum Teufel soll ich mit einem Sohn anfangen?«[5] Tatsächlich neigen Mütter offensichtlich dazu, einen neugeborenen Sohn weniger oft anzusehen und mit ihm zu reden, als sie es mit einer neugeborenen Tochter tun.[6]

Ebensogut ist es möglich, daß die Mutter, durch die kulturellen Stereotype über den selbständigen Mann bedingt, ihrem

Sohn im Kindesalter die Botschaft zukommen läßt, er solle sich nicht kindisch verhalten, und dadurch erst seine frühzeitigen – vielleicht vorzeitigen – Versuche, eine gewisse Unabhängigkeit von ihr zu erlangen, provoziert. »Wie toll, du kannst ja die Flasche schon ganz allein halten! . . . Häng Mama doch nicht immer am Rockzipfel . . . Du bist zu schwer, um noch auf Mamas Schoß zu sitzen . . . Sei keine Heulsuse . . . Ja, du bist mein großer Junge, Mama mag ihren großen Jungen!« Und da der Vater einerseits möchte, daß sein Sohn stark wird, und er andererseits mit ihm um die Aufmerksamkeit der Ehefrau/Mutter konkurriert, wird er die frühen Unabhängigkeitsbestrebungen des Jungen fördern.[7]

Obwohl wir nicht mit letzter Gewißheit sagen können, aus welchen Gründen ein Junge sich von seiner Mutter fortentwickelt, so wissen wir doch, daß dies stattfindet. Die Untersuchungen über das Verhalten von Kindern ergeben, daß ein Junge zwischen dem dritten und fünften Lebensjahr bezeichnenderweise weibliche Aktivitäten im Zusammenhang mit seiner Mutter abzulehnen beginnt. Auch unterdrückt er seine Wünsche, von ihr umarmt, geküßt und geherzt zu werden. Und häufig sind seine nicht-sexistischen Eltern wegen seines sexistischen Verhaltens überrascht und bestürzt. Beispielsweise schließt er Mädchen von seinen Spielen aus, die sich häufig genug um stereotype männliche Erprobungen von Macht, Kraft und Leistung drehen.[8] Ein kleiner Junge kritisiert zuweilen seine Mutter oder Frauen im allgemeinen und macht sich über sie lustig. Ähnlich wie der Fuchs in Äsops Fabel, der vorgibt, die Trauben außerhalb seiner Reichweite seien zu sauer, kann er dazu verleitet werden, daß er die Mutter, die er aufzugeben gezwungen ist, abschätzig betrachtet. Meiner Ansicht nach könnten Mütter sich viel Kummer ersparen, wenn sie zwei Punkte nicht aus dem Auge verlören: Erstens sollten sie den Sexismus ihres kleinen Sohns nicht persönlich nehmen und zweitens mit strenger Hand dagegen vorgehen, wenn er aus dem Ruder läuft und beleidigend wird.

Während der kleine Junge im Begriff ist, die mütterliche Vertrautheit wie die beruhigende Abhängigkeit aufzugeben, durchlebt er mit Sicherheit innere Kämpfe. Einerseits ist er vermutlich erschrocken darüber, mit seinem weiblichen Elternteil identifiziert zu werden und sich selbst in der Mutter zu verlieren; andererseits ist er ebenso erschrocken darüber, daß er den Zugang zu ihrer Mütterlichkeit verliert. In diesem Zusammenhang tritt das Bild meines Sohnes als Kleinkind vor mein geistiges Auge. Wo immer Jonathan hinging, nahm er zwei Schätze mit: einen orangefarbenen Tonka-Laster (den ich als sein Vehikel zum Wegfahren ansah – das Symbol seiner Loslösung von mir) und eine wuschelige weiße Decke (sein Kuscheltuch – das Symbol seiner Verbindung zum Säuglingsalter und zu mir).

Bei älteren Jungen kann der innere Drang zu mehr Unabhängigkeit von der Mutter eine Gegenbewegung zu größerer Abhängigkeit von ihr nach sich ziehen. Die Mutter eines Sechsjährigen bemerkte: »Billy verlangt, daß ich Dinge für ihn erledige, die er selbst schaffen könnte. Ständig kommt er zu mir, damit ich seine Schulsachen, Fäustlinge oder Mütze suche, die er verlegt hat. Wenn ich mich weigere, blickt er äußerst hilflos drein.«

Müßte ich das Porträt eines Jungen zeichnen, würde ich es, so wie Picasso es in seiner kubistischen Periode hielt, in zwei Hälften aufteilen: Die eine würde in hellen Farben sein grimmiges Streben nach Unabhängigkeit darstellen, die andere in gedämpften Tönen seine Bedürftigkeit charakterisieren.

Hudson und Jacot haben die Umkehrung der Identität des Jungen – der trennende Schnitt von der Mutter weg und die Annäherung zum Vater hin – als »männliche *Wunde*« bezeichnet, ein Begriff, der Verletzungen und mögliches Vernarben umschreibt. In ähnlicher Weise charakterisiert Erich Neumann, der große Schüler C. G. Jungs, die Trennung des Jungen von seiner Mutter als einen traumatischen Vorgang: ein Heraustreten »aus der Sicherheit in die Gefahrenzone, aus der unbewußten Einheit mit dem ›Du‹ in die Einsamkeit und bewußte Unabhängigkeit«.[9]

Als mein Mann und ich vor kurzem zu einer Reise in touristisch weniger überlaufene Gegenden Griechenlands aufbrachen, verstand ich gefühlsmäßig, was es für ein kleines Kind heißt, sich von seiner Mutter zu trennen. Obwohl ich auf dieser Reise meinen Lebensgefährten an meiner Seite wußte und auch ausreichend Geld, einen Paß, Flugscheine und sogar Hotelgutscheine dabei hatte, überfiel mich die Angst, und zuweilen war ich mir nicht sicher, ob ich überhaupt fern von daheim in einem fremden Land herumstreunen und die Abenteuer erleben wollte, die die Reise versprach. Wenn angesichts einer bevorstehenden

Trennung von der gewohnten Umgebung schon einen Erwachsenen eine solche Angst befällt, wie groß müssen erst die Wogen der Furcht sein, die über einen Dreijährigen hinwegschwappen, der sich von seiner Mutter, seiner Hauptstütze, löst, um sich in eine unbekannte Welt zu begeben? Wie verletzlich, wie unsicher muß er sich fühlen! Als ich mich in die Lage eines Säuglings versetzte, vermochte ich zum erstenmal die beklemmenden Verse des beliebten Schlafliedchens nachzuempfinden:

Schlafe mein Kindchen, oben im Wipfel,
Die Wiege schaukelt sanft der Wind.
Doch bricht der Ast, fällt die Wiege, plumps,
Runter fallen Kindchen und Wiege, rums.

Allerdings entdecken die glücklicheren unter den kleinen Jungen, wenn sie sich aus den Armen der Mutter befreien (der Wipfel aus dem Wiegenlied), daß es einen freundlichen und fürsorglichen Vater gibt, der ihren freien Fall bremst; und sie werden entdecken, daß Väter ihnen ebenfalls ein Gefühl der Sicherheit verleihen können, wenngleich die väterliche Liebe nicht jene der Mutter ersetzen kann. Wenn ich an Jonathans früheste Kindheit zurückdenke, so erinnere ich mich, daß er im Alter von etwa fünf Jahren meinen Schoß für den seines Vaters eintauschte. Obwohl er sich wand, wann immer ich ihn zu umarmen oder zu küssen versuchte – Gesten, die ihm das Gefühl verliehen, wieder ein Säugling zu sein –, so hatte er dagegen keine Probleme, körperliche Zuwendungen seines Vaters anzunehmen. Tatsächlich sprang er so lange jeden Abend seinem Vater auf den Schoß, bis seine Beine so lang waren, daß sie den Boden berührten.

Weniger glückliche Jungen wachsen dagegen in dem Gefühl auf, daß sie sich keinem zuwenden können. Nachdem sie auf die Tröstungen der Mutter verzichtet haben und keine bei einem Vater fanden, gehen sie vielleicht in dem Glauben durchs Leben, daß sie alles Elend allein tragen müssen. Sie lernen, übertrieben tapfer zu sein. Samuel Osherson, ein Psychologe aus Harvard, hat formuliert, was – wie ich vermute – viele Jungen und Männer tief im Innern fühlen, sich aber nie zu sagen trauen:

> Von früh an erfahren wir Frauen als diejenigen, die uns ausfüllen, trösten und sich um uns kümmern, ohne daß wir beim Erwachsenwerden die Möglichkeit haben zu lernen, wie wir uns selbst ausfüllen und vollständig fühlen, während

wir wirklich von den Frauen getrennt sind. Wir lernen es nicht, von Männern Fürsorge, Pflege und Vertrautheit zu erhalten – angefangen beim ersten Mann in unserem Leben, dem Vater, bis hin zu uns selbst. Der Kampf des Jungen um Trennung-Individuation führt dazu, daß Männer eine Last aus Verletzlichkeit, Abhängigkeit und innerer Leere mit sich herumschleppen und noch jener Zeit nachtrauern und diese noch einmal durchleben, als es unangemessen schien, zur Mutter um Hilfe zu eilen, wenn sie es wünschten, und sie mit ihrer Verwirrung, Angst oder Traurigkeit nicht zum Vater gingen oder gehen konnten.[10]

Hudson und Jacot machten eine interessante Beobachtung. Sie weisen darauf hin, daß Jungen auf den Verlust der Einheit mit ihrer Mutter – ein Verlust, der emotional zwangsläufig mit Schmerz verbunden ist –, so reagieren, daß sie zum Selbstschutz eher Beziehungen zu Gegenständen als zu Menschen aufbauen. Mit anderen Worten: Sie verschieben ihre Vorlieben vom Bereich des Persönlichen (intime Beziehungen, wobei die Mutter-Kind-Beziehung an erster Stelle zu nennen ist) in den des Unbeseelten (Apparate, Maschinen, abstrakte Gedanken) und vom Bereich der subjektiven Erfahrung (Gefühle, Stimmungen, Intuitionen) in jenen der objektiven (Logik, Ziffern, wissenschaftliche Beweise). Vielleicht ist ein Knirps aus diesem Grund von den Knöpfen und Schaltern des CD-Players seiner Eltern fasziniert, während er keinerlei Interesse am Spiel mit Puppen erkennen läßt; und vielleicht beschäftigt sich ein Mann aus diesem Grund stundenlang mit einem neuen Software-Programm an seinem Computer, während er tausenderlei Ausflüchte findet, wenn er eine Stunde lang mit seiner Ehefrau zusammensitzen und reden soll.

Die Abwendung des Jungen von seiner Mutter und von dem mit ihr in Verbindung gebrachten sanften und intimen Gefühl hin zur Welt der Dinge und der Ideen zeitigt sowohl positive wie negative Folgen. Einerseits erklärt diese Entwicklung die zahlreichen und wunderbaren Leistungen der Männer in den »schweren« Wissenschaften, der Mathematik, der Architektur, dem Ingenieurwesen und der Logik; andererseits mag sie für die gemeinhin eher bei Männern als bei Frauen beobachteten Mangelerscheinungen verantwortlich zeichnen: ein begrenztes Interesse oder Unvermögen am Knüpfen von Beziehungen zu Menschen auf der Grundlage von Einfühlung.

Während ich mir anhöre, was meine männlichen Patienten erzählen, stelle ich im Geist eine Verbindung zwischen ihrer frühzeitigen Trennung von der Mutter und ihren aktuellen Beziehungen her. So fällt mir beispielsweise bei den Berichten meiner Patienten über deren frühe Liebesbeziehungen auf, daß junge Männer, nachdem sie sich verliebt haben, viel verletzlicher sind als junge Mädchen. In den Armen ihrer Liebsten entdecken junge Männer das Paradies wieder, das sie als Säuglinge verloren haben, als sie die Einheit mit ihren Müttern aufgeben mußten. Nun werden sie wieder einmal eng umschlungen, warm gehalten und innig geliebt. Doch verlieren sie dieses Paradies zum zweitenmal, da eine frühe Liebe unweigerlich verlorengeht, und so werden sie erneut traumatisiert und erneut verwundet. Als Folge davon ziehen sie sich emotional zurück oder werden eifersüchtig besitzergreifend und/oder klammern bei künftigen Liebesbeziehungen. Zumindest nach meiner Erfahrung, die im Gegensatz zum allgemein anerkannten Wissen steht, werden Mädchen für gewöhnlich weniger traumatisiert als Jungen, wenn die Beziehung zu den ersten Liebespartnern zerbricht. Bei den Mädchen ruft ein solcher Bruch, anders als bei den Jungen, nicht die Erinnerung daran wach, daß ihnen die mütterliche Wärme frühzeitig abhanden kam.

Meiner Meinung nach beeinflußt die frühe Trennung von Mutter und Sohn auch das Verhalten eines Mannes zu seinen kleinen Kindern. So entdeckt beispielsweise der frischgebackene Vater peinlich berührt, daß er sich über sein Baby oder sein Kleinkind ärgert, das ihm die »Mutter« entzieht. Unvermittelt wird er mit seinen frühesten Gefühlen konfrontiert sowie mit dem kindlichen Verlangen, selbst wie ein Säugling verhätschelt und umsorgt zu werden. Beschämt über das Auftauchen solch unerwarteter Gefühle, versucht er zum eigenen Schutz, sich von Frau und Kind freizumachen.

Andererseits kann der junge Vater sich völlig entgegengesetzt dazu verhalten. Mein Mann hat mir häufig erzählt, daß er eine heilende Energie durch seinen Körper fließen fühlte, wenn er eins unserer Kinder eng an sich drückte; die Anspannung, die er für gewöhnlich mit sich herumtrug, löste sich auf, und er verspürte einen tiefen, inneren Frieden. Wir beide sind zu der Ansicht gelangt, daß er sich in seinen kleinen Kindern selbst umhegte – und so zu seiner eigenen verlorenen Mutter wurde.

Die Gefühle von Einsamkeit, Verlassenwerden und Entfremdung im Zusammenhang mit der Trennung von Mutter und Sohn können auch in der Beziehung des erwachsenen Sohns zu seiner Ehefrau zum Vorschein kommen, falls sie sich von ihm zurückziehen sollte. Ein Kollege von mir, der sich auf die Behandlung von Männern spezialisiert hat und besonders feinfühlig auf die Wirkungen eines frühen Verlusts reagiert, berichtete mir, daß er jeden seiner Patienten in einer Midlife-crisis fragt: »Sagen Sie mir, hat sich ihre Frau in letzter Zeit verändert? Studiert sie wieder? Geht sie arbeiten? Sind Sie jetzt mehr sich selbst überlassen, weil Ihre Frau sich nun mehr außer Haus bewegt?«

Samuel Osherson erinnert uns an die mächtige Nachwirkung der Trennung eines Jungen von der Mutter:

> Für viele Männer bedeutet die eigene Familie einen Ersatz für die Mutter, und wir halten unsere Ehefrauen für das, was wir durch die Trennung von der Mutter aufgeben mußten . . . Das Aufgeben der Mutter im Kleinkindalter und des Zuhauses in der späteren Jugend ist mit erheblichem Kummer und Verlust verbunden, so meine ich, bevor man bereit ist, das Umhegtsein aufzugeben und ein »Erwachsener« zu werden. Es gibt wenige Wörter in unserer Sprache, die emotional so aufgeladen sind wie »zu Hause«. Wenn E.T. mit seinem leisen Stimmchen erwartungsvoll »nach Hause, nach Hause« sagt, rührt er auch an die tiefsten Sehnsüchte der Erwachsenen im Kinopublikum.[11]

Natürlich werden die meisten Männer die belastenden Gefühle, die sie überkommen, wenn sie jemanden verlassen oder verlassen werden, kaum mit ihrer früheren Loslösung von der Mutter in Verbindung bringen, an die sie sich nicht mehr erinnern und die für ihre bewußte Gedankenwelt nicht mehr zugänglich ist.

Die Loslösung des Jungen von seiner Mutter beeinflußt nicht nur seine Entwicklung, sondern auch seine Wahrnehmung von ihr. Mein Mann Bruce schilderte mir eine Episode aus seiner Kindheit, die treffend die widerstreitenden Gefühle eines Jungen zu seiner Mutter illustriert. Bruce erinnert sich daran, daß er als Erstkläßler mit steigendem Fieber aus der Schule nach Hause kam und seine beunruhigte Mutter ihn mit besorgter Miene pflegte, als er krank im Bett lag. Während dieser Zeit träumte Bruce zweimal bruchstückhaft. Im ersten dieser Fragmente, die ihm während all der Jahre lebhaft vor Augen standen, klammerte er sich verzweifelt an einen Baumstamm, der über einem steinigen Abgrund über wild tosendem Wasser wuchs. Im zweiten hatte er sich in ein herrliches Roß verwandelt, doch seine Mutter, die fest an seiner Mähne zog, hinderte ihn daran, sich freizumachen und das Weite zu suchen. In der Phantasie des kleinen Bruce stellte die Mutter, an die er sich klammerte, um nicht unterzugehen – der kräftige Baumstamm, der verhinderte, daß er in die gefährlichen Wasser stürzte –, zugleich jenen Menschen dar, die seine Lebenskraft, seine männliche Energie, seine »Pferdestärke« zügelte.

Den Kampf um die eigene Befreiung von der Mutter, die er als umklammernd und einengend empfand, schildert der Analytiker und Autor Loren E. Pedersen anschaulich durch einen Traum, den er als Siebenjähriger hatte. In diesem Traum symbolisieren ein Haus und Baumwurzeln die Mutter.

> Ich befinde mich im Haus meiner Kindheit, in einer Wohnung in einem dreistöckigen Backsteinbau im Norden Chicagos. Ich spaziere über den Flur vor dem Apartment im zweiten Stock. Als ich am Treppenansatz ankomme, bemerke ich, daß die Baumwurzeln langsam durch Löcher im Putz vordringen und schnell von einem Ende des Flurs zum anderen und offenbar durch ihn hindurch wachsen. Während ich nach unten steige, stoßen immer mehr Wurzeln durch, und bald darauf sind sie so sehr gewuchert, daß ich völlig umschlungen bin. Ich kämpfe mich frei, klettere hinunter und versuche mit immer größerer Mühe, mir einen Weg durch das Wurzelwerk zu bahnen. Es wird so dicht, daß es mir schließlich unmöglich erscheint, nach draußen zu gelangen. Die Gewißheit, daß ich nicht mehr hinausfinde, macht mir immer mehr zu schaffen. Entsetzt wache ich auf.[12]

Wenn ein Junge, ähnlich wie der junge Loren, sich von der Mütterlichkeit seiner Mutter dermaßen eingeschlossen fühlt, so erlebt er sie nicht mehr als wohltuend, sondern als furchtbar. Lorens Alptraum drückt die Ausweglosigkeit eines Sohnes aus, der aus dem behütenden Heim der Mutter ausbrechen will, das er plötzlich als Gefängnis wahrnimmt. Im Traum gerinnen die haltenden, an sich beruhigenden und umgreifenden Arme der Mutter zu strangulierenden Wurzeln, die ihn zu umschlingen drohen. Um »nach draußen zu kommen« und sich aus seiner Abhängigkeit zu befreien, muß Loren sich einen Weg »durch die Wurzeln« bahnen, die gewuchert sind.

Wir Mütter wissen, daß wir nicht über magische Kräfte der Dominanz und Kontrolle verfügen; wir wissen, daß wir gewöhnliche menschliche Wesen sind, die oft verwirrt und manchmal überwältigt sind angesichts dessen, was man alles von uns in unserer Rolle erwartet. Doch unsere kleinen Söhne wissen nichts davon. Für jeden kleinen Jungen ist die Mutter – die Frau, aus deren Leib er kam, die Frau, die ihn ernährt, kleidet, beschirmt und beschützt – mit übermenschlichen Kräften ausgestattet. Sie ist keine gewöhnliche Sterbliche, sondern eine allgegenwärtige und allwissende Naturkraft.

Ein sehr kleiner Junge – und in seinem Unbewußten jeder erwachsene Mann – erfährt die Mutter mal als eine lebensbejahende, gütige, mal als eine grimmige, furchteinflößende Kraft. Daß sie über die Macht verfügt, menschliches Leben in ihrem Leib zu formen und zu nähren sowie über die Macht, es zu zerstören (wie der Junge annimmt), erscheint ihm nicht weniger als magisch. Und ihrer »Magie« wegen verehrt, beneidet, entwürdigt und fürchtet er sie.

Der »allmächtigen« Mutter zu trotzen und sie herauszufordern, wozu ein Junge sich bemüht, um sich von ihr zu lösen, verlangt erheblichen Mut von ihm. Ich vermute, daß die Phantasien von der »furchtbaren Mutter«, an denen unsere Märchen und Mythen so reich sind, zumindest teilweise von den Befürchtungen des Jungen herrühren, daß seine Loslösung von ihr sie sehr, sehr böse auf ihn werden läßt: daß sie ihn – wenn er versucht, von ihr wegzugehen – vergiften, zerreißen, gefangensetzen, zerkratzen oder verbrennen wird. In den schlimmsten Phantasiegebilden eines Jungen verwandeln sich das Essen der Mutter in einen giftigen Fraß, ihr Schutzraum in ein Gefängnis, ihre Arme in Klauen, Fesseln oder – wie im Fall des jungen Loren – in einschnürendes Wurzelwerk und ihre Wärme in Feuer. In der Vorstellung des Jungen und in den Geschichten, die seine Phantasie nähren, muß er listige Wege ersinnen, um vor der »furchtbaren Mutter« zu »fliehen«. Der »heldenhafte Sohn«

in unseren Märchen und Volkssagen, der mutig den Kampf mit Hexen und Zauberinnen aufnimmt, ist niemand anderer als der Junge, der sich von der allmächtigen Mutter seiner Kindheit freimacht.[13]

Aus Erfahrung weiß ich, daß nicht nur der kleine Junge sich vorstellt, daß seine Mutter sehr, sehr böse werden wird, wenn er sie verläßt. In meinem ersten Jahr auf dem College ging ich mit einem jungen Mann aus, der besonders große Schwierigkeiten hatte, sich von seiner ihn abgöttisch liebenden Mutter zu lösen. Eines Mittags, als mein Freund sein Sandwich mit gehackter Leber auspackte, das seine Mutter ihm zubereitet hatte, bemerkte er, daß die Leber nicht wie üblich braun, sondern eigentümlich gelbgrün aussah. »Was ist das denn?« fragte er argwöhnisch und behauptete dann allen Ernstes: »Ich weiß schon, meine Mutter versucht, mich mit Leber zu vergiften! Sie ist böse auf mich, weil ich mit dir ausgehe, und will mich bestrafen.« Als mein Freund später feststellte, daß der Senf auf der gehackten Leber den gelbgrünen Farbton verursachte, war er peinlich berührt.

Trotz aller Kämpfe gelingt es den meisten Jungen, sich emotional von ihrer Mutter zu lösen. Einem kleinen Prozentsatz allerdings gelingt es nicht. Nichts in ihrer biologischen Natur drängt sie dazu, sich von ihrer Mutter zu trennen. Zudem werden sie durch eine Mutter benachteiligt, die ihren Sohn mit übertriebener Nähe verwöhnt. Laut Robert Stoller, dessen Untersuchungen über die Entwicklung der Geschlechter große Beachtung fanden, kann eine Mutter, die mit ihrem dem Kindesalter bereits entwachsenen Sohn übertrieben intim umgeht – indem sie ihn zum Beispiel streichelt, mit ihm schäkert, ihn badet und sich zusammen mit ihm schlafen legt – und keinem Mann gestattet, diese allzu enge Beziehung zu stören, die Ursache dafür sein, daß der Sohn sich weiterhin mit ihr identifiziert, die weibliche Natur verinnerlicht und nicht zu seinem erwachsenen Selbst finden kann. Gelegentlich ist dann die »furchtbare Mutter«, die ihren Jungen nicht loslassen will und darauf besteht, daß er immer ein Teil von ihr bleibt, nicht ein Teil seiner Phantasie, sondern seiner Wirklichkeit.

Obwohl ein Junge sich schon in frühem Alter von seiner Mutter zu lösen versucht, dauert dieser Vorgang das ganze Leben lang an. So schwer es kleinen Jungen fällt, sich von ihrer Mutter loszureißen, so schwer fällt es auch manchem erwachsenen

Mann. Zur Zeit behandle ich eine sehr nette Frau, die eine tiefe Depression durchlebt, weil ihr dreißigjähriger Sohn – ihr Erstgeborener und ihr »Problemkind«, in das sie fast ihre ganze mütterliche Energie investiert hatte – plötzlich und aus nicht erkennbaren Gründen nichts mehr mit ihr zu tun haben will. Obwohl ich den Sohn nie kennengelernt habe, vermute ich, daß diese Entfremdung allerhand mit seinen alles andere als erfolgreichen Versuchen zu tun hat, die enge Verbindung zu seiner Mutter zu lockern. Aus schierer Verzweiflung fühlte er sich nun zu einem glatten Bruch genötigt. Aus jahrelanger Erfahrung weiß ich, daß Mutter-Kind-Trennungen häufig weder angenehm noch sanft sind. Lösen sich Söhne allerdings überhaupt nicht von ihren Müttern, so wird ihre Zukunft gewiß mit psychischen Problemen befrachtet sein.

Die Anhänger C. G. Jungs nennen das Versagen eines Mannes, sich von der überliebevollen, überfürsorglichen Mutter der Kindheit zu befreien, einen »Mutter-Komplex«. Robert A. Johnson, der Autor von *He*, kennzeichnet diesen Komplex als »reines Gift für die Seele eines Mannes«:

> Dies ist die regressive Fähigkeit, die zu einer Abhängigkeit von der Mutter und zum Kindsein zurückkehren möchte. Dies ist der Wunsch eines Mannes zu versagen, seine defätistische Fähigkeit, seine unterschwellige Todes- oder Unglückssehnsucht, sein Verlangen nach dem Umhegtsein.[14]

Johnson schildert anhand des Mythos von Parzival und dem Fischerkönig aus dem 12. Jahrhundert den Trennungskampf des erwachsenen Mannes. Parzival wird von dem selbstgesponnenen Gewand behindert, das seine Mutter Herzeloide ihm in liebevoller Absicht geschenkt hat. So lange dieses Gewand – ihr Schutzkleid für ihn – Parzival kleidet, kann er seine natürliche männliche Kraft nicht bemerken. Folglich vermag er den Fischerkönig nicht zu heilen, der wirklich ein Teil seiner selbst ist, und die Pracht der Gralsburg nicht zu erblicken, das Symbol seiner Spiritualität und seiner Menschlichkeit.

Das Bild vom mütterlichen Schutz in Form eines Gewandes taucht ebenfalls in dem jiddischen Lied »Oifn weg steht a boim« (Am Weg steht ein Baum) auf. Dieses Lied besingt ein kleines Kind, das gerne ein Vogel wäre, damit es zu dem Baum am Wegesrand fliegen kann, um mit ihm gemeinsam ein Lied zu singen. Seine Mutter, die das Kind gerne vor den eisigen Winterwinden geschützt sähe, wickelt es in ihren wärmsten Mantel ein. Doch statt es zu trösten, drückt diese Kleidung es vielmehr nieder, ähnlich wie Herzeloides Gewand Parzival hemmt. Als das Kind nun seine »Flügel« bewegt, stellt es fest, daß es nicht fliegen kann. Die überfürsorgliche Liebe der Mutter ist zu einer bedrückenden Last geworden.

Doch so wie stärkende Mütter die Periode der symbiotischen Intimität mit ihren Söhnen nicht ausdehnen, so treiben sie andererseits auch nicht all ihre sehnsuchtsvollen, sanften und weiblichen Anteile aus oder würdigen diese herab. Ich stimme mit der Autorin Carol Klein überein, wenn sie schreibt: »Mütter von Söhnen müssen ein empfindliches Gleichgewicht herstellen: Einerseits sollten sie ihre Söhne dazu ermutigen, Schritte zu einem eigenständigen Selbst hin zu unternehmen, und andererseits sollten sie in jenen Zwischenetappen für sie erreichbar sein, die eine solche Reise weniger furchterregend machen.«[15] Immer wieder haben mir Männer, ob Patienten oder Freunde, berichtet, daß die ausdauernde Liebe und Gegenwart ihrer Mutter für sie entscheidend war. »Im Leben gibt es keine größere Gefahr als die, verlassen, allein gelassen zu werden«, schreibt der Kinderpsychiater Bruno Bettelheim, »und je jünger wir sind, um so quälender ist unsere Angst, wenn wir das Gefühl der Verlassenheit haben, denn ein junges Kind geht wirklich unter, wenn es nicht beschützt und umsorgt wird.«[16]

Carol Klein berichtet, daß die überwiegende Mehrheit der Männer, die sie für ihr Buch über Mütter und Söhne interviewt hat, sich an einen wiederkehrenden Alptraum erinnerte, in dem sie aus der Schule heimkehrten und ihre Mutter nicht zu Hause war. »Mit wachsendem Entsetzen läuft der kleine Junge von Zimmer zu Zimmer auf der Suche nach seiner Mutter oder wenigstens einem Anzeichen dafür, daß sie bald zurückkehrt . . . Die vorherrschende Gemütsverfassung, die die meisten Männer angaben, war eine von tiefer Einsamkeit, ein Gefühl der völligen Hilflosigkeit.«[17]

Zur Zeit behandle ich einen jungen Mann, der unter extremer Einsamkeit leidet und von einer unglücklichen Liebesaffäre in die nächste taumelt. Ebenso wie die von Klein interviewten Männer berichtet er davon, wie er auf der Suche nach seiner Mutter im Traum von einem Zimmer ins nächste hastet. Die

Frauen, die sich mein Patient aussucht, entsprechen immer dem Typ »Eiskönigin« – verlockend, doch eiskalt und ihn schließlich abweisend. Vor kurzem sprach ich mit Jay während einer Sitzung über seine Mutter.

»Was fällt dir ein, wenn du an sie denkst?« fragte ich.

»Mir fällt auf, daß wir nie etwas zusammen unternommen haben. Nie. Sie wollte mich nicht um sich haben.«

»Und was würdest du ihr sagen, wenn sie jetzt mit uns hier im Zimmer wäre?« wollte ich wissen.

Jay senkte den Blick, und nach einer langen Pause antwortete er mit kaum vernehmbarer Stimme: »Ich würde ihr sagen, daß sie mir fehlt . . . und daß ich immer noch versuche, sie aufzuspüren, doch daß sie immer vor mir flieht.« Danach vergrub Jay seinen Kopf in den Händen und weinte leise vor sich hin.

Bedauerlicherweise ist es nicht ungewöhnlich, daß ein kleiner Junge (von seiner Mutter oder seinem Vater) beschämt wird, weil er seine Verwundbarkeit offenbart und bei seiner Mutter Trost und Besänftigung zu finden wünscht. Laut Robert Stoller entwickelt ein Junge, der wegen seiner Bedürfnisse beschämt wird, einen »kalten, brutalen und phallischen Charakter« und verabscheut womöglich jedes Anzeichen von Weichheit, jede Spur eines weiblichen Anteils bei sich und bei andern.[18]

Wird ein Junge davon abgehalten oder anderweitig entmutigt, eine enge Beziehung zu seiner Mutter zu pflegen – wenn die Loslösung von ihr nicht sanft, sondern abrupt verlaufen ist –, so ist er ebenfalls von den besonderen Möglichkeiten abgeschnitten, mit denen sie sein Leben bereichern kann. Auf dem Weg zum Erwerb einer männlichen Identität werden Jungen es höchstwahrscheinlich vermeiden, weibliche Tätigkeiten mit ihrer Mutter auszuführen (wie beispielsweise Stricken lernen, Blumen in einer Vase arrangieren), sondern andere Möglichkeiten des Beisammenseins mit ihr vorziehen. Ich habe mit meinem Sohn Geometrie gepaukt; meine Schwiegermutter hat mit meinem Mann über Politik diskutiert, als er ein Teenager war; meine Freundin unternimmt lange Wanderungen in der Wildnis mit ihrem Sohn und vermittelte ihm ein Gefühl der Ehrfurcht vor der Natur; zahllose Mütter jubeln ihren Söhnen beim Fußball oder Baseball zu. *In der Beziehung zwischen Müttern und Söhnen ist es völlig normal, daß beide sich voneinander lösen, dagegen nicht, daß ihre Beziehung abbricht.*

Obwohl Kinder ihre Geschlechtsidentität festigen – was bedeutet, daß sie sich in den frühesten Jahren selbst als eindeutig männlich oder eindeutig weiblich wahrnehmen –, zieht sich die emotionale Trennung eines Jungen von seiner Mutter und seine Identifizierung mit dem Vater über viele Jahre hin. Die »männliche *Wunde*« heilt erst, wenn ein junger Mann vollkommen zu sich selbst gefunden, wenn er es gelernt hat, eine intime Beziehung aufzubauen und in ihr zu leben, ohne von der überfürsorglichen Mutter aus dem Säuglingsalter und der Kindheit (oder ihrer Stellvertreterin, der überfürsorglichen Ehefrau) abhängig zu sein. Wenn er Glück hat, ist er mit einer Mutter gesegnet, die ihn dabei unterstützt, seine Loslösung von ihr ohne unnötige Schmerzen und ohne ständige Beeinträchtigungen zu vollziehen.

Eine Möglichkeit hierzu ergibt sich, wenn sie seine Beziehung zu seinem Vater oder Vaterersatz fördert. Bedauerlicherweise ist dies alles andere als einfach. Einige Väter übernehmen bei ihren Söhnen keine fürsorgliche Rolle, so sehr ihre Ehefrau sie dabei auch stützen würde. Andere Väter verlassen nach ihrer Scheidung die Söhne tatsächlich. Doch sehr viele Väter möchten ihre Söhne umsorgen. Wenn Mütter sich nur ein wenig aus ihrer fürsorglichen Rolle zurückziehen, so habe ich oft beobachtet, übernehmen häufig genug Väter diesen Part. Meine Kollegin, Dr. Lyn Gullette, berichtete mir diese nette Anekdote: Als ihr Sohn sich am Knie verletzte und die Haut aufschürfte, kam er zu ihr gelaufen, um sich trösten zu lassen. Nach kurzer Zeit sagte der Kleine jedoch: »Jetzt gehe ich zu Daddy. Ich habe genug geweint, und da möchte ich nicht mehr bei dir bleiben.« Er schenkte ihr ein aufmunterndes Lächeln, und fort lief er zu seinem Vater. Ähnlich wie Lyn, bestraft eine kluge Mutter ihren Sohn nicht und macht ihm auch kein schlechtes Gewissen, falls er ihre Fürsorge zurückweist und Distanz sucht; obgleich sie momentan von seiner »Ablehnung« betroffen sein mag, entläßt sie ihn mit einem Lächeln und führt ihn seinem Vater zu. Ist kein liebender Vater vorhanden, kann sie den Weg für eine gute Beziehung zum Großvater oder zu einem Onkel oder einer fürsorglichen und ständig erreichbaren Männergestalt in seinem Leben ebnen. Dagegen darf sie den Sohn nicht in ihrer weiblichen Fürsorge, in ihrem Mutterherzen eingeschlossen halten.

Eine weitere Möglichkeit, den Sohn bei seiner Loslösung von ihr zu unterstützen, besteht für eine Mutter darin, daß sie ihm von Zeit zu Zeit gestattet, zu ihr zurückzukehren, um mütterliche Fürsorge zu erhalten. Bruno Bettelheim merkt an, daß kurze Regressionen eines Jungen zu seiner fürsorgenden Mutter ihm die notwendige Sicherheit und Stärke für seinen nächsten Schritt in Richtung Unabhängigkeit und Selbstsicherheit liefern. Dies kann nicht heißen, daß eine Mutter mit dem Sohn unter einer Decke stecken sollte, falls der Vater strenger mit ihm umgeht als sie, es sei denn, dessen Strenge wird unmenschlich. Noch kann es heißen, daß sie den Sohn im allgemeinen vor den Ansprüchen und Herausforderungen schützen sollte, die einen Teil des Erwachsenwerdens ausmachen. Vielmehr heißt es, daß sie ihm liebevolle Unterstützung gewährt, wenn das Gewicht der Welt zu schwer auf ihm lastet.

Wenn ich abends nach der Arbeit nach Hause komme, kuschle ich mich gern in meinen geliebten Sessel, trinke eine gute Tasse Tee, lege klassische Musik auf und lese in einem guten Buch.

Bevor er, mein Sohn, aufs College ging, kam er dann gelegentlich hinzu und setzte sich zu mir. Ich gewann den Eindruck, daß er sich in meiner stillen, ruhigen Umgebung wohl und sicher fühlte. Wenn wir dann zusammensaßen, vertraute Jonathan sich mir mit seiner Furcht vor dem Erwachsenwerden und seinen Ängsten an. Obwohl ich seine Probleme nicht mehr für ihn regeln konnte, glaube ich, daß unser Zusammensein ihn gestärkt hat, denn nach einer Weile sprang er auf und trollte sich voll neuer Energie davon. Ein Bekannter von mir meinte einmal, jeder Junge habe das Bedürfnis, seine Mutter wie auf Knopfdruck erscheinen und verschwinden zu lassen.

Als weitere Methode für eine gesunde Loslösung des Sohns von ihr steht einer Mutter die Möglichkeit zur Verfügung, daß sie ihm seine Tüchtigkeit und Effektivität bestätigt. Auch wenn der sich loslösende Junge zuweilen aggressiv oder großspurig erscheinen mag, so steckt er in Wirklichkeit doch voller Selbstzweifel. »Kann ich ohne meine Mutter überleben?« fragt er sich. »Ist es wirklich in Ordnung, daß ich anders bin als sie?« Als wir nach einem Abendessen mit Freunden Geschirr spülten und abtrockneten, erzählte mir ein Freund, der gewöhnlich zurückhaltend ist, Geschichten aus seiner Kindheit. Rubin, so heißt er, vertraute mir an, daß er sich als Junge fast albern vorgekommen sei, da er in einem Haushalt mit starken Mutterfiguren aufwuchs. Sowohl verbal wie non-verbal vermittelten ihm seine

Mutter und seine Großmütter, daß seine beiden Schwestern zwar stets »wüßten, wo es längs geht«, er jedoch, ebensowenig wie sein Vater und im übrigen alle Männer, gar nichts auf die Reihe bekomme. Vermutlich ohne sich der Tatsache bewußt zu werden, daß sie ihn verletzten, drängten diese Mütter ihn in die Rolle eines *Schmegeige*, ein jiddisches Wort für »Stümper« oder »Dussel«. In anrührender Weise erzählte Rubin mir, daß er sich nach wie vor für unfähig hält, obwohl er ein anerkannter Wissenschaftler ist. Er ist noch immer der kleine *Schmegeige*, der kleine Junge, dessen Streben nach Selbständigkeit seine Mutter und Großmütter mit spöttischen Blicken und Bemerkungen begleiteten.

Ich erwähne Rubin hier deshalb, weil ich glaube, daß seine Anekdote die Erfahrungen vieler Jungen und Männer wiedergibt. Die vielleicht bekannteste Erzählung vom Kampf eines Jungen um mehr Selbständigkeit, »Jack and the Beanstalk« (Jack und der Bohnenstengel), betont Jacks Bedürfnis, von seiner Mutter Zustimmung zu erfahren, als er sich von ihr löst, sowie das Versäumnis der Mutter, Jacks neue Unabhängigkeit und Fähigkeiten zu bestätigen. Ebenso illustriert sie die defensive Tendenz des Jungen, seine männliche Tapferkeit zu übertreiben, wenn die Mutter seine aufkeimende Männlichkeit schmäht und beleidigt.

In dieser englischen Volkssage zieht der junge Jack zu Beginn los, um auf Geheiß der Mutter die getreue Kuh Milchweiß (Symbol für die stillende, rundum ernährende Mutter aus der frühesten Kindheit) zu verkaufen, weil sie keine Milch mehr gibt. Auf dem Weg zum Markt trifft Jack einen Mann (Symbol für den Vater), der ihm im Tausch für die Kuh ein paar Zauberbohnen anbietet. Jack schlägt in den Handel ein und ist ob seiner Initiative hocherfreut. Obwohl er erwartet, daß seine Mutter sich ebenso darüber freut, sieht er sich getäuscht. Nicht nur verspottet und prügelt sie ihn wegen seiner Torheit, sondern beleidigt ihn überdies noch, indem sie die »wertlosen« Bohnen zum Fenster hinauswirft.

Nachdem seine Mutter ihn gedemütigt und ohne Essen zu Bett geschickt hat, sieht sich der Junge gerechtfertigt, als er sich in seiner Phantasie vorstellt, daß seine kostbare Bohne – die letztlich den Samen seiner Mannhaftigkeit und seiner aufkeimenden Sexualität darstellt – zu einem riesigen Bohnenstengel herangewachsen ist. In Wahrheit schafft Jack sich den größten

Phallus der Welt. Weil sie seinen ersten Versuch herabgewürdigt hat, sich als fähiger, gescheiter junger Mann zu beweisen, der sich ohne seine Mutter gut zurechtfindet, übertreibt er zum Selbstschutz seine männliche Tüchtigkeit. Man könnte behaupten, daß Jack sich als griechischer Gott Priapus neu erfindet, dessen Glied so riesig war, daß er es auf einer Schubkarre vor sich her schieben mußte.

Wir alle empfinden von Zeit zu Zeit das Bedürfnis nach Anerkennung, Wertschätzung, Bestätigung und Lob. Dies gilt besonders für Jungen, deren Kampf um Selbstfindung sowohl schwierig wie auch lang ist. Die Selbstachtung unserer Söhne hängt zu einem Großteil von der Art ab, in der wir Mütter auf ihre Menschlichkeit, Männlichkeit, Vitalität, Virilität, Sexualität, Kraft, Gescheitheit, Initiative, Zeugungsfähigkeit und Unabhängigkeit reagieren. Tatsächlich behält ein Junge, wie Sigmund Freud schrieb, der von seiner Mutter hoch geschätzt wird, »sein Leben lang das Gefühl, ein Eroberer zu sein, jenes Vertrauen in den Erfolg, der häufig den wirklichen Erfolg nach sich zieht«.[19]

Die positiv die persönliche Entwicklung fördernde »Mutter der Loslösung« (ein von der Kinderpsychologin und Autorin Louise Kaplan geprägter Begriff) findet mittels ihrer Worte und Taten Mittel und Wege, ihrem Sohn die Zuversicht zu vermitteln, daß das Erwachsenwerden – durch die zunehmende Loslösung und Unabhängigkeit von ihr – zwar äußerst spannend, manchmal aber auch traurig und schrecklich sein kann. Die hilfreiche »Mutter der Loslösung« bietet während der ganzen holprigen Reise ihres Sohns auf dem Weg zur Individualität Halt und Ermutigung an, ganz besonders aber an jenen kritischen Dreh- und Angelpunkten, die seine Loslösung von ihr und dem Heim kennzeichnen: wenn er in den Kindergarten geht, bei einem Freund übernachtet, mit seinem Vater wandern geht, im Sommer in ein Ferienlager reist, Autofahren lernt, ein auswärtiges College besucht, heiratet. Die hilfreiche »Mutter der Loslösung« stupst ihren Sohn sanft aus dem Haus, auch wenn sie keinen anderen Wunsch hätte, als ihn noch eine Weile länger im Haus zu behalten.

Allerdings sollten wir uns nichts vormachen. Selbst die liebevollste, klügste Mutter der Loslösung vermag die »Wunden« ihres Sohns nicht zu heilen. Wenn er die nahezu perfekte Annehmlichkeit und Tröstung aufgibt, die sie ihm einst geboten hat, wird er notwendigerweise Verlust- und Angstgefühle kennenlernen, die in seinem ganzen Leben mitschwingen. Doch indem er sich von der umhegenden, überfürsorglichen Mutter abwendet, sieht er sich gezwungen, eigene Energien freizusetzen, so daß er in der Welt überleben und erfolgreich sein kann. Das positive männliche Prinzip beruht nur auf Tätigkeit, auf der Wirkung in die Welt hinein: Bauen, Schaffen, Instandsetzen, Konstruieren, Erschaffen und Lieben.

Auch wenn eine Mutter die »Wunden« ihres Sohns nicht zu heilen vermag, kann sie diese lindern und vielleicht verhindern, daß sie eitern oder ihn krank machen. Wie ich ausgeführt habe, leistet sie dies, indem sie die Bewegung des Sohns weg von sich fördert, doch zugleich, indem sie ihm gestattet, zu ihr zurückzukehren, wenn er Wärme, Trost und Beteuerungen sucht. Zudem fördert sie die Beziehung zum Vater und zu anderen männlichen Vorbildern. Am wichtigsten allerdings wirkt sich ihr Lob über die Fähigkeiten und Tüchtigkeit des Sohnes aus, während dieser zunehmend unabhängig von ihr wird.

So groß die Liebe einer Mutter auch sein mag, kann und sollte der Sohn nicht – außer für sehr kurze Besuche – zu der »Einmaligkeit« und gemeinsamen, innigen Vertrautheit mit ihr zurückkehren. Der Junge muß die sichere, bekannte Welt der Mutter hinter sich lassen, damit er eigene, neue Welten erkunden kann. Und welch eine berauschende, belebende Entdeckung steht ihm bevor!

Mein Gott, ich kann nur sagen,
ich fühle, ich berühre das Unbekannte!
Ich bin der erste Ankömmling!
Cortez, Pizarro, Kolumbus, Caboto,
nichts sind sie, nichts!
Ich bin der erste Ankömmling!
Ich bin der Entdecker!
Ich habe die andere Welt entdeckt!
Die unbekannte, die unbekannte!
Ich bin an den Strand gespült worden.
Ich bedecke mich selbst mit Sand.
Ich fülle meinen Mund mit Erde.
Ich vergrabe meinen Körper im Boden.
Die unbekannte, die neue Welt![20]

4 Liebe und Sex

»Du wirst jetzt ein großer Junge«, sagte sie, hob mit der Hand sein Kinn und hielt sein Gesicht etwas von sich ab. »Du wirst mal ein ganz prächtiger Mann, weißt du das? Deine Mama baut auf dich.«
Und wieder wußte er, daß sie nicht alles aussprach, was sie dachte; in einer Art Geheimsprache ließ sie ihn schon heute etwas wissen, das er sich für morgen merken sollte und dann verstehen würde. Er betrachtete ihr Gesicht, und sein Herz floß über vor Liebe zu ihr …
»Ja, Mama«, stammelte er unbeholfen und hoffte, sie würde trotzdem erkennen, wie sehr er sich wünschte, sie zu erfreuen.

JAMES BALDWIN: Gehe hin und verkünde es vom Berge

Wie viele seiner College-Kameraden hatte auch Seth, einer meiner Patienten, *Playboy, Penthouse* und die »Bikini«-Ausgaben von *Sports Illustrated* gesammelt und Stielaugen gemacht. Als ein ehemaliges Modell, das für eins dieser Blätter posiert hatte, in die Uni kam, um einen Vortrag zu halten, wollte er es sich »mal genauer angucken«. Zu Seths Überraschung war die junge Frau alles andere als ein »Playmate«, sondern kam ihm mehr wie eine Schwester vor. Intelligent und überzeugend schilderte sie, welchen Erniedrigungen ein Modell ausgesetzt ist – den Effekt der Entpersönlichung, wenn man zum Sexobjekt degradiert wird, dessen einzige Funktion es ist zu erregen. Sie sprach sich gegen »Softpornos« aus und appellierte an ihre Zuhörer, Frauen als Menschen und nicht als Gegenstände anzusehen. Nach dem Vortrag ging Seth auf sein Zimmer, nahm seine Erotikasammlung und verbrannte sie. Mir erklärte er: »Ich achte Frauen *wirklich*. Die Hefte zu verbrennen war nur ein kleiner Ausdruck davon.«

So wie Seth sich von dem Appell der jungen Frau hatte anrühren lassen, so rührte mich seine Hochachtung für Frauen. Es ist allgemein bekannt, daß Jungen und junge Männer ihr Verhalten gegenüber Frauen von den Vätern lernen; wenn Väter ihre Ehefrauen und Töchter und Frauen im allgemeinen ehren, werden ihre Söhne ihnen vermutlich nacheifern. Ich bin auch zu der Überzeugung gelangt, daß die Art, wie junge Männer Frauen betrachten, viel damit zu tun hat, wie ihre Mütter (die ersten Frauen in ihrem Leben) sie behandelt haben. Obwohl ich im Verlauf der Therapie Seths Mutter nie kennengelernt habe und ich das Verhältnis zu ihrem Sohn nicht aus erster Hand kannte, vermute ich stark, daß sie ihm immer – als Mensch und als Mann – grundlegenden Respekt entgegenbrachte.

Margaret Fuller, Essayistin und Poetin, schreibt: »Der Mann wird von der Frau geboren, und ihr Gesicht beugt sich in der Kindheit über ihn, mit einem Ausdruck, den er nie ganz vergessen kann.«[1] In diesem Kapitel werden wir die vielen Gesichter von Müttern untersuchen, wie sie auf die männlichen Körper und die Sexualität ihrer Söhne reagieren; und wir werden zu verstehen versuchen, wie der Blick der Mutter, zusammen mit all den Gefühlen, die dahinterstecken – Freude, Stolz, Begehren, Besitzanspruch, Angst, Verachtung –, das Selbstbild des Sohns formt und seine Fähigkeit, in einer Liebesbeziehung zu sein, wenn er zum Mann heranreift.[2]

Bis zum ersten Viertel unseres Jahrhunderts war es üblich, daß Mütter ihren kleinen Jungen in Rüschenkleidchen steckten und sein Haar lang wachsen ließen. Meine Großtante erzählte mir mal, daß sie bitterlich weinte, als sie ihrem Sohn die langen roten Locken abschnitt und das jungenhafte Gesicht hervorkam. Ein Teil von ihr – und gilt das nicht für die meisten Mütter? – hatte das Kind für immer in der Welt des Weiblichen behalten wollen. Doch früher oder später entläßt die kluge Mutter ihren Sohn aus dieser Welt, damit er die lange, beschwerliche Reise der Mannwerdung antreten kann.

Wenn eine Frau allerdings glaubt, Männer seien darauf programmiert, sexuelle Gewalt gegen Frauen auszuüben, kann es hoch problematisch werden, die Sexualität ihres eigenen kleinen Jungen zu bejahen. So offenbart Judith Arcana zum Beispiel in einer Textstelle in ihrem Buch *Every Mother's Son*, in dem sie die männliche Kultur als »korrupt und herrschsüchtig«[3] schildert, ihr Unbehagen an der männlichen Anatomie ihres kleinen Sohns und dessen aufkeimender Sexualität.

> Heute gab mir Daniel Stoff zum Nachdenken. Er zeigte mir seinen erigierten Penis und nannte ihn Diddel. . . . Er zeigte mir die Erektion wie eine besondere Errungenschaft, und er brachte das auch zum Ausdruck, während wir aneinandergekuschelt auf großen Kissen saßen und lasen. Mir ist, als hätte ich einen Fremden in meinem Haus oder Ameisen in meinem Bett gefunden.[4]

Obwohl sich eine Mutter durch die Sexualität ihres Sohnes bedroht fühlen mag, müssen wir verstehen, daß jeder Sohn auf seinen Penis stolz sein möchte, ist er doch die sichtbare Manifestation seiner Männlichkeit. Ja, vielleicht präsentiert der kleine Junge gelegentlich seinen Penis auf eine Weise, die einmal elegant formuliert wurde als »ein Tanz, der auf den Applaus abzielt«.[5] Wenn sich das Kind in der Akzeptanz und der selbstlosen Liebe seiner Mutter sonnen kann, beginnt es zu lernen, seinen männlichen Körper anzunehmen und zu lieben. Und weil jeder kleine Junge sich unweigerlich schwächlich und unzulänglich fühlt, wenn er seine Anatomie mit der seines Vaters vergleicht, ist die liebevolle Akzeptanz seines männlichen Körpers seitens der Mutter besonders wichtig. Wenn die Mutter seinen Körper und dessen natürliche Funktionen einschließlich sexueller Erregung als völlig normal und gut betrachtet, wird auch er es tun; macht sie sich allerdings darüber lustig oder zuckt sie wütend, ängstlich oder angewidert zurück, wird er nicht sicher sein, daß sein Körper der Norm entspricht oder daß seine Triebe sauber und gut sind.

Ein Freund von mir vertraute mir einmal an, daß er die schlimmste Demütigung seines Lebens mit etwa zwölf Jahren erlebte; seine Mutter hatte ihn beim Onanieren überrascht. Ihr entsetzter Blick beschämte ihn so tief, daß er deutlich zu spüren glaubte, er sei kein Junge mehr, sondern ein »Schmutzfink«, ein Gefühl, das er nie mehr ganz abschütteln konnte. »Klarer kann nicht gesagt werden, daß die Mutter die Wegbereiterin der Erotik ist – und daß das Kind mit seiner Lust auf die Lust der Mutter antwortet«, schreibt die französische Psychoanalytikerin Christiane Olivier.[6]

Dabei fällt mir die fröhliche Reaktion einer Nachbarin ein, deren Kleinkind zum erstenmal seine »Manneskraft« entdeckte. In einer Phase des Sauberkeitstrainings ließ ihn die Mutter ohne

Windel herumlaufen, um ihm den Gang aufs Töpfchen zu erleichtern. Eines Morgens, als wir beide uns gerade bei einer Tasse Tee unterhielten, sahen wir plötzlich George mit blankem Po, wie er gerade seine Blase mitten in der Küche entleerte, offenbar entzückt über den Strahl, der in großem Bogen aus ihm hervorschoß. »Was machst du denn da?« rief seine Mutter entgeistert. »Ich? Gar nix!« versetzte er strahlend. »Das macht der ganz von alleine!« Und wir mußten alle drei schallend lachen.

Ich erinnere mich auch gut an die Geschichte, die mir eine Patientin erzählte, die als Mutter wunderbar verständnisvoll reagierte. Als ihr Dreizehnjähriger ihr scheu das einzelne Haar zeigte, das ihm in der Achselhöhle gesprossen war, rief sie lächelnd aus: »Ich freue mich ja so für dich!« Und eine andere Patientin bemerkte kürzlich, daß es sie amüsiert, wenn ihr halbwüchsiger Sohn regelmäßig sein Suspensorium oder eine Dose Deodorant, jene unverwechselbaren Requisiten seiner neuen Männlichkeit, auf dem Couchtisch im Wohnzimmer liegen läßt.

Für manche Mütter ist die »Manneskraft« ihres Sohnes überhaupt kein Grund zur Freude, es gibt kein gutmütiges Lachen in Anerkennung seiner neu entdeckten Potenz oder Freude über seine körperliche Entwicklung. Der »Diddel« ist potentiell ausbeuterisch und gefährlich: der Prügel, der Ladestock, die Waffe, das geladene Gewehr. Wenn eine Mutter den männlichen Körper ihres Kindes mit ängstlichen und verächtlichen Augen betrachtet, erhöht sie damit die Wahrscheinlichkeit, daß der Sohn seine Genitalien und Sexualität nicht als wunderbar und freudespendend ansieht, sondern als schlimm und schmerzbringend. Der Psychiater David M. Terman beschreibt zum Beispiel eine Mutter, die sich derart vor der aufkeimenden Männlichkeit ihres Sohnes ekelte, daß sie ihm ihren Abscheu deutlich zu verstehen gab, als ihm Haare auf dem Körper wuchsen, und brachte ihn dazu, sie abzurasieren.[7] Kein Wunder, daß dieser junge Mann sich seines Körpers und seiner sexuellen, besonders heterosexuellen Gedanken und Gefühle dann später schämte. Laut Terman hatte der Junge, als er erwachsen wurde, die negative Einstellung seiner Mutter gegenüber männlicher Sexualität vollkommen übernommen.

Termans Fallstudie erinnert mich an einen Patienten, den ich wegen Depressionen behandelte. Als ich Doug zum erstenmal sah, war er mit einer Frau verheiratet, die seine sexuellen Avancen abwies. Doug hielt das für seinen eigenen Fehler, was offensichtlich nur ein gesunder, normaler Geschlechtstrieb war. Da er von einer Mutter erzogen worden war, die ihren Kindern gesagt hatte, daß Sex mit ihrem Mann eine Last sei – einer der vielen Dienste, die einer pflichtbewußten Ehefrau abverlangt werden –, erlebte Doug seine Lust als Zeichen primitiver Brutalität. Daß er eine Frau heiratete, die diese Gefühle verstärkte, kommt nicht überraschend, denn häufig sucht man sich Liebespartner, die den Eltern ähneln. Zu Beginn der Therapie bat mich Doug, ihm dabei zu helfen, eine spirituelle sexfreie Beziehung zu seiner Frau aufzubauen, was er als notwendige Voraussetzung für den Fortbestand seiner Ehe ansah. Zu seiner Überraschung weigerte ich mich. Vielmehr einigten wir uns nach langer Diskussion darauf, gemeinsam daran zu arbeiten, daß er seine Sexualität liebevoll und mit Stolz akzeptieren könne. Schließlich ließ Doug sich von seiner Frau scheiden, die sich hartnäckig weigerte, etwas gegen ihre sexuellen Ängste zu unternehmen, und zwei Jahre später heiratete er eine warmherzige, sinnliche Frau, die seine Männlichkeit eher als Bereicherung, denn als Belastung empfand.

Wir müssen uns vor Augen halten, daß die große Mehrheit der Mütter nicht darauf aus ist, das Geschlecht oder die Sexualität ihrer Söhne herabzuwürdigen. Normalerweise sind es Frauen, die von wichtigen Männern in ihrem Leben abscheulich behandelt wurden, die aufgestaute Gefühle von Wut, Angst oder Verachtung an ihrem unschuldigen männlichen Nachwuchs abreagieren. Als Kolumnistin für die Zeitschrift *Parents* bekomme ich gelegentlich Briefe von jungen Müttern, die sich sorgen, daß frühe Erfahrungen mit männlicher sexueller Gewalt oder anderen Formen der Herabwürdigung an ihnen umgekehrt ihre Gefühle gegenüber ihren eigenen Söhnen beeinflussen könnten. Obwohl diese Briefe von menschlichem Leid zeugen, stimmen sie mich optimistisch. Wenn sich eine Frau erst einmal über ihre unbewußten Gefühle klar wird, ist die Wahrscheinlichkeit viel geringer, daß sie danach handelt; weiß sie erst einmal, daß Mißbrauch in ihrer Vergangenheit durch den Vater oder Ehemann sie anfällig dafür macht, sich dafür an ihrem Sohn zu rächen, kann sie bewußt und gewissenhaft diese Neigungen in sich bekämpfen. Gerade die unbewußte Mutter läuft am meisten Gefahr, ihrem Sohn Schaden zuzufügen, indem sie unbewußte negative Gefühle für die schuldigen Männer in ihrer Vergangenheit auf den schuldlosen Sohn überträgt.

Renée, eine meiner Patientinnen, die als Kind von Vater und Großvater sexuell belästigt wurde, gelangte zu der Überzeugung, alle Männer seien von Natur aus Ausbeuter. Ihrer Ansicht nach waren Männer die Unterdrücker und Frauen die Unterdrückten. Da sie aber merkte, daß eine derart zynische Sichtweise das tägliche Leben zunehmend unerträglich machte – schließlich zehrt es an den Kräften, einen Groll gegen die Hälfte der Menschheit zu hegen –, machte sie sich mit großem Eifer daran, ihre eigenen Überzeugungen in Frage zu stellen. Als eifrige Leserin und Kinogängerin suchte sich Renée Bücher und Filme aus, die ihr ermöglichten zu verstehen, was normale, »gute« Männer sind. Besonders bewegt war sie von Oliver Stones *Platoon*, der Geschichte junger Soldaten in Vietnam, und sie begann zu verstehen, was ihr vorher entgangen war – wie Zärtlichkeit, Verletzlichkeit, Liebe, Angst und tiefes Leiden ebenso sehr Teil der männlichen wie der weiblichen Erfahrung ist. Kein Wunder, daß Renées Sympathie und Verständnis für Männer langsam wuchsen und ihre Auffassung von Männern als den Unterdrückern schwand und sie ihren eigenen Sohn mit liebevolleren Augen und mehr Wohlgefallen betrachten konnte, statt seine Entwicklung zum Mann und seine aktive Sexualität zu fürchten.

Bislang habe ich mich auf die Wirkungen konzentriert, die eine Aversion der Mutter gegen das Geschlecht des Sohns hat. Doch genau wie eine Abwertung der Männlichkeit des Sohns dessen Selbstwertgefühl beeinträchtigt, kann auch die Überschätzung, wie sie unter Müttern häufig anzutreffen ist, Probleme schaffen.

Christiane Olivier erzählt: »Ich habe zunächst in meiner näheren Umgebung Thierry gesehen, der im Alter von zwei bis zwölf Jahren sein kostbares ›Objekt‹ mit seiner zu einer Muschel geformten Hand schützte. Vor wem? Vor was? Wußte nur er das? Er war zum Gegenstand der familiären Witzelei geworden; ›Hast du denn solche Angst, daß er wegfliegen könnte?‹ – ›Denkst du, er sitzt nicht fest?‹ Und dann, eines Tages, stellt ein Onkel, der etwas Ahnung von Psychologie hat, die Fangfrage: ›Nun sag doch mal, wem gehört er denn, daß du solche Angst hast, daß man ihn dir wegnimmt, gehört er dir denn nicht?‹ Und Thierry antwortete zur allgemeinen Verblüffung, einschließlich der seiner Mutter: ›Er gehört Mama.‹«[8]

Obwohl es sicherlich vorstellbar ist, daß Mama die Geschlechtsteile ihres Sohns gestreichelt hatte und so Ängste beim Jungen auslöste, vermutet Olivier, daß allein ihre Sehnsucht, ihrem Sohn allzu nahe zu sein, seine Bemühungen, den Penis vor ihrer Begehrlichkeit zu schützen (die augenscheinliche und verwundbare Manifestation des männlichen Selbst), hinreichend erklärt. Eine Frau, die an geringen Selbstwert- und starken Ohnmachtsgefühlen leidet, betrachtet ihren Jungen vielleicht als Verheißung ihrer eigenen unerfüllbaren Träume und Erwartungen und so als Versuch, durch ihn zu leben. Sensibel, wie kleine Kinder für die Bedürfnisse und Wünsche der Mütter sind, und indem sie Mutter glücklich machen wollen, wie es die Art aller Kinder ist, wird er sich bemühen, ihren Willen zu tun – doch immer zu einem hohen Preis und mit verhaltenem Groll.

Unterschiedliche Selbstbilder, die Männer und Frauen von sich haben können, sind vielleicht großenteils darauf zurückzuführen, daß die Mutter verschieden auf sie reagiert hat. Obwohl die sich selbst verachtende Mutter wahrscheinlich auf subtile (oder auch gar nicht so subtile) Art die Tochter ablehnt, die sie als Klon ihres eigenen als wertlos empfundenen Ich erlebt, wird sie vermutlich ihren Sohn zu sehr lieben, da sie ihn als das genaue Gegenteil von sich wahrnimmt. Eine Geschichte aus meiner Familie illustriert die Tendenz, das Mädchen abzuwerten und den Jungen überzubewerten. Wie ich vorher schon erwähnte, hatte meine Großmutter mütterlicherseits sich verzweifelt einen Sohn gewünscht, den man nicht daran hindern würde, es zu etwas zu bringen, wie es ihr geschehen war. Nach der Geburt ihrer dritten Tochter weigerte sich meine Großmutter mehrere Tage, das kleine Mädchen anzusehen. Und als sie endlich den Säugling von der Krankenschwester entgegennahm, spürte sie eine große Enttäuschung: »Ich wollte einen Peter zur Welt bringen, einen Jungen, der stark und mächtig sein sollte, und ich konnte nur eine kleine Trudy produzieren, die eine Frau wie ich sein würde.«

Wenn zu wenig umhegte, unterbewertete, zu wenig geliebte kleine Mädchen zu Frauen heranwachsen, werden sie höchstwahrscheinlich an Gefühlen der Leere leiden: ein schmerzendes, nagendes Gefühl, *irgend etwas* zu wollen, etwas Vages und nicht Greifbares; daß sie immer unbefriedigt sind; daß sie sich mangelhaft und unvollständig fühlen. Das chronische Leeregefühl findet sein Symbol in vielen Verhaltensweisen, Störungen und Geisteskrankheiten, die typischerweise Frauen befallen, wie Ko-Abhängigkeit in Beziehungen, Depressionen und Melancholien, Freßsucht und Kaufrausch.

Umgekehrt können verhätschelte, überschätzte, zu sehr geliebte Jungen als Männer unangenehme narzißtische Züge entwickeln – wie das Gefühl, zu hohe Ansprüche stellen zu können, und Grandiosität. Wahrscheinlich leiden sie auch unter dem Eindruck, in einer Falle zu sitzen: ein beunruhigendes Gefühl, daß ihr ureigenes Wesen – das, was in ihnen vor Leben, Energie und Kraft sprüht – nicht vor weiblichem Begehren und Kontrolle sicher ist. Anders als ihre Schwestern, die sich etwa unerwünscht fühlen, können sie sich nicht des Gefühls erwehren, daß Frauen immer etwas von ihnen wollen und an ihrer Substanz zehren, wenn sie nicht auf der Hut sind. »Komm mir nicht zu nah! Und versuche *niemals*, mich zu beherrschen!« warnen Männer ihre Frauen immer wieder.

Ich glaube, daß der englische Psychiater R. D. Laing die unausgesprochenen Ängste und Gefühle von vielen Jungen mit knappen Worten gut zum Ausdruck bringt:

> Als Jack noch klein war, gab es eine Zeit, da wollte er immer bei seiner Mami sein und hatte Angst, daß sie weggehen würde. Später, als er etwas größer war, wollte er von seiner Mami weg sein und hatte Angst, daß sie immer bei ihm bleiben wollte.[9]

Christiane Olivier sieht voraus, daß sich ihr junger Freund Thierry als Erwachsener nicht daran erinnern wird, wie er als Kind schützend seine Hand auf sein männliches Organ gelegt hat; daß seine Angst vor Mama, jetzt unterdrückt, sich in aggressives Verhalten gegenüber Frauen wandeln wird. »Sie kennen sicher viele [Hervés und] Thierrys, große und kleine«, schreibt Olivier. »Unmerklich gehen sie vom Selbstschutz auf Selbstverteidigung über; das kommt ganz von selbst, ganz natürlich, ohne Erschütterungen. Aus der Furcht vor der Mutter führt ein direkter Weg zur Herrschaft über die Frau.«[10]

Bei meiner Arbeit als Psychotherapeutin habe ich entdeckt,

daß der erwachsene »Thierry« eventuell auch vor Frauen davonläuft. So erzählte mir zum Beispiel der zweimal geschiedene James, ein Sprachprofessor in den Vierzigern, daß er unfähig zu einer dauerhaften Liebesbeziehung sei, weil seine Mutter in seiner frühen Kindheit von ihm abhängig war. James bekommt Angstzustände, sobald eine Frau ihm zeigt, daß sie ihn begehrt. Dann wird er gefühlsmäßig kalt und will die Beziehung abbrechen. Kürzlich zeigte er mir in der Therapiesitzung einen Tagebucheintrag:

> Ich sehe in jeder Frau den Geist von Mutter, die aus Enttäuschung, daß mein Vater nicht mehr da war, mich mit ihrer ganzen Liebe überschüttete und tatsächlich von mir erwartete, ihr Leben reich zu machen. Sie hegte ehrgeizige Pläne für mich; daß sie nicht mit meinen eigenen übereinstimmten, schien nicht zu zählen. Ich erinnere mich, daß ich Mutter immer gefallen wollte, es mir aber nie gelang; am Ende war ich wie Vater, *gescheiterter* Held. Wenn ich jetzt mit einer Frau zusammen bin, habe ich immer das Gefühl, daß sie mich für ihre eigenen Zwecke ausnutzen will – um ihre Bedürfnisse zu befriedigen – und daß von mir nichts mehr übrig bleibt, wenn ich ihren Wünschen nachgebe.

In der griechischen Mythologie verwandelt das Ungeheuer Meduse Männer durch ihren Blick in Stein. Für James ist es so, als ob der erwartungsvolle Blick einer Frau, der ihn an die Gesten der Sehnsucht und Bedürftigkeit seiner Mutter erinnert, ihn in Stein verwandelt. Wenn er hart, kalt und stumm wird, entzieht er sich ihrem Begehren.

Wenn eine Mutter ihren Sohn vergöttert, wenn sie von ihm Erfüllung erwartet, stirbt die gesunde Eltern-Kind-Beziehung. Statt den Jungen zu ermuntern, sich von ihr zu lösen, bindet sie ihn noch enger an sich, und dabei können sich die Unterschiede zwischen Mutterliebe und romantisch-sexueller Liebe verwischen. In den Lebensgeschichten berühmter Männer können wir viele Beispiele schädlicher Beziehungen entdecken. Die Autorin Carol Klein schreibt, daß der große Industrielle Andrew Carnegie seiner Mutter versprach, nicht zu ihren Lebzeiten zu heiraten – dieses Gelöbnis hielt er ein. Und der Fünfsternegeneral Douglas MacArthur und seine Mutter hatten eine derart intensive Beziehung, daß sie ihm auf seine militärischen Posten rund um die Welt folgte. Es fing damit an, daß sie in die Nähe von West Point zog, um ihrem jungen Kadetten nahe zu sein: »Die beiden gingen jeden Nachmittag unter lauter Liebespaaren spazieren, sehr zur Belustigung der anderen Kadetten, die Arm in Arm mit ihren Freundinnen gingen.«[11] Ich vermute, daß die Belustigung der Kadetten beim Anblick dieses unwahrscheinlichen romantischen Paars ein Gefühl der Irritation kaschierte.

Die meisten von uns fühlen sich äußerst unwohl, wenn sie ein kokettes Verhältnis zwischen Müttern und Söhnen registrieren; und das Wissen um offen sexuelle Mutter-Sohn-Beziehungen ist schmerzhaft. Von allen Tabus in der Menschheitsgeschichte ist das Verbot des Mutter-Sohn-Inzests das stärkste. Die Anthropologin Margaret Mead bemerkt, daß jede bekannte Gesellschaft irgendeine Form dieses Tabus hat, und obwohl das Tabu oft nicht mit strafrechtlichen Sanktionen verknüpft ist, so doch mit der Sanktion tiefen Entsetzens. So ist König Ödipus aus Sophokles' fundamentalem Drama über den Mutter-Sohn-Inzest denn auch dermaßen entsetzt über die Erkenntnis, daß er unwissentlich den Vater getötet und die Mutter geheiratet hat, daß er sich blendet; sehenden Auges Vatermord und Inzest hinzunehmen ist mehr, als selbst ein König ertragen kann.

Ganz tief im Herzen wollen wir alle an eine gewissermaßen heilige und reine Mutter-Kind-Beziehung glauben, die immun ist gegen die niederen Instinkte, die andere Beziehungen charakterisieren, selbst jene zwischen Vätern und Kindern; wir wollen glauben, daß eine Mutter ihren Sohn mit Blicken betrachtet, die vor Liebe leuchten, aber nie, *nie* vor Begehrlichkeit brennen. Bis vor kurzem waren selbst Mediziner der Überzeugung, daß sexuelle Vergehen von Müttern an ihren Kindern praktisch nicht existieren; erst jetzt, wo immer mehr Erwachsene die dunklen Geheimnisse ihres frühen Familienlebens lüften, äußern manche Experten die Vermutung, daß das Phänomen des Mutter-Kind-Inzests allgemein geleugnet und zu wenig publik gemacht wurde. Und obwohl niemand bestreitet, daß Inzest zwischen Vätern und Kindern viel wahrscheinlicher ist als zwischen Müttern und Kindern, kommen offenbar unangemessene sexuelle Beziehungen zwischen Müttern und Kindern nicht so selten vor, als daß wir sie ignorieren könnten. Anne Banning, eine der wenigen, die diese Form des Mißbrauchs erforscht haben, schreibt:

> Mütter hält man im Umgang mit ihren Kindern für fürsorglich und asexuell. In der Gesellschaft herrscht der Glaube vor, daß Frauen ihre Kinder nicht sexuell mißbrauchen können, und ihr Verhalten wird schlimmstenfalls als kokett und nicht als schädlich empfunden. Dasselbe Verhalten beim Vater bezeichnet man als Kindesmißbrauch.[12]

Sogar Freud, der sich in einer repressiven prüden Ära an die Erforschung der sexuellen Mutter-Sohn-Bindung wagte, wollte Lust nicht der Mutter zuschreiben, nur dem Sohn. Für Freud ist Iokaste frei von jeglicher Wollust und nur eine passive Mitspielerin im ödipalen Drama, während Ödipus die geheimen, verbotenen Phantasien eines jeden kleinen Jungen entdeckt.[13] Olivier merkt dazu an, daß Frauen häufig auf die ödipale Phase ihres kleinen Jungen anspielen, doch es ihnen nie in den Sinn komme, nicht einen Augenblick, daß sie gerade ihre Iokaste-Phase durchlaufen.[14]

In einer modernen Version von Ödipus und Iokaste, *Herzflimmern*, der gefeierten Filmkomödie von Louis Malle, wird die inzestuöse Mutter als großzügige und lebensbejahende »ältere Frau« dargestellt, die in aller Unschuld und Selbstlosigkeit ihrem zarten fünfzehnjährigen Jungen, den das erste sexuelle Feuer der Adoleszenz verzehrt, dabei hilft, ein Mann zu werden. In diesem Film halten sich Mutter und Sohn in einem Kurort auf, weit weg von Papa und anderen Familienangehörigen, wo der Junge, Laurent, sich vom Scharlach erholen soll. In ihrer gemeinsamen Zeit dort verliebt er sich in die sinnliche, kokette Mutter und wird krankhaft eifersüchtig. Eines Nachts, nach einer Party im Hotel, bei der die Mutter zu viel getrunken hat, begleitet Laurent sie auf ihr gemeinsames Hotelzimmer und bringt sie ins Bett. Als er nervös seine Mutter entkleidet, ohne daß sie sich dagegen wehrt, fallen sie sich zärtlich in die Arme und lieben sich. Am Morgen danach beteuert die Mutter gegenüber Laurent, daß ihr Akt, so schön er auch war, sich nicht wiederholen läßt und ihr »wunderbares« Geheimnis bleiben muß. Vater und Brüder betreten danach die Szene, das traditionelle Familienleben geht weiter, und Laurent macht sich mit Billigung der Mutter und voller Elan daran, junge Herzen zu erobern. Mutter hat wahrhaftig ihrem Sohn geholfen, ein Mann zu werden – aber *kein* liebevoller. In den letzten flüchtigen Szenen des Films können wir – sofern wir uns nicht vom heiteren Ton dieser Komödie irreführen lassen – die schädlichen Auswirkungen von Inzest beobachten: Bei seinen jungen Frauen ist Laurent sexuell aggressiv und offensichtlich ohne Respekt oder Einfühlsamkeit. Sein einst so zartfühlendes Herz ist jetzt hart.

Malles überwiegend wohlwollende Leinwandsicht des Inzests widerspricht den Erfahrungen von Mißbrauchopfern im wirklichen Leben. Sie beharrt auf der irrtümlichen Annahme, daß normale Jungen mit ihren Müttern schlafen wollen. Klinische Protokolle von Mutter-Sohn-Inzest lassen stark vermuten, daß ein Sohn sich nicht um eine sexuelle oder sexualisierte Beziehung zu einem Elternteil bemüht, es sei denn, er leidet an einem extremen psychischen Defekt. Jungen, die von ihren Müttern verführt werden, sind notgedrungen von Schuld, Scham, Ekel und/oder Wut überwältigt, und ihre zukünftigen Beziehungen sind gefährdet.

Doch obwohl ein normaler Junge sich keinen Sex mit der Mutter wünscht, kann er flüchtige erotische Gedanken an sie haben oder sogar erregt werden, besonders während der Adoleszenz. Ein Kollege von mir hat es so ausgedrückt:

> In meiner Jugend war mein Geschlechtstrieb so beständig und stark, daß mich sogar ein mit einem Rock drapierter Telegrafenmast erregt hätte. Manchmal erregte mich der Anblick meiner hübschen Mutter. Hätte sie von meinen lüsternen Gedanken gewußt oder ihre Sexualität ausgespielt oder irgendein Interesse bekundet, wäre mir das furchtbar peinlich gewesen. Aber weil meine Mutter sich immer angemessen und wie eine Mutter benahm, war ich in der Lage, meine erotischen Impulse ziemlich schnell vorbeiziehen zu lassen, bevor sie mich störten.

Andere heranwachsende Jungen reagieren vielleicht anders auf ihre sexuell attraktiven Mütter; denn auf einer unbewußten Ebene werden sie von ihren sexuellen Kräften bedroht, sie entziehen sich körperlich und emotional oder distanzieren sich, in dem sie Gründe suchen, sich über sie zu ärgern. Wie Alexia Dorszynski, meine Lektorin es ausdrückt: »Es ist leichter, frech zu deiner Mutter zu sein, als sich den Auswirkungen ihrer Weiblichkeit zu stellen.«

Zwar nehmen Mütter leicht die erhöhte Sexualität eines heranwachsenden Sohns wahr, sind sich jedoch vielleicht nicht der Verletzlichkeit des Jungen und der Tatsache bewußt, daß ihr sinnliches oder kokettes Verhalten in ihm großes Unbehagen, peinliche oder erniedrigende Gefühle oder gar Wut auslöst. »Bis mein Mann mich darauf hinwies, habe ich einfach nicht bemerkt, daß es unpassend war, meinem Elfjährigen Ganzkörpermassagen zu geben«, teilte mir eine Patientin kürzlich mit. »Da ich keine sexuellen Gefühle für meinen Sohn hege, nahm ich an, daß er meine Berührung als rein mütterlich erleben würde. Mein Mann half mir zu verstehen, daß sich mein Sohn, falls er während der Massage eine Erektion bekäme – was ja passieren könnte –, absolut gedemütigt fühlen müßte.« Andere Patientinnen haben enthüllt, daß sie sich überhaupt nichts dabei dachten, in einem dünnen Nachthemd zu ihren Söhnen ins Bett zu kriechen, sei es, um sie zu trösten oder bei ihnen Trost zu suchen. Da sie selbst von ihren Söhnen nicht sexuell erregt wurden, nahmen sie irrtümlich an, daß ihre Söhne auch nicht von ihnen erregt würden.

Sicherlich haben auch sehr gute, normale Mütter manchmal sexuelle Gefühle für ihre Söhne. Und Frauen müssen unbedingt wissen, daß flüchtige erotische Reaktionen auf ihre Söhne als Babys oder junge Männer nicht pervers oder anormal sind. Doch wenn eine Frau spontan beim Stillen oder Baden ihres Babys oder beim Anblick des heranreifenden Körpers ihres Sohns erregt ist, empfindet sie womöglich Schuld oder Scham. Die sexuelle Anziehungskraft des Sohnes kann auch Verlustgefühle wecken. Eine Frau drückt das so aus: »Ich bin mir der jugendlichen Schönheit und der beginnenden Männlichkeit meines Sohns nur zu bewußt. Jeden Tag wundere ich mich aufs neue, daß dieser junge Mann Fleisch aus meinem Fleisch ist, und weiß doch auch jeden Tag, daß ich mich ernster bemühen muß, ihn zu einer anderen Liebe ziehen zu lassen.«[15] Sicherlich kann die aufkeimende Sexualität des Sohns in alleinstehenden Frauen ohne Liebespartner und in verheirateten, die von ihrem Partner nicht befriedigt werden, schmerzliche Erinnerungen an das eigene unerfüllte Geschlechtsleben wecken. Und die Sehnsüchte, die die Männlichkeit ihrer Söhne in ihnen auslöst, mag sie tief aufwühlen.

Robert Bly bemerkt, daß man in unserer Kultur generell und normalerweise nicht sexuelle Gefühle zwischen Müttern und

Söhnen anspricht, andere Kulturen dagegen sensibler für diese Möglichkeit sind sowie für die Gefahren, wenn man diesen Gefühlen nachgibt. Bei den Sioux waren zum Beispiel Blickkontakt und ein direktes Gespräch zwischen einer Mutter und einem über sieben Jahre alten Sohn untersagt, da sie potentiell mit sexueller Energie geladen sein könnten. Uns mögen solche Vorsichtsmaßnahmen zwischen Mutter und Sohn absurd oder gar unmenschlich vorkommen oder den zeitgemäßen Vorstellungen von Familienbeziehungen zuwiderlaufen, wir sollten sie dennoch nicht abtun. Bly merkt an: »Und doch waren die erwachsenen Männer der Sioux für ihre Angstfreiheit im Umgang mit Frauen, ihre ungezwungenen Gespräche in den Tipis, ihre Zwanglosigkeit bei erotischen Plaudereien mit ihren Frauen bekannt.«[16]

Eine Mutter, die über das Flirten hinausgeht und tatsächlich Geschlechtsverkehr mit ihrem Sohn hat, wird das Kind nicht zur Männlichkeit führen, sondern ihm sein Selbst rauben. Wenn eine Mutter ihren Sohn wieder in ihren Körper läßt, zwingt sie ihn, mit ihr zu verschmelzen und seine Eigenständigkeit und Individualität zu verlieren – das klare, abgegrenzte Selbst, um das er seit frühester Kindheit gekämpft hat; wenn sie ihn zurücknimmt, füllt sie sich selbst mit mächtigem männlichem Leben, veranlaßt jedoch den Sohn, in einen beunruhigend diffusen Zustand zurückzufallen, in dem er nicht sicher sein kann, wo sie aufhört und er anfängt. Die inzestuöse Mutter eines kleinen Jungen erklärte ganz offen, nachdem ihr ein Therapeut von der Schwierigkeit des Kindes erzählt hatte, angemessene Grenzen zu erkennen: »Ich dachte, sein Körper gehört mir.«[17]

Weil der Mutter-Sohn-Inzest nicht genügend erforscht wurde, wissen wir sehr wenig über die Psyche der Frauen, die die Beziehungen zu ihren Kindern sexualisieren, nur daß sie wahrscheinlich in ihrer Kindheit selbst Opfer sexuellen Mißbrauchs waren, oft aber nicht zurückgeblieben oder psychotisch sind, wie man früher annahm. Die englische Psychoanalytikerin Estela Welldon bringt in ihrem Buch *Mutter, Madonna, Hure* ein seltenes Porträt einer inzestuösen Mutter in Form eines Briefs, den diese geschrieben hat. Im ersten Teil des Briefs beschreibt die Verfasserin ihre Kindheit: den plötzlichen Tod ihres Vaters und die darauf folgende erdrückende Beziehung zu ihrer besitzergreifenden Mutter. Danach schildert sie ihre Ehe und die Beziehung zu ihrem Sohn.

Ich habe einen gutaussehenden jungen Mann kennengelernt, der gut zu mir war. Ich verliebte mich in ihn oder vielleicht auch nur in die Möglichkeit zur Flucht. Mit sechzehn habe ich ihn geheiratet und wurde schwanger . . . Als mein Sohn fünf war, verunglückte mein Mann tödlich. Meine Mutter kam zu mir zurück, als ob ich nie von ihr weggegangen wäre . . . Ich merkte bald, daß mich meine Mutter störte, weil ich meinen Sohn für mich allein haben wollte, ohne jede Konkurrenz. Ich baute eine derart idyllische Beziehung zu meinem Sohn auf, daß ich keinen anderen Mann in meinem Leben brauchte.

Wir fuhren gemeinsam in die Ferien. Ich erinnere mich sehr lebhaft an die Küste, als Miniröcke in Mode waren. Das war ein Wendepunkt in meinem Leben. Mein Sohn war damals vierzehn. Ich bin mit ein paar jungen Leuten im Hotel am Ort tanzen gegangen und habe ziemlich viel getrunken. Als ich in unser Zimmer zurückkam, sah ich, daß mein Sohn unter der Bettdecke schluchzte. Ich war besorgt und fragte ihn, warum er traurig wäre. Er sagte, daß er mich beim Tanzen beobachtet hätte und er sich im Stich gelassen fühlte und sehr eifersüchtig auf die jungen Männer sei. Als er das sagte, spürte ich sofort inneren Frieden und große Befriedigung; aller früherer Kummer und Aufruhr schienen nichtig: Ich hatte gesiegt; er gehörte mir allein. Wir waren für immer zusammen, allein. Es kam mir natürlich vor, mich zu ihm zu legen und ihn zu trösten. Aber ich wollte ihm meine Liebe auf eine natürlichere Weise zeigen. Ich war beschwipst, in Hochstimmung und sexuell erregt. Ich führte ihn in die Kunst der Liebe ein. Nach und nach und Schritt für Schritt brachte ich ihm bei, was und wie er es tun mußte. Ich zog mir den wunderbarsten Liebhaber heran, und wir waren beide in Ekstase. Das hat die ganzen Jahre angehalten . . . Unsere Welt war vollkommen . . . Mein ganzes Leben habe ich in ihn investiert . . . Ich hätte nie gedacht, daß er mich verraten würde. Aber nach der High-School-Zeit bemerkte ich Anzeichen von Ruhelosigkeit und Selbstbehauptung an ihm. Zuerst wollte er im Ausland studieren, aber ich wollte ihn nicht gehen lassen. Anfänglich war es leicht für mich, ihn zum Bleiben zu überreden, aber er ist immer noch unerbittlich in seiner Entscheidung, mich zu verlassen. Meine einzige andere Verbindung ist die zu meiner Mutter, die ich jeden Sonntag besuche, und sogar dann bin ich ganz nervös, weil er meine Abwesenheit ausnutzen und eine andere treffen könnte. Ich pflege mich, um jünger auszusehen; das habe ich immer gemacht. Unsere Tage und Nächte sind so wunderschön.

Mit fünfzehn fing er an, Gedichte zu schreiben, die so viel Leidenschaft und Reife zeigten, daß ich Angst hatte, seine Lehrer könnten sie lesen und irgendwie erraten, was gespielt wird. Er las sie mir immer vor, aber in letzter Zeit wollte er sie mir nicht mehr zeigen. Ich habe seine Papiere durchsucht und entdeckt, daß seine Gedichte jetzt voller Rachegedanken sind, sarkastisch und bitter. Er hat einen überaus raffinierten Plan ersonnen, um mich loszuwerden. Das ist mir egal. Wie ich ihm gesagt habe, nehme ich mir das Leben, wenn er mich verläßt. Ohne ihn ist mein Leben sowieso nichts wert.[18]

Mir fällt an dem Geständnis dieser Mutter ganz besonders auf, daß sie absolut unfähig zu der Einsicht ist, daß der Sohn ein Recht darauf hat, von ihr getrennt zu sein. Da sie Vater und Ehemann verloren hat, hält sie jetzt den Jungen in einem Todesgriff umklammert, damit er nicht fortgeht. Wenn sie mit ihm beim Liebesakt verschmilzt, kann sie sich ganz fühlen; wenn sie ihn an sich fesselt, braucht sie sich nie wieder einsam zu fühlen. Weil sie als kleines Mädchen von ihrer eigenen Mutter bedrängt wurde, die ihr keinen Freiraum zugestand, ist sie zudem unfähig, Grenzen zwischen sich und ihrem Kind anzuerkennen. Der Junge, ihr Geschöpf, gehört ihr, ihr allein, sie besitzt ihn wie ein Stück Ton, das sie formen und manipulieren kann. Ich glaube nicht, daß diese bemitleidenswerte – und gefährliche – Mutter übertreibt, wenn sie schreibt, daß ihr Leben ohne ihren Sohn/Liebhaber »nichts wert« ist; ich vermute, daß sie sich ohne den jungen Mann wie »nichts« fühlt – kaum existent.

Obwohl sich diese Mutter extrem verhält, besteht häufig die Neigung, das eigene Kind als Objekt der Selbstüberhöhung zu mißbrauchen. Die schreckliche Ironie ist, daß Frauen, die in der Welt schwach und machtlos sind – die der Möglichkeit beraubt sind, tüchtig zu sein und ihre Träume, ihre ehrgeizigen Pläne und Talente zu verwirklichen –, diejenigen sind, die am ehesten ihre Kinder tyrannisieren, indem sie sie als Besitz oder Erweiterung der eigenen Person behandeln, statt als eigenständige Individuen. Und leider ist es oft so, daß sich die erwachsenen Söhne, die von ihren Müttern tyrannisiert wurden, rächen, indem sie ihre Ehefrauen und andere Frauen unterdrücken und so die Ausbeutung der Kinder in der nächsten Generation sicherstellen.

Obwohl leere Mütter ihre Söhne mit hungrigen Blicken verschlingen, sehen Frauen, die im großen und ganzen ein erfülltes Leben haben, sie ohne Begehren an. Wir hören viel von der Frau, der es das Herz bricht, wenn ein Sohn sich sexuell für ein Mädchen interessiert und seine galanten Aufmerksamkeiten von der Mutter auf die jüngere Frau lenkt. Wir hören sogar von der Frau, die voller Angst das zukünftige Liebesleben ihres Sohns erwartet. In ihrem Buch *In-laws/Outlaws* erzählen Penny Bilofsky und Fredda Sacharow die tragikomische Geschichte einer Mutter auf der Wöchnerinnenstation, die ihren neugeborenen Sohn präsentierte und leidenschaftlich ausrief: »Seht ihr meinen wunderbaren Sohn? Denkt nur, irgendwo da draußen – vielleicht ist sie noch nicht einmal geboren – ist ein Mädchen, das ihn mir wegnehmen wird. Ich hasse sie jetzt schon.«[19] Weniger bekannt sind die Geschichten von Frauen, die sich über die sexuelle Entwicklung und die Liebesgeschichten ihrer Söhne freuen, aber man sollte sie wirklich erzählen und würdigen. Es folgen fünf solcher Geschichten, die Frauen mir anvertraut haben.

»Mike war ein Spätzünder«, erzählte Sally. »Offen gesagt, ich war etwas besorgt, daß er sich, anders als seine Freunde, nicht mit Mädchen verabredete, als er auf der High-School war. Aber in seinem ersten Jahr auf dem College hat sich Mike in eine wunderbare junge Frau verliebt. Ich sehe die beiden zusammen, und er ist so zärtlich zu ihr, daß es mich manchmal zu Tränen rührt. Vielleicht bin ich schrecklich selbstgefällig, wenn ich das sage, aber ich glaube, daß seine Liebesfähigkeit zum Teil ein Tribut an mich ist, ein Zeichen, daß er, weil er sehr geliebt worden ist, eine andere so natürlich lieben kann. Darauf bin ich sehr stolz.«

Ähnlich äußerte sich Harriet, die drei unglückliche Ehen hinter sich hat. Die Tatsache, daß ihr Sohn im mittleren Alter mit seiner Frau eine gute und dauerhafte Ehe führt, bringt ihr Seelenfrieden. »Was für eine Erleichterung ist das für mich, daß Aaron nicht in meine Fußstapfen getreten ist, sondern glücklich verheiratet ist – und meiner Schwiegertochter halte ich das natürlich auch zugute.«

Gwen erzählte mir: »Wissen Sie, seit Rod mit Chloe ausgeht, kommt er mir entspannter vor, mehr im Frieden mit sich und der Welt. In der Spätpubertät war er so streitsüchtig, daß das Zusammenleben mit ihm manchmal eine richtige Qual für mich war. Chloes sanfte Art hat ihn weichgemacht, und ich bin so dankbar, daß sie unser beider Leben beeinflußt hat.«

Angela schilderte folgende Gefühle: »Manchmal scheint die Welt voll Wut und Zynismus. Ich sehe mir junge Leute an – meinen Sohn und besonders meine Tochter – und verzweifle für sie, weil sie so wenig haben, an das sie glauben können. Die politischen Führer, die Autoritäten haben alle ihr Vertrauen enttäuscht. Und doch, trotz allem, verlieben sie sich. Darum kommt es mir vor, als ob die Dinge doch nicht so hoffnungslos sind; solange sich junge Menschen verlieben können, gibt es noch Freude auf der Welt.«

Und meine eigene Schwiegermutter, Sylvia Bassoff, sagte mir kürzlich in Erinnerung an meine Eheschließung mit ihrem einzigen Sohn, die siebenundzwanzig Jahre zurückliegt: »Also, Evi, als du und Bruce geheiratet habt, wie hätte ich mich nicht darüber freuen können, wenn es doch so offensichtlich war, daß du meinen Sohn so glücklich machst?« Dann fügte sie augenzwinkernd hinzu: »Und wie hätte ich dem Mädchen nicht dankbar sein sollen, das es mit meinem *meschuggenen* Sohn aushalten konnte?«

22. Mai 1992, ein lauer Frühlingsabend in Boulder: Jonathan sitzt neben mir auf der Treppe vor unserem Haus und geht seine Pläne für den Schulabschlußball durch. »Wir müssen dafür sorgen, daß es ein ganz besonderer Abend für Katie wird«, sagt er, und ich versichere ihm, er wird ihn zauberhaft machen. Wir gehen seine Liste durch: »Blume zum Anstecken ordern, Smoking leihen, einen Tisch im Greenbriar bestellen.«

»Ob ich auch rote Rosen für Katie kaufen sollte?« fragt er.

»Das wäre schön«, antworte ich.

»Und der Wagen, Mom?«

»Ja, natürlich kannst du den neuen Acura für den Abend haben«, versichere ich.

»Ich lasse ihn waschen und staubsaugen«, sagt er.

Ich sehe meinen Sohn an und werde von zärtlichen Gefühlen für ihn überwältigt. Hätte ich mir vor ein paar Jahren träumen lassen, daß der kleine Junge mit dem schmutzigen Gesicht, dem ich durch das ganze Haus mit dem Waschlappen hinterherrannte, sich mit mir über Kummerbund und rote Rosen unterhalten würde? Hätte ich meine Vorfreude auf Jonathans Abschlußball ahnen können? Oder die tiefe Dankbarkeit, weil er die Vorbereitungen für dieses Ereignis und an seiner freudigen Erregung mit mir teilte? Wohl kaum.

Mein Sohn und ich unterhalten uns weiter. Ich pflichte ihm bei, daß ein besonderes Dessert bei Kerzenschein nach dem Tanz eine gute Idee ist.

Als er alles fertig geplant hat, wendet er sich zum Gehen. »Noch was«, rufe ich hinter ihm her, »die Pin-ups, die in deinem Zimmer hängen . . . Katie könnte vielleicht beleidigt sein. Meinst du nicht, daß du sie abnehmen solltest?«

Jonathan lächelt verlegen und sagt: »Hast du denn nicht gemerkt, daß ich das schon getan habe?«

II. TEIL
FAMILIENPORTRÄTS

Andere Dinge mögen sich ändern, doch wir alle beginnen und enden mit der Familie.
ANTHONY BRANDT

5 Mann und Frau: Plädoyer für eine gemeinsame Erziehung

Der Vater und die Mutter, da sie ... nie versteckt oder voneinander getrennt sind, werden Gefährten genannt ... Und sie finden Erfüllung im ständigen Bund.

KABBALA, Sohar III

Vor einem Monat begann ein junges Ehepaar, das kurz vor der Adoption eines Säuglings stand, eine Therapie bei mir. Obwohl beide aus Familien stammten, in denen die Mutter der dominierende Elternteil war und der Vater sich zumeist aus dem Familienleben ausgeklinkt hatte, beabsichtigten die beiden, ihr Kind als gleichberechtigte Partner gemeinsam großzuziehen. Ob ich ihnen helfen könne, wollten sie von mir wissen. Ob ich ihnen dazu verhelfen könnte, anders als die eigenen Eltern zu sein? Ohne Zögern willigte ich ein, es zu versuchen.

Von den Hoffnungen dieses jungen Paares beflügelt, beschreibe ich in diesem Kapitel – zu dem ich teilweise eigene Erlebnisse beisteuere –, wie Verheiratete als Individuen, als Partner und als Eltern wachsen und gedeihen, wenn sie ihr Kind gemeinsam großziehen. Für Mütter von Söhnen scheint eine enge Partnerschaft beider Elternteile besonders wünschenswert. Bei einer aktiven Beteiligung des Ehemanns/Vaters an der Kindererziehung kann sich die Beziehung zwischen Mutter und Sohn besser entwickeln. Da der Ehemann/Vater selbst einmal Junge war, kann er seiner Frau helfen, die Reaktionen und Bedürfnisse des größer werdenden Jungen besser zu verstehen, so daß sie angemessen reagieren kann.

Bevor ich jedoch die »partnerschaftliche Erziehung« beschreibe, ist es hilfreich zu erkunden, warum Männer, auch jene mit den besten Absichten, es häufig schwierig finden, engagierte Väter zu werden, wogegen selbst Frauen, die beteuern, auf die Mitarbeit ihrer Ehemänner in ihrer Eigenschaft als Väter bei der Kindererziehung Wert zu legen, deren Bemühungen unterminieren können.

Statistiken über die Beteiligung der Männer am Familienleben sind entmutigend. Sie zeigen, daß amerikanische Männer dazu neigen, erstaunlich wenig Zeit mit ihren kleinen Kindern zu verbringen. Zum Beispiel schätzt man, daß mehr als drei Viertel aller Väter normalerweise keinerlei Verantwortung für ihre Kinder bei der täglichen Fürsorge übernehmen.[1] Daher erstaunt es auch nicht, daß sich ein wesentlicher Anteil der Leserbriefe, die ich für meine monatliche Kolumne über Eheprobleme in der Zeitschrift *Parents* beantworte, mit Vätern beschäftigt, die zu wenig, und Müttern, die zuviel leisten.

»Mein Mann verbringt sehr wenig Zeit mit unserem dreijährigen Sohn; kaum, daß er mit ihm spielt, schmust oder ihn umarmt ... Gerade jetzt streiten wir uns oft, wenn ich mich über sein mangelndes Engagement beschwere, und ich bin so entmutigt«, vertraut eine junge Mutter mir an.[2] »Offenbar sind meine Tage mit Saubermachen und Fürsorge ausgefüllt. Mein Mann weigert sich, mir unter die Arme zu greifen ... Was kann ich tun?« fragt die erschöpfte Hausfrau und Mutter eines sieben Monate alten Säuglings.[3]

»Mein Mann tollt die meiste Zeit mit dem Hund herum und geht mit ihm spazieren, während ich meinen Teilzeitjob organisieren und mich um meine beiden Kinder kümmern muß ... Ich mache mir Sorgen, weil mein Mann sich mehr dem Hund als seinen Kindern widmet«, klagt eine andere frustrierte Mutter.[4] Wieder andere Frauen schreiben mir, daß sich ihre Ehemänner in Kneipen herumtreiben, während sie mit den Kindern zu Hause bleiben; und vor kurzem erhielt ich das Schreiben einer Ehefrau, die sich darüber beschwert, daß ihr Mann sie verlassen habe, jedoch nicht etwa wegen einer anderen Frau, sondern wegen seines Computers, dem er sich ausschließlich und leidenschaftlich widmet.

Der neue Begriff »Vaterhunger« hat Eingang in unsere Sprache gefunden. Er bezeichnet das tiefe Verlangen nach körperlichem und emotionalem Austausch mit dem Vater; er bezeichnet ebenfalls das sich einstellende Gefühl von Verlust und Leere, wenn ein solcher Austausch nicht stattfindet. In den vergangenen Jahren ist viel über die Deprivation von Söhnen alleinerziehender Mütter geschrieben worden. Doch sei hier auch daran erinnert, daß selbst Söhne aus vollständigen Familien mit zwei Elternteilen oft kaum ein Verhältnis zum Vater entwickelt haben. Für viele Jungen aus intakten Familien bleibt der Vater vage und ist nur gelegentlich präsent.

Obwohl der Begriff Vaterhunger sich ursprünglich auf die Erfahrungen der Söhne bezog, läßt er sich ohne weiteres auf die der Töchter wie auch der Ehefrauen/Mütter ausdehnen. Heutzutage hungern allzu viele Mütter danach, genau wie die Söhne und Töchter, daß sich der Ehemann/Vater stärker am Familienleben beteiligt. Daß viele Frauen vor allem für das Wohlergehen des Kindes und dessen tägliche Versorgung verantwortlich gemacht werden – besonders wenn sie auch einer Arbeit außer Haus nachgehen –, hat dazu geführt, daß sie sich überfordert, verärgert, reizbar und ach-so-erschöpft fühlen.

Es ist natürlich verführerisch, einem an seinen Kindern wenig interessierten Vater einen schlimmen Charakterfehler zu unterstellen. Wieso sollte schließlich ein normaler, gefühlvoller Mensch nicht wünschen wollen, sich um seine Söhne und Töchter zu kümmern und sich mit ihnen zu beschäftigen, besonders dann, wenn sie noch jung sind und nach seiner Zuneigung hungern? Als Ergebnis aus den Interviews mit einigen Vätern bin ich zu der Ansicht gelangt, daß gewöhnlich Gefühle der Unfähigkeit, Nutzlosigkeit oder Unsicherheit – weitaus mehr als persönliche Defekte – für die Distanz eines Manns zu seinen Kindern verantwortlich zu machen sind.

»Meine Frau und die Gesellschaft im ganzen haben von mir gefordert, daß ich eine größere Rolle als Elternteil übernehme, was nur recht und billig ist – und auch etwas, das ich von mir aus will«, sagte mir Sam, ein selbstsicherer und erfolgreicher Anwalt, »doch wenn ich mich um mein Baby kümmere, bewege ich mich auf schwankendem Grund. Ehrlich gesagt, in Wirklichkeit weiß ich nicht, was zum Teufel ich da tue!«

»Wenn ich beobachte, wie meine Frau unser Neugeborenes stillt, wenn ich sehe, wie wundervoll sie dafür ausgerüstet ist, es zu beruhigen, komme ich mir als Elternteil ziemlich überflüssig vor. Das Höchste, was ich derzeit hoffen kann, ist, daß ich ein – überdies stümperhafter – Hilfs-Elternteil werde, und diese Rolle kommt mir erniedrigend vor«, fügte ein anderer Vater hinzu.

Ein verzweifelt dreinschauender Vater mittleren Alters meinte: »Mir geht jetzt auf, daß meine Frau die Kinder immer besser verstand, als es mir möglich war. Daher überließ ich sie ihr. Jetzt, da die Kinder erwachsen sind, sind wir einander fremd.

Ich kenne sie kaum und wüßte auch nicht, was ich mit ihnen anfangen sollte.«

Einige Männer empfinden es als eine Bedrohung ihrer Männlichkeit, wenn sie sich fürsorglich verhalten. Haben Männer zum Beispiel nicht das Vorbild eines fürsorglichen Vaters vor Augen, so betrachten sie sich selbst eher als mütterlich denn als väterlich, wenn sie eine Windel wechseln, eine Rotznase abwischen oder ihr fieberndes Kind in den Armen wiegen. Zur Zeit berate ich einen jungen Mann, der mir anvertraute, aus Angst, sich lächerlich zu machen, habe er sich nicht getraut, seinem Chef zu gestehen, weshalb er einen Tag Urlaub beantragt hatte. Er wollte sich um seinen grippekranken Sohn kümmern, hatte aber lieber gelogen und gesagt, er müsse mit seinem Wagen unbedingt in die Werkstatt.

Es besteht ein großer Unterschied zwischen Frauen und Männern, was die Vorbereitung auf die Elternschaft angeht, und Männer sind in dieser Beziehung eindeutig benachteiligt. Von den ersten Lebensjahren an bereiten sich die meisten Mädchen auf die Mutterschaft vor. Sie identifizieren sich mit ihren Müttern und imitieren sie; auf eigene Weise üben sie die Mütterlichkeit ein, indem sie Puppenmutter spielen oder indem sie sich etwa um ihre jüngeren Geschwister kümmern oder die Nachbarskinder hüten. Sie werden ermuntert, sanft, lieb, feinfühlig, zartfühlend und brav zu sein – sämtlich Qualitäten, die bei der Säuglingspflege von Vorteil sind. Und vom Beginn ihrer ersten Menstruation an werden sie Monat für Monat an ihr lebenspendendes Potential erinnert, das Phantasien über das spätere Muttersein anregt. Daher unterzieht man Frauen für diese Rolle einer Grundausbildung, lange bevor sie Mütter werden.

Die meisten Väter haben sich erkennbar einer vergleichbaren Vorbereitung auf die Elternschaft nicht unterzogen. Als Jungen haben sie sich nicht mit der Mütterlichkeit ihrer Mutter identifiziert und sie nachgeahmt, auch nicht die mit der Fürsorge verbundenen weichen, weiblichen Qualitäten verinnerlicht; ihr Streben nach Männlichkeit hieß vielmehr, sich phantasievoll von ihr und ihrem weiblichen Verhalten zu entfernen und sich statt dessen mit dem Vater zu identifizieren. Doch aller Wahrscheinlichkeit nach waren die Väter draußen in der Welt dermaßen mit dem »Machen« und dem »Brötchenverdienen« beschäftigt, daß sie keinerlei Gelegenheit fanden, sich intensiv um die Kindererziehung zu kümmern. Durch Beobachten des eigenen Vaters wächst ein Junge in dem Verständnis auf, daß es zur Verantwortung eines Mannes gehört, Geld für die Familie zu verdienen, nicht aber, sich um die Kinder zu kümmern und ihnen näherzukommen.

Ebenso sollten wir erkennen, daß eine Schwangerschaft für die werdende Mutter wie auch für den werdenden Vater eine sehr schwierige Erfahrung ist. In jedem Augenblick, Tag für Tag und Monat für Monat, erlebt die werdende Mutter, wie das Baby in ihrem Leib wächst. Wenn sie es zur Welt bringt, so ist es in ihren Augen nicht etwa ein winziger Fremdling, sondern jemand, mit dem sie bereits eng verbunden, intim und harmonisch gelebt hat. Im Gegensatz dazu entwickelt ein werdender Vater gewöhnlich keine enge Beziehung zum Ungeborenen. Legt er seine Hand auf den gewölbten Leib seiner Frau, um die Bewegungen des Fötus wahrzunehmen, so läßt sich diese fürsorgliche Handlung nicht mit der Erfahrung einer Frau vergleichen, die neun Monate lang ein Baby in sich wachsen spürt. Anders als die biologische Mutter und das Kind begegnen der leibliche Vater und das Kind sich zum ersten Mal im Kreißsaal oder auf der Entbindungsstation. Erst neun Monate nach dem Anfang der Beziehung von Mutter und Kind beginnen Vater und Kind eine eigene zu knüpfen. Nimmt es da wunder, daß Väter mit einem Neugeborenen unbeholfener umgehen als Mütter?

Zusätzlich zu dem Gefühl der Unfähigkeit, Nutzlosigkeit, Unsicherheit und Fremdheit, mag ein Vater auch einen heimlichen Groll gegenüber dem neuen Familienmitglied verspüren. Vor dessen Geburt war seine Ehefrau sein ein und alles. Nunmehr muß er ihre Liebe, ihren warmen Körper, ihre sanften Dienste mit jemandem teilen. Nun entdeckt er womöglich, daß seine Frau völlig vom Baby mit Beschlag belegt wird und keinerlei Interesse an körperlichen oder sexuellen Intimitäten mit ihm zeigt. Ist der »Eindringling« ein Junge, kann der Vater – sehr zu seinem Kummer – Wogen der Eifersucht verspüren. Plötzlich ist im Leben seiner Ehefrau ein anderer »Mann« aufgetaucht, der eindeutig bei ihr die erste Geige spielt. Nun, da der frischgebackene Vater sich fehl am Platze fühlt und die zweite Geige spielen muß, zieht er sich eventuell von seiner Frau und seinem Kind zurück. Um die wahrgenommene Abweisung zu unterlaufen, weist er seine Frau ab; er geht aus dem Haus – ins Büro, zum Golfplatz oder in die Kneipe um die Ecke – und läßt sie allein zurück.

Wir verheirateten Mütter haben es in der Hand, wie wir auf unsere Ehemänner reagieren, wenn sie sich als Väter abweisend verhalten, unerreichbar oder unangenehm sind. Wir können sie schmähen, tadeln oder verspotten; oder wir können versuchen, ihre Unsicherheiten zu begreifen und – falls sie gutwillig sind – mit ihnen in einem von Freundlichkeit bestimmten Geist arbeiten, um Widerstände zu überwinden, die sie daran hindern, engagierte Familienmänner zu werden. Letzteres empfiehlt sich natürlich als die geeignetere Reaktion.

In *Broodmales*, einem Buch des Anthropologen Nor Hall, stieß ich auf eine herrliche Geschichte, die den positiven Einfluß der Mutter/Ehefrau bei der Entwicklung eines fürsorglichen Ehemanns/Vaters illustriert. In einem baskischen Mythos suchen während der Sintflut der Schöpfergott Aitor und seine Frau Zuflucht auf einem Berggipfel, wo sie in einer vor Blitz und Donner schützenden Höhle einem Kind das Leben schenkt. Als die Mutter die Höhle verlassen und sich auf Nahrungssuche begeben will, bittet sie Aitor, sich auf ein Bett aus Fellen zu legen und schützend seine starken Arme über ihr neugeborenes Kind zu halten. Aitor entsprach umgehend ihrer Bitte.[5]

Nor Hall erklärt, daß bei den Basken der Menschenvater sich nach dem Vorbild des fürsorglichen Vaters/Gottes Aitor verhält. Sobald die Ehefrau kräftig genug ist, das Kindbett zu verlassen, legt er sich mit dem Neugeborenen hinein, birgt es an seiner Brust und beseelt das Kleinkind mit seinem männlichen väterlichen Atem.

Mütter von heute können aus dieser baskischen Sitte etwas lernen. Auch wir müssen das Neugeborene (ebenso wie das Kind und den Heranwachsenden) dem Vater aushändigen, damit die beiden sich einander beseelen und beginnen können, jeweils am Leben des anderen teilzuhaben, so daß wir nicht mehr die volle Verantwortung für die Kindererziehung zu tragen haben.

Zuvor habe ich Sam erwähnt, einen frischgebackenen Vater, der von sich selbst sagte, er bewege sich auf sehr schwankendem Boden, wenn es um die Versorgung seines Neugeborenen gehe. Drei Monate nach unserer ersten Begegnung traf ich Sam wieder und stellte fest, daß er sich in seiner Vaterrolle inzwischen sehr viel wohler fühlte. Ja, er schien sogar bis über beide Ohren in seinen Sohn verliebt zu sein. Als ich Sam bat, mir zu sagen, worauf die positive Veränderung in seiner Haltung zurückzuführen sei, erzählte er mir, seine Frau Nicole habe darauf bestanden, daß er jeden Tag eine Weile mit ihrem Baby zusammen verbringe:

> Nicole hat mir nicht gesagt, was ich mit dem Baby anfangen sollte. Sie vergrößerte nicht etwa mein Gefühl der Ungeschicklichkeit, indem sie mir Vorschläge machte. Sie meinte nur, daß mir schon etwas einfallen werde, und so war es dann auch. Ich entdeckte, daß mein Sohn mich, außer beim Füttern und Windelwechseln, nicht zu seiner »Unterhaltung« brauchte. Ich stellte fest, daß es reichte, wenn ich bei ihm saß und ihn ansah und dadurch an seinem Wachstum teilnahm. Na ja, eigentlich war es noch mehr als in Ordnung; es war fast surreal, ja spektakulär, dieses wunderbare, kostbare Leben zu beobachten – wie jeder Augenblick für ihn eine greifbare Bedeutung gewann. Wissen Sie, ich bedaure alle Väter, die die Kinder ihren Ehefrauen überlassen und die gar keine Gelegenheit haben, den Zauber ihrer Babys zu erleben.

Die Forscher Martin Greenberg und Norman Morris, die das Potential der Väter innerhalb der Beziehung zu ihren Neugeborenen untersucht haben, verwenden den Begriff »Gefesselt-Sein«, um die »Gefühle der intensiven Anteilnahme, Versunkenheit und des Interesses« zu beschreiben, die väterliche Impulse freisetzen. Wird ein Vater von seinem Kind gefesselt, wird er das Kind zärtlich lieben und hegen und seinerseits spüren, »wie seine Gefühle der Selbstachtung und des Selbstwerts wachsen«.[6] Damit diese zarte Form der Verbundenheit gedeiht und sich Gefühle väterlichen Vertrauens entwickeln, müssen Väter eine gewisse Zeit mit ihren Babys verbringen. Und soll die Beziehung zu ihren Kindern blühen, so müssen Väter kontinuierlich eine gemeinsame Zeit mit ihnen allein verbringen, wenn sie größer werden.

In Robert Bentons Film *Kramer gegen Kramer* können wir die mächtige Wirkung beobachten, die das einfache Beisammensein auf einen Vater und seinen kleinen Sohn hat. Es ist die Geschichte eines Mannes, der sich so weit von seinem Sohn entfernt hat, daß er nicht einmal weiß, in welche Schulklasse er geht, wenn er im Film zum erstenmal auftritt, und er sich plötzlich gezwungen sieht, als Alleinerziehender die volle Verantwortung zu übernehmen. Im Verlauf des engen und alltäglichen Umgangs miteinander – der Sohn bemerkt mit ungläubigem Staunen, wie der Vater den »Armen Ritter« verpfuscht, den er zum Frühstück zubereitet; der Vater beobachtet entsetzt, wie der Sohn vom Klettergerüst abrutscht – wächst die Liebe der beiden füreinander. Durch die tägliche Fürsorge wandelt sich der selbstbezogene, emotional abwesende zu einem mitfühlenden, hingebungsvollen und präsenten Vater.

Im Film muß Mrs. Kramer die Familie verlassen, damit ihr Ehemann seinem Sohn überhaupt Aufmerksamkeit schenkt. Im wirklichen Leben sind allerdings gewöhnlich weniger drastische Lösungen vonnöten. Wenn junge (aber auch erfahrene) verheiratete Mütter mir schreiben oder im Lauf einer Therapie sagen, daß sie nicht wissen, wie sie ihre Ehemänner dazu bringen könnten, sich als Väter mehr um die eigenen Kinder zu kümmern, so gebe ich ihnen fast immer drei Ratschläge. Der *erste* lautet: Sorgen Sie dafür, daß Ihr Mann und Ihr Kind ohne Sie zusammen sein können. Und geben Sie Ihrem Mann keine Liste mit Anweisungen an die Hand, wie er sich um das Kind zu kümmern habe; lassen Sie Ihren Mann seinen eigenen Stil beim Umgang mit Ihrem Kind entdecken, der zwar anders, dafür aber nicht weniger »richtig« sein wird als Ihr eigener.

Der *zweite* Ratschlag lautet: Geben Sie Ihrem Mann nicht zu verstehen, daß die Fürsorge für einen Säugling eine reine Frauenangelegenheit sei. Versichern Sie ihm vielmehr, daß ein vertrauter, fürsorgender und verantwortungsvoller Vater in Ihren Augen ein Vorbild an Männlichkeit darstellt. Bringen Sie ihm bei, daß Kinder, damit sie gut gedeihen, sowohl Mutter als auch Vater brauchen, und daß Sie zwar die Rolle der Mutter übernehmen können, aber nur er die Rolle des Vaters.

Der *dritte* Ratschlag lautet: Sorgen Sie dafür, daß Sie und Ihr Mann mit Ihrem Kind zusammen sein können. Lassen Sie nichts unversucht, damit ihre Ehe lebendig bleibt. Obwohl die körperlichen und emotionalen Anforderungen bei der Fürsorge für ein Baby und Kleinkind Ihr Interesse am Sex dämpfen können, denken Sie daran, Ihrem Mann jeden Tag zu sagen, daß Sie ihn sehr lieben und Sie zu gegebener Zeit wieder mit ihm schlafen wollen. Wenn Ihr Mann weiß, daß er so wichtig (und so attraktiv) für Sie bleibt wie zu der Zeit, als sie noch keine Eltern waren, wird er sein Kind – besonders wenn es ein Sohn ist – nicht als Ersatz für sich, als seinen Nebenbuhler betrachten.

Vor kurzem habe ich Homers Odyssee erneut gelesen und war wieder von der Schönheit der Wiedersehensszene von Vater und Sohn beeindruckt. Nach mehr als zehn Jahren der Wanderschaft kehrt Odysseus, der legendäre König des antiken Ithaka, zu seinem treuen und tüchtigen Weib Penelope und zu ihrem einzigen Kind Telemach zurück. Als er den jugendlichen Prinzen erblickt, richtet der Fremde/Vater Odysseus, alt und mitfühlend geworden, die lang ersehnten Worte an Telemach: »Ich bin dein Vater, um den du so herzlich dich grämest und so viele Schmach von trotzigen Männern erduldest.« Und dann heißt es:

> Da umarmte der Jüngling
> Seinen herrlichen Vater mit Inbrunst, bitterlich weinend.
> Und in beiden erhob sich ein süßes Verlangen zu trauern.
> Ach! sie weineten laut und klagender noch als Vögel,
> Als scharf klauichte Geier und Habichte, welchen der Landmann
> Ihre Jungen geraubt, bevor sie flügge geworden:
> So zum Erbarmen weinten sie beide Tränen der Wehmut.[7]

Nach der Wiedervereinigung mit seiner Frau und seinem jugendlichen Sohn übernimmt Odysseus verspätet seine Verantwortung als Familienmitglied. Er führt Telemach in eine selbstbewußte und kräftige Mannhaftigkeit. Gemeinsam kämpfen die beiden gegen die ränkevollen Freier der Königin Penelope, die das Königreich zu usurpieren trachten, und gemeinsam triumphieren die beiden über sie. So strahlend Odysseus' Heimkehr auch sein mag, so muß ich doch davon ausgehen, daß die meisten heroischen Väter im Gegensatz zu Odysseus nicht zu Söhnen und Ehefrauen zurückkehren. Falls überhaupt möglich, so entscheiden sie sich eher dafür, sie nicht erst zu verlassen. Sie entscheiden sich dafür, ihnen verpflichtet zu bleiben. Und ich bin der festen Ansicht, daß liebende Gattinnen ihre Männer in vielen Fällen dazu ermutigen können, sich so zu entscheiden. Wir sollten die Tatsache nicht unberücksichtigt lassen, daß ähnlich wie viele Ehemänner/Väter, die große Schwierigkeiten haben, aus dem traditionellen Schema der Familie auszubrechen, in der dem Vater die Rolle des Versorgers und der Mutter die der Bezugsperson zugeschrieben wird, eine Ehefrau/Mutter sich vielleicht jenen Veränderungen widersetzt, die eine partnerschaftliche Erziehung mit sich bringt. Meine Patientin Cheryl, die wegen ihrer Depression zu mir in die Therapie kam, sagte zum Beispiel:

> Weil mein Mann sich dazu entschlossen hatte, unseren beiden Söhnen viel Zeit zu widmen, um im wortwörtlichen Sinn für sie da zu sein, büßte er in der Anwaltskanzlei, in der er arbeitet, seine Konkurrenzfähigkeit gegenüber seinen Kollegen ein. Statt abends und an Wochenenden in der Kanzlei Verhandlungsschriftstücke vorzubereiten, war er ständig mit den Jungs und mir zusammen. Da er nicht ebenso viel Einsatz zeigt wie seine anderen Anwaltskollegen, weiß ich, daß man ihn wohl nicht zum Teilhaber befördern und er nie so viel Geld verdienen wird wie mein Vater, und dies stört mich. Weil mein Vater ein sehr erfolgreicher Geschäftsmann war, konnte er meiner Mutter ein angenehmes und sicheres Leben bieten, und ein solches Leben würde ich mir selbst wünschen. Ich schäme mich, so etwas zu sagen, aber ich habe den Respekt meinem Mann gegenüber verloren. Obwohl er ein wundervoller Vater und liebevoller Ehemann ist, betrachte ich ihn, nun ja, als in der Welt nicht mächtig.

In Cheryls Augen ist die Vorstellung, eine erfolgreiche Karrierefrau zu werden, wozu ich sie ermuntert hatte, nicht attraktiv; in ihrem Innern glaubt sie, es sei Aufgabe des Mannes und nicht der Frau, die Familie zu versorgen, und sie schlägt voll und ganz die sich ihr bietende Gelegenheit aus, mehr Geld als ihr Mann zu verdienen. Cheryl erinnert uns an etwas, das wir gelegentlich vergessen: Unsere Eltern beeinflussen uns während unseres ganzen Lebens ungemein. Viele, sehr viele Frauen erwarten von ihren Ehemännern, daß sie der traditionellen Rolle ihrer eigenen Väter entsprechen und nehmen es sehr übel, wenn diese ihr nicht nahekommen (das Gegenteil trifft natürlich ebenso zu).

Einige Frauen wie Cheryl geben nur ungern den Schutz des mächtigen Versorgers/Vaters auf; andere Frauen wiederum sträuben sich dagegen, auf die Rolle als wichtigster Elternteil zu verzichten. Sogar Frauen, die behaupten, sie seien erpicht darauf, die Elternaufgabe mit ihren Ehemännern zu teilen und zu Hause gleichberechtigte Partner zu werden, verhalten sich unabsichtlich so, daß sie jede Zusammenarbeit torpedieren. Mehrere Szenen aus meiner Praxis fallen mir dazu ein:

Ein junger Vater beschwerte sich bei mir darüber, daß seine Frau jedes Mal, wenn sie ihn mit ihren beiden Kindern im Vorschulalter allein ließ, eine detaillierte Liste mit Anweisungen an die Tür des Kühlschranks klebte – was und wann er ihnen zu essen geben, welche Spiele er mit ihnen spielen sollte und so weiter, so daß er sich seinen eigenen Kindern gegenüber wie »Mutters kleiner Gehilfe« vorkam. Als Folge davon brachte er Ausflüchte vor, um »dem *Babysitten* zu entgehen«. Wie traurig, daß in den Augen dieses Vaters das Hüten der Kinder mit den Aufgaben eines bestellten Babysitters vergleichbar war!

Eine Frau, die ihr sechs Monate altes Kind zur Therapiesitzung mitbrachte, schüttelte jedesmal mißbilligend den Kopf, wenn ihr Ehemann das unruhige Kind mit Häppchen oder einem Spielzeug ablenken wollte. Da er sich zunehmend überflüssig vorkam, gab der frischgebackene Vater allmählich seine Beschäftigung mit dem Säugling auf.

Ein Mann und seine Frau, die zur Eheberatung gekommen waren, machten sich Sorgen über das straffällige Verhalten ihres jugendlichen Sohnes; die Frau verbesserte ihren weinenden Mann immer dann, wenn er zu erklären versuchte, was ihm zufolge in dem Jungen vorging: »Nein, nein, das siehst du ganz falsch, Joe, das steckt nicht hinter dem, was sich bei ihm abspielt«, warf sie ungeduldig ein. Da es Joe an Zutrauen zu seiner eigenen Wahrnehmung als Vater mangelte und er sich den Interpretationen seiner Frau beugte, wurde er im Verlauf der Therapiesitzung zunehmend stiller.

Einer der Gründe dafür, daß einige Frauen sich nicht bemühen, die Kinder den Vätern zu überlassen, ist in ihrer Überzeugung zu suchen, daß Männer von Natur oder Erziehung aus eines Zartgefühls oder Einfühlungsvermögens sowie starker Empfindungen unfähig seien. Grob gesprochen halten zahlreiche Frauen die Männer insgesamt für »Trottel«. Diese fest vertretene Anschauung kann sich natürlich als eine sich selbst erfüllende Prophezeiung erweisen. Viele Ehemänner, die der Ansicht ihrer Frauen Glauben schenken, sie seien gefühllos oder ungeeignet (also »Trottel«), müssen ja einfach denken, sie könnten mit den Gefühlen innerhalb einer Beziehung nicht umgehen, und vermeiden es aus diesem Grund, eine innige Beziehung zu ihren Kindern aufzubauen. Wenn ein inzwischen erwachsenes Kind seine Eltern in der Hoffnung anruft, sich mit beiden Eltern »wirklich« zu unterhalten, so haben viele Millionen Väter kaum eine Minute Zeit übrig, um Belanglosigkeiten mit ihm auszutauschen, bevor sie nervös sagen: »Ich muß jetzt aufhören. Ich ruf jetzt Mom, ja?«

Ein weiterer Grund für die überlegene Position von Frauen bei Familienangelegenheiten – eine Mutter ist eben immer eine »[Mutter]-weiß-es-am-besten«-Person – ist vielleicht darin zu suchen, daß die Elternschaft vielleicht der einzige Freiraum ist, in dem man Frauen gestattet, erfahren und überzeugend zu sein. »Gott konnte nicht überall sein, deshalb erfand er die Mütter«, sagt ein bekanntes Sprichwort. Obwohl es einerseits einer Erleichterung gleichkommen kann, die Rolle des allwissenden, rundum fürsorglichen und allgegenwärtigen Elternteils aufzugeben, kann es andererseits einen großen Verlust bedeuten, da es für viele Frauen keine wirkungsvolle *und* sichere Ersatzrolle gibt. Leider werden beruflich erfolgreiche Frauen noch zwei Jahrzehnte nach den Anfängen der Frauenbewegung lächerlich gemacht und kritisiert. Der allgemeine Argwohn gegenüber Hillary Rodham Clinton und die verbalen Angriffe auf sie während des Wahlkampfs um die Präsidentschaft im Jahr 1992 sind lebhafte Beispiele für diese Tendenz, wenn man diese Reaktionen mit jenen des Zutrauens und der warmherzigen Zustimmung im Fall der großmütterlich wirkenden Barbara Bush vergleicht.

Obwohl sich eine Frau bewußt von ihrem Ehemann wünscht, daß er einen gleichen Anteil an der Kindererziehung übernimmt, mag sie sich unbewußt von seiner Mitarbeit bedroht fühlen und sie als ein Eindringen in ihr Revier empfinden. Diese Erfahrung beschreibt Linda Rennie Forcey mit bewegenden Worten in der autobiographischen Passage ihres Buches *Mothers of Sons: Toward an Understanding of Responsibility*.

> Trotz meiner, wie ich glaube, gesunden Beziehung zu unserem jüngsten Sohn, der kurz vor meiner Rückkehr an die Schule geboren wurde und wirklich ein Produkt »partnerschaftlicher Erziehung« ist, nehme ich von Zeit zu Zeit Entgleisungen in meiner neu definierten Identität als Mutter wahr. Eine solche Entgleisung war jener Moment, da er mit zwölf Jahren dringend am Blinddarm operiert werden mußte.

An jenem besonderen Tag war ich von der Arbeit nach Hause zurückgekehrt, um »nach dem Rechten zu sehen«, und mußte feststellen, daß mein Mann unseren Sohn gerade noch rechtzeitig im Krankenhaus abgeliefert hatte. Als der Junge in den OP gebracht wurde, hielt sein Vater ihm die Hand. Nach der (erfolgreich verlaufenen) Operation meinte mein Mann, der zur Schlaflosigkeit neigt und sowieso spät schlafen geht, er wolle lieber im Krankenzimmer unseres Sohns wachen für den Fall, daß dieser sich ängstige oder Schmerzen habe. Dies erschien gewiß wie eine vernünftige Entscheidung, und ich machte mich nach Hause auf.

Doch ich konnte nicht einschlafen. Irgend etwas stimmte hier nicht. Ich war sehr besorgt. Gewiß erwartet unser Sohn eher mich, seine Mutter, an seinem Bett zu finden, wenn er aufwacht, dachte ich. Ohne gefrühstückt zu haben, hastete ich beim ersten Morgengrauen zum Krankenhaus, theoretisch, um meinen Mann abzulösen, in Wirklichkeit aber, um als »einzig wichtige Bezugsperson« bei unserem Sohn zu sein.

Als ich eintraf, rollten unserem Sohn drei dicke Tränen über die Wange, und er sagte: »Dad, bitte geh nicht fort. Die ganze Nacht habe ich mich bei dir so sicher gefühlt.« Ich erstarrte. Einen Augenblick lang spürte ich eine fast unbeherrschte Wut über das Kind in mir aufsteigen. Am liebsten hätte ich seinen kleinen, wunden Körper geschüttelt und geschrien: »Ich bin deine Mutter, und nur bei mir fühlst du dich sicher.« Die Ironie meiner Lage ging mir sofort auf. Hier, vor meinen Augen, wurde der Beweis erbracht, daß es möglich war, die elterliche Sorge zwischen Vater und Mutter aufzuteilen, und als mir klar wurde, daß ich nicht die einzige wichtige Bezugsperson war, wäre ich fast durchgedreht![8]

Ähnlich erging es meiner Nachbarin Merete, einer Schriftstellerin, die sich die Betreuung der beiden jungen Söhne mit ihrem Ehemann Mark teilt. Kürzlich vertraute sie mir an, ihr Ältester habe ihr nach einem Wochenendseminar, zu dem sie verreisen mußte, mitgeteilt, von nun an wolle er lieber mit seinem Daddy ins Schwimmbad gehen, denn mit ihm mache das Schwimmen einfach mehr Spaß. Doch Meretes Gefühl des verletzten Stolzes ging schnell vorüber. »Als mein Weinkrampf vorbei war, dachte ich, wie herrlich es doch ist, daß mein Sohn sich bei uns beiden holen kann, was er zum Erwachsenwerden braucht, und wie glücklich er sich schätzen müßte, daß er zwei Eltern mit unterschiedlichen Fähigkeiten besitzt. Und was für eine Erleichterung es für mich doch ist, daß ich ihm nicht alles sein muß!«

Wenn ich auf die frühen Jahre meiner eigenen Elternschaft zurückblicke, so erkenne ich, wie leicht es einer Mutter fällt, dafür zu sorgen, daß sie die einzig wichtige Bezugsperson für ihr Kind bleibt, und wie, falls sie sich mit dieser Anschauung durchsetzt, ein jeder dabei verliert. In den ersten Lebensjahren meiner Tochter besaß ich das Privileg, eine Hausfrau-Mutter zu sein. Zum Teil als Folge der in trauter Zweisamkeit verbrachten Zeit und auch deshalb, weil wir beide weibliche Wesen sind, entwickelten Leah und ich eine wunderbar enge, außergewöhnliche Beziehung; wir paßten perfekt zusammen wie Aschenputtels kleiner Fuß und ihr gläserner Schuh. Während unserer neuen Periode der Elternschaft war mein Mann damit beschäftigt, eine akademische Karriere als Dozent für Englisch aufzubauen und hatte daher nicht soviel Zeit für unsere kleine Tochter wie ich. An einem Silvesterabend waren die kleine, bald zweijährige Leah und ich, wie so oft, gemeinsam in ein Spiel vertieft. Als Bruce mitspielen wollte, reagierten wir beide leicht gelangweilt und gaben ihm zu verstehen, daß er uns gerade störe. Ich weiß, daß ich meinen Mann nicht brüskieren wollte, und als er aus dem Haus stürmte und ein paar Stunden lang wegblieb, war ich über seine »Überreaktion« entsetzt. Am Morgen danach, am Neujahrstag des Jahres 1973, sprachen wir beide uns aus. Bruce erklärte, er habe sich sehr ausgegrenzt gefühlt, als wir ihm den Zugang zu unserem kuscheligen Nest verwehrt hatten. Da er aus dem Herzen sprach, schmolz meine kalte Wut dahin, die ich empfand, als er am Silvesterabend das Haus verlassen hatte. Doch weitaus wichtiger war mir folgendes: Da er mir seinen beträchtlichen seelischen Schmerz bewußt gemacht hatte, beschloß ich, ihn nie wieder auf die Rolle eines Außenseiters oder minderwertigeren Elternteils zu reduzieren. Zwanzig Jahre später waren wir beide für diese Entscheidung dankbar. Noch heute erinnere ich mich mit einem leisen Schaudern daran, wie »natürlich« es mir als frischgebackener Mutter erschienen war, die Rolle als wichtigster Elternteil zu übernehmen, und daß ich meinen Mann, hätte er mir damals nicht widersprochen, für immer an den Rand unserer Familie gedrängt hätte.

Männern und Frauen fällt es nicht leicht, als Vater und Mutter gleichberechtigte Partner zu werden. Wie wir gesehen haben, stehen dem Streben nach gemeinsamer Kindererziehung kulturelle und psychische Faktoren im Wege. Tatsächlich stellt die traditionelle Aufteilung der Verantwortung innerhalb der Familie, bei der die Väter die finanziellen und die Mütter die emotionalen Versorger sind, eine deutlichere Trennung dar als die Alternative einer gemeinsamen Wahrnehmung der Verantwortung. Gemeinsame Autorität, insbesondere auf einem emotional so aufgeladenen Feld wie der Elternschaft, führt notwendigerweise zu solchen Erscheinungen wie Konflikten und Konkurrenzdenken, die das Leben zuweilen »vertrackt« machen. Jedoch wird die traditionelle Aufteilung der Familienpflichten für immer mehr Ehepaare unhaltbar. In den meisten Familien von heute gehen Frauen wie Männer arbeiten, beide verfolgen Interessen und Aktivitäten außer Haus, und beide hegen den Wunsch und die Verpflichtung, den Kindern in deren jungen Jahren nahe zu sein. Meiner Meinung nach bietet das Prinzip der partnerschaftlichen Erziehung den Paaren von heute eine praktische Lösung; es trägt ebenfalls zu einer engeren Bindung zwischen Eltern und Kind, Mann und Frau bei und ist aus diesen Gründen einen Versuch wert.

In den letzten Jahrzehnten haben wir den Verfall der Institution Ehe beobachten müssen, was immenses Leid über die Scheidungswaisen und auch die geschiedenen Eheleute zur Folge hatte. Halten Mann und Frau an der gemeinsamen elterlichen Sorge fest, solange die Kinder von ihnen abhängig sind, so halten sie auch aneinander fest. Während Mütter und Väter ihre Kinder gemeinsam schützen, umsorgen, erziehen, sich um sie sorgen und an ihnen erfreuen, werden sie also auch als Ehefrau und Ehemann täglich eine Vertrautheit entwickeln, aus der eine starke, tiefe, fortdauernde und tragfähige eheliche Liebe erwachsen kann. Der Schriftsteller Robert A. Johnson, ein Schüler Jungs, bezeichnet die realistische alltägliche Verbundenheit zwischen Ehemann und Ehefrau als das »Umrühren der Hafergrütze«.[9] Das gemeinsame Umrühren der Hafergrütze heißt, Werte, Bedeutungen und Liebe zu finden, indem man die tausendfachen kleinen, gewöhnlichen, ermüdenden, beschwerlichen und sensiblen Aufgaben miteinander teilt, die die Elternschaft nach sich zieht. Das gemeinsame Umrühren der Hafergrütze ist vielleicht nicht besonders romantisch, dafür aber ist sie wunderbar sättigend und kräftigend.

Wenn Töchter und Söhne mit Eltern aufwachsen, die sich lieben, so entwickeln sie sich auch gut. Kinder, die wissen, daß ihre Mütter und Väter sich durch ihr Eheversprechen miteinander verbunden fühlen, wachsen im Vertrauen darauf auf, daß die Liebe von Dauer ist, Versprechen eingehalten werden und Bindungen Wirklichkeit sind. Kinder, die beobachten, daß ihre Mütter und Väter auftretende Probleme in einer Atmosphäre des gegenseitigen Respekts besprechen, wachsen im Bewußtsein auf, daß Konflikte eine Beziehung nicht zerstören müssen, sondern lösbar sind. Und Kinder, die von Müttern und Vätern umsorgt werden, wachsen mit dem Verständnis dafür auf, daß Männer genauso zärtlich und fürsorglich sein können wie Frauen. Tatsächlich gibt es keine bessere Gewähr dafür, daß ein kleiner Junge eines Tages ein fürsorglicher Vater wird, als wenn er selbst mit einem solchen groß geworden ist.[10] In diesem Zusammenhang fällt mir ein nettes Beispiel ein. Als meine Nachbarin Merete einmal außer Haus war, sah ich, wie Mark den Rasen mähte und dabei gleichzeitig den ein Jahr alten Jakob auf dem Arm trug und tröstete. Dann erblickte ich den vierjährigen Mattias. Er ahmte den Vater nach und schob einen Spielzeugrasenmäher vor sich her, wobei er ein kleines Stofftier an die Brust drückte.

Da es sich beim Prinzip der partnerschaftlichen Erziehung um eine neue Praxis handelt, mit der unsere Eltern und Großeltern nicht vertraut waren, wissen viele Ehepaare nicht, wie dies funktionieren soll. Weil ich hoffe, daß meine eigene Geschichte jenen Eltern helfen kann, die sich ebenso bei der Kindererziehung engagieren möchten, beschließe ich dieses Kapitel mit meinen Erfahrungen.

Ein großer Vorteil der gemeinsamen Kindererziehung bestand für mich darin, daß ich meine Aktivitäten als Mutter nicht wegen einer sinnvollen und anspruchsvollen Karriere aufgeben mußte oder daß ich meine Karriere aufgeben mußte, um eine gute Kindererziehung sicherzustellen. Es war mir möglich, »alles zu bekommen«. Natürlich bedeutete dies eine Unmenge an Arbeit, Planung und Geduld. Während Bruce zuerst seine Schritte in der akademischen Welt machte, übernahm ich die

Verantwortung für das tägliche Funktionieren des Haushalts und kümmerte mich hauptsächlich um die Kinder, obwohl Bruce sich trotzdem sehr am Familienleben beteiligte. Als ich mit meiner Doktorarbeit begann, übernahm Bruce mehr Verantwortung für die Familie, auch wenn ich immer noch mitarbeitete. Es waren geschäftige Jahre; Bruce sagte seinen Freunden zum Spaß: »Evi und ich haben einen Zeitplan für die Benutzung des Bades aufgestellt.« Nachdem wir beide an unserer Karriere gebastelt hatten, teilten wir die Haushaltsarbeiten etwas gerechter unter uns auf, doch keiner von uns wurde der wichtigste Elternteil. Nach wie vor pflegten wir starke, fürsorgliche und liebevolle Beziehungen mit unseren Kindern, wenngleich auch sehr unterschiedliche; Gleichberechtigung unter den beiden Eltern, so entdeckten wir, bedeutete nicht Gleichheit.

Ebenso wie der Körper einer Frau weicher ist als der eines Mannes, gehe ich weicher mit den Kindern um, bin ich diejenige, bei der sie eher Trost und unbedingte Anerkennung suchen. Im Gegensatz dazu ist Bruce viel mehr derjenige, der ihnen Grenzen setzt und deren Beachtung auch durchsetzt. Unsere Kinder empfanden diese Unterscheidungen nie als problematisch. Entsprechend hatte Bruce nichts dagegen einzuwenden, daß er die Rolle des »Strengen« für eine längere Zeit übernahm, so lange er darauf vertrauen konnte, daß ich seine Bemühungen um Disziplin nicht unterminierte.

Bruce und ich brachten also unterschiedliche Energien ins Familienleben ein: Bruce ist ein »wilder Mann«, der die Kinder gerne in aktive Spiele verwickelte, und ich bin von Natur aus ein stiller Mensch und verbrachte viele Stunden mit Leah und Jonathan beim Zeichnen, Malen und Sammeln von Blättern und Kiefernzapfen. Während Bruce eine stereotype männliche Rolle übernimmt und ich auf manchen Gebieten eine stereotype weibliche, weichen wir interessanterweise dennoch von den traditionellen Geschlechterrollen ab. So ist beispielsweise von uns beiden Bruce der weitaus bessere Koch; ich dagegen verdiene mehr Geld als er. Er denkt daran, das Radio für unseren Sittich laufen zu lassen, wenn wir zur Arbeit gehen, »damit der kleine Kerl sich nicht so einsam fühlt«; ich kümmere mich um die Steuererklärung. Für mich lag einer der schwierigsten Aspekte der gemeinsamen Kindererziehung darin, daß ich mich manchmal schuldig fühlte, weil ich mich nicht allein um alles kümmerte. Wenn zum Beispiel mein Mann als Zuschauer hinging, wenn Jonathan in der Little Leage spielte, während ich zu Hause blieb, um zu schreiben, oder wenn er liebevoll für uns alle eine köstliche Mahlzeit zubereitet hatte und ich mich anschickte, mein Essen zum Mitnehmen einzupacken, dann mußte ich unweigerlich daran denken, daß ich nicht nur meine Pflichten als Mutter vernachlässigte, sondern irgendwie auch als Frau versage.

Wenn ich gelegentlich verunsichert war, stützte Bruce mein Selbstvertrauen, indem er beteuerte, ich sei eine sehr gute Mutter und eine ebenso frauliche Frau; und er wies auf etwas hin, das ich wegen meiner Gewissensbisse zeitweilig aus dem Blick verloren hatte: daß Jonathan und Leah nicht unter mangelnder mütterlicher Fürsorge litten, sondern dank unserer gemeinsamen Erziehung heranwuchsen und sich gut entwickelten.

Es gab auch Zeiten, in denen Bruce meinen Zuspruch brauchte. Da er mit unseren Kindern in der Zeit ihres Heranwachsens viel Zeit verbracht hatte, war er in der akademischen Welt des »Veröffentliche-oder-stirb«-Prinzips nicht so erfolgreich, wie er hätte sein können, was sich in geringeren Gehaltserhöhungen und in der Unwahrscheinlichkeit ausdrückte, daß er in der Universität jemals ein »Star« werden würde. War Bruce niedergeschlagen, so konnte ich ihm eine liebende Freundin sein, die ihn mit Beteuerungen stützte – ich war diejenige, die ihn darauf hinwies, wie wertvoll und unschätzbar sein Beitrag zu unserem Familienleben war und daß er in seiner Rolle als vorbildlicher Vater und Ehemann für mich in einem weitaus größeren Ausmaß zu einem Mann geworden war, als wenn er die verblüffendsten beruflichen Erfolge errungen hätte.

Das Gefühl, daß die eigene Leistung als Elternteil unterschätzt wird, hat Bruce und mir wechselweise zu schaffen gemacht. Ebenso wie Bruce sich während der Kindheit unserer Tochter ausgeschlossen fühlte, so fühlte ich mich von gewissen Perioden in Jonathans Leben ausgeschlossen. Ohne mich absichtlich herabwürdigen zu wollen, kümmerte sich der bei unserem Sohn leidenschaftlich engagierte Bruce trotzdem um all dessen Bedürfnisse, stellte die Regeln für ihn auf und ließ mir kaum noch eine Rolle als Elternteil übrig. Bei mehreren tränenreichen Gelegenheiten setzte ich Bruce auseinander, wie sehr ich mich zurückgesetzt fühle, wenn ich ausgeschlossen wurde, und er bemühte sich, mich stärker einzubeziehen, da er für meine Beschwerden ein offenes Ohr hatte. Auch teilte ich ihm meine Ansicht mit, daß ein zu enges Vater-Sohn-Verhältnis weder für Jonathan noch für ihn von Vorteil sei.

Eine der traditionellen Rollen für einen Ehemann/Vater besteht darin, als Puffer zwischen Mutter und Kind zu dienen, so daß beide nicht ständig in einer symbiotischen Beziehung verhaftet bleiben. Indem er den beiden ermöglicht, sich voneinander zu trennen, verhilft ein die Entwicklung fördernder Vater jedem der beiden dazu, ein autonomes, selbständiges Leben zu führen. In ähnlicher Weise sah ich eine meiner Rollen als eine die Entwicklung fördernde Frau/Mutter darin, Vater und Sohn dabei zu helfen, sich voneinander zu lösen, nachdem ich bemerkt hatte, daß das Band zwischen Bruce und Jonathan hauteng geworden war. Besonders in Jonathans Teenagerjahren ermutigte ich Bruce, weniger Zeit mit ihm und mehr mit mir zu verbringen – und diese neue Vereinbarung wirkte sich für uns alle positiv aus. Jonathan widmete allmählich seinen Altersgenossen mehr Aufmerksamkeit als seinem Vater; Bruce und ich richteten unsere Aufmerksamkeit mehr aufeinander.

Mein Kollege Dr. Ivan Miller, der das Talent besitzt, abstrakte Vorstellungen in herrliche Bilder verwandeln zu können, vergleicht die Entwicklung eines Ehepaars mit einem Garten, in dem Blumen, Reben, Sträucher und Bäume von einem passionierten Gärtner gepflegt werden. Blumen müssen regelmäßig gegossen und gedüngt werden, damit sie blühen – in derselben Weise, wie Mann und Frau sich mit freundlichen Worten füttern müssen. Damit die Reben nicht unter der Last der Trauben zusammenbrechen, brauchen sie ein Spalier; ebenso brauchen Eheleute, die unter der Last des Lebens zusammenzubrechen drohen, die zuverlässige Stütze des Partners. Überdies müssen Sträucher und Bäume, sollen sie nicht wuchern und sich in eine falsche Richtung entwickeln, regelmäßig beschnitten werden. Verheiratete Partner bändigen und formen gegenseitig ihr Verhalten als Vater und Mutter (ohne es allerdings »zurechtzustutzen«), wenn es außer Kontrolle zu geraten droht. Millers Bild vom Garten spiegelt die ständige Interaktion zwischen dem Ehemann und der Ehefrau wider, die gemeinsam als Eltern handeln. Ich weiß, daß die Zusammenarbeit zwischen Bruce und mir bei der Kindererziehung unsere Liebe und Freundschaft zueinander vertieft hat. Über zwanzig Jahre lang haben wir große Freuden wie auch Sorgen und Ängste im Zusammenhang mit den Kindern geteilt. Wenn eines unserer Kinder unglücklich war, haben wir beide uns zusammengesetzt und besprochen, wie man ihm helfen könnte. Wenn einer von uns unangemessen reagierte, hat der andere ihn auf taktvolle Weise kritisiert. Da wir einen ständigen Dialog führen, bin ich mir der persönlichen Kämpfe von Bruce in Zusammenhang mit seinem Bemühen, ein guter Vater zu sein, durchaus bewußt, und gleiches gilt umgekehrt für ihn. Und da wir als Tröster und Versorger, Eltern und Berufstätige die Strapazen und den Druck gut kennen, können wir es besonders gut nachvollziehen, wenn der eine oder die andere das Gefühl hat, daß alles zuviel wird.

Obwohl ich beinahe davon überzeugt bin, daß unsere Vereinbarung unsere eheliche Liebe stärkte und uns in die Lage versetzte, vollkommenere Menschen zu werden, war ich bis vor kurzem nicht absolut sicher, ob meine nicht-traditionelle Mutterrolle unserem Sohn gut bekommen ist. Leah hatte mir oft gesagt, wie stolz sie war, daß ich zugleich Mutter und berufstätig sei – und daß sie dank meiner Doppelrolle zuversichtlich sei, selbst auch Freude an der Arbeit mit einem Familienleben vereinbaren zu können. Doch Jonathan hatte mir Ähnliches nie gesagt.

Jedoch beginne ich gerade zu verstehen, daß unsere derzeitige gegenseitig liebevolle, enge und respektvolle Beziehung zum größten Teil darauf zurückzuführen ist, daß ich für Jonathan (nachdem er als Säugling entwöhnt war) nicht ständig verfügbar war. Da ich nicht die wichtigste, sondern nur eine von zwei wichtigen Personen war, da ich nicht die einzige war, von der er absolut abhing oder die einzige, die ihn stets betreute, fühlte und fühlt er weder eine heilige Scheu vor mir noch sich von mir überwältigt. In seinen Augen bin ich gewiß keine Göttin, eine Hexe allerdings auch nicht. Meistens gehen Jonathan und ich entspannt miteinander um, und wir können stundenlang quatschen. Jonathans warmherziges und offenes Verhältnis zu seinen Freundinnen zeigt mir, daß er Frauen im allgemeinen nicht als bedrohlich empfindet und daß er im Gegensatz zu vielen Männern nicht das Gefühl hat, sie abwehren oder vor ihnen flüchten oder seine Überlegenheit ihnen gegenüber ausspielen zu müssen.

Vor vielen Jahren hat die feministische Theoretikerin Dorothy Dinnerstein geschrieben, für die Situation der Menschen gebe es nur dann eine Hoffnung, wenn beide Eltern sowohl die Mutter- als auch die Vaterrolle erfüllen. Nur dann würden Mütter (und Frauen im allgemeinen) nicht mehr als allmächtig und für die Mißstände verantwortlich betrachtet, die der Menschheit zusetzen. Blicke ich auf die Entwicklung meines Sohns zurück, so glaube ich, daß Dinnerstein recht hat. Damit unsere Söhne zu liebevollen und netten Ehemännern und Vätern heranwachsen, brauchen sie weniger Betreuung durch die Mutter und mehr Betreuung durch den Vater.

Im Spätsommer 1992 begleiteten Bruce und ich unseren Sohn durch drei Bundesstaaten zum Studienbeginn in sein neues College. Die Reise nach Iowa stellte für jeden von uns dreien ein Übergangsritual dar: für Jonathan das Ende seiner Abhängigkeit vom Elternhaus, für Bruce und mich das Ende einer aktiven Elternschaft. Als wir in der Universität eintrafen, halfen wir Jonathan dabei, sein Gepäck in die Unterkunft zu bringen und unterhielten uns kurz mit seinem Mitbewohner. Nachdem wir uns von ihm in seinem neuen Zimmer getrennt hatten, zogen wir beide uns mit dem Gefühl, alt und unter den vielen College-Studenten völlig fehl am Platze zu sein, für die Nacht in ein Motel zurück.

Am nächsten Morgen trafen wir Jonathan wie verabredet, um mit ihm zu frühstücken und uns von ihm zu verabschieden. Als es soweit war, nahm unser schockierend männlich aussehender Sohn unsere Hände und sagte ruhig: »Danke, Mom und Dad ... Dad und Mom. Dank euch beiden für alles.« Und zum ersten Mal in vielen Jahren zuckte er nicht zurück, als ich auf ihn zuging, um ihn zu küssen.

Arm in Arm kämpften Bruce und ich unsere Tränen nieder, als wir zu unserem Kleinwagen gingen, der nicht mehr mit Jonathans Sportbeuteln und Bücherkartons, Musikkassetten von Bruce Springsteen, Baseballschlägern und -handschuh und zusammengerolltem Ricky-Henderson-Poster, Basketball und Hanteln beladen war und uns nunmehr unheimlich geräumig vorkam.

Am ersten Tag unserer Heimreise haben Bruce und ich uns meistens über Jonathan und viel über Leah unterhalten. Doch am zweiten und letzten Tag redeten wir mehr über uns selbst. Als wir an den Getreidefeldern Iowas und Nebraskas vorbeifuhren, planten wir eine Traumreise zu den prähistorischen Höhlen in Südfrankreich, unterrichteten uns gegenseitig über den neuesten Stand unserer Publikationsvorhaben und sprachen davon, eine Weinlaube, ähnlich jener, wie wir sie auf unseren Reisen in Griechenland bewundert hatten, in unserem Hintergarten anzulegen. Und statt, wie auf der Hinfahrt, Jonathans Kassetten von Bruce Springsteen abzuspielen, legten wir unsere eigene Lieblingsmusik auf und sangen dazu.

Unser Heim ist in diesen Tagen ruhiger – und viel aufgeräumter. Bruce und ich gehen oft auswärts essen. Außer in den Zeiten, da Jonathan und Leah während der schulfreien Zeit oder während der Ferien wieder im Hause sind, gibt es keinen Grund mehr, unsere Schlafzimmertür nachts zu schließen. Nachdem wir all die Jahre über zu viert, dann zu dritt gewesen sind, leben wir beide meistens allein – doch das junge Ehepaar, das wir einst waren, hat sich sehr, sehr stark verändert (zum Besseren, glauben wir).

Der Vater und die Mutter…
werden Gefährten genannt…Und sie finden
Erfüllung im ständigen Bund.[11]

6 Alleinerziehende Mütter

Hätte Garp einen riesigen und naiven Wunsch frei gehabt, dann den, daß er die Welt sicher machen könne. Für Kinder und Erwachsene. Die Welt kam Garp als unnötig gefährlich für beide vor.

JOHN IRVING: Garp und wie er die Welt sah

Als ich an einem Sonntagmorgen die Zeitung durchblätterte, stieß ich auf einen Artikel über alleinerziehende Mütter von Tamar Lewin, Reporterin bei der New York Times, der mit folgendem Aufmacher beginnt:

> ATLANTA – Als Janice Edwards nach der Arbeit in ihr tadellos in Schuß gehaltenes kleines Haus zurückkehrt, das sie letztes Jahr gekauft hat, erzählt sie uns stolz, wie sie ihre Familie durchgebracht hat, nachdem ihr Mann sie vor fünf Jahren kurz vor der Geburt ihres zweiten Kindes verlassen hatte.
> »Ich dachte, wir würden es ohne Mann nicht schaffen«, sagte sie.
> »Es gab eine Zeit, da hatte ich kein Geld für Babynahrung, Gas, Wasser, Strom, ich wußte absolut nicht, was um alles in der Welt wir tun sollten.«
> Doch Edwards, siebenundzwanzig, tat etwas. Sie arbeitete – tagsüber im Büro und nach Feierabend im K-Mart, zeitweise trug sie auch von zwei bis fünf Uhr morgens Zeitungen aus.
> »Wenn es sein muß, übernehme ich siebzehn Jobs, aber ich werde für diese Kinder sorgen«, sagte sie.
> »Ich höre nicht auf Leute, die mir sagen, alleinerziehende Mütter sind schlecht. Ich habe mir das nicht ausgesucht; ich bin gegen meinen Willen alleinerziehend, und ich höre nicht auf die negativen Kommentare.«[1]

Lewin merkt in ihren Dutzenden von Interviews mit alleinerziehenden Müttern an, daß »das Gefühl, das am häufigsten und stärksten zum Ausdruck kam, großer Stolz darüber war, daß entgegen allen Erwartungen – eigenen und denen der Gesellschaft – sie es relativ gut schaffen.«

In meinem eigenen Leben und in meiner Rolle als Psychotherapeutin habe ich Mütter kennengelernt, die wie Janice Edwards tun, was sie tun müssen, um für ihre Kinder zu sorgen – und ehrlich gesagt habe ich Respekt vor ihrer Stärke. Manchmal frage ich mich, ob ich es geschafft hätte, meine Tochter und meinen Sohn allein zu erziehen, wenn ich als junge Frau durch die Umstände dazu gezwungen worden wäre. Oder hätten mich finanzielle Not und die unaufhörlichen Nöte und Anforderungen in Verzweiflung und Untüchtigkeit versinken lassen? Ich weiß es einfach nicht.

Obwohl ich mich nicht als Alleinerziehende beweisen mußte, möchte ich doch in diesem Kapitel meinen Lesern und Leserinnen mitteilen, was ich aus der Forschung auf diesem Gebiet gelernt habe – das meiste davon konzentriert sich auf die Scheidungsfolgen –, und persönliche Geschichten von alleinerziehenden Müttern und ihren Söhnen erzählen. Ich hoffe, daß dieser Fundus an Wissen und Erfahrungsmaterial das Verständnis für die geschiedenen, ledigen oder verwitweten Mütter, die sich tatsächlich beweisen mußten, vertieft.

Obwohl das Zerbrechen einer Familie für Kinder traumatisch ist, zeigen Forschungsergebnisse, daß die Mehrheit – 50 bis 70 Prozent der Jugendlichen – anscheinend keine signifikanten Langzeitprobleme als Folge der Scheidung hat; sicherlich ist dies ein Zeugnis für die Unverwüstlichkeit des menschlichen Geistes. Natürlich bedeutet die »grimmigere« Interpretation dieser Untersuchung, die wir nicht schönfärben sollten, daß noch Jahre nach der Scheidung 30 bis 50 Prozent der Kinder an den Nachwirkungen leiden. Diese Kinder neigen zu wütendem, aggressivem Verhalten oder zu Traurigkeit, Depression und Minderwertigkeitsgefühlen; sie neigen zu Schwierigkeiten in der Schule und mit festen Bindungen, wenn sie erwachsen werden.[2]

Neue Forschungen über die Auswirkungen von Scheidung weisen auch darauf hin, daß das Geschlecht des sorgeberechtigten Elternteils eine Rolle bei der Anpassung des Kindes spielt. Obwohl es kaum Informationen über die beste Sorgerechtsregelung für Säuglinge und Kleinkinder gibt, haben wir einige Belege dafür, daß im Durchschnitt Jungen über sechs Jahre besser bei ihren Vätern aufgehoben sind, wobei Mädchen sich besser entwickeln, wenn sie bei ihren Müttern leben. Zumindest was Unabhängigkeit, Reife, Selbstwertgefühl, Sozialverhalten sowie Angstzustände, Aggression, Kriminalität und Depression anbelangt, scheinen Jugendliche, die mit dem Elternteil desselben Geschlechts zusammenleben, im Vorteil zu sein.[3] Natürlich müssen wir erkennen, daß andere Bedingungen, wie die Existenz von Geschwistern im Haus, wirtschaftliche Sicherheit und vor allem die Stabilität des sorgeberechtigten Elternteils die Anpassung an die neuen Verhältnisse eines Kindes positiv beeinflussen. Daher sollte man zwar das Geschlecht des Elternteils bei der Sorgerechtsregelung berücksichtigen, aber nicht nur.

Die offensichtliche Erklärung für die größeren Umstellungsschwierigkeiten älterer Jungen, die ausschließlich von ihren Müttern erzogen werden, ist der mangelhaft funktionierende Kontakt zu den Vätern. Mütter können ihre Söhne umsorgen, ihnen etwas beibringen, sie disziplinieren und finanziell für sie aufkommen, doch natürlich können sie kein Vorbild für sie sein. Robert Bly erzählt die Geschichte eines jungen Mannes namens Keith Thompson, der nach der Scheidung seiner Eltern im Alter von zwölf Jahren bei seiner Mutter lebte. Während der gesamten Schulzeit in der High-School und im College hielt sich Keith enger an Frauen, deren Gesellschaft ihm gefiel und die er aufrichtig bewunderte, als an andere Männer. Nach dem Studienabschluß arbeitete er überwiegend mit Frauen zusammen und wurde weiter für deren Belange sensibilisiert. Etwa um diese Zeit hatte er einen beunruhigenden, aber enthüllenden Traum, den Bly beschreibt.

> Er und ein Rudel Wölfinnen liefen durch den Wald. Wölfe bedeuteten für ihn vor allem Unabhängigkeit und Vitalität. Das Wolfsrudel bewegte sich rasch durch den Wald, in Formation, und schließlich kamen sie alle an das Ufer eines Flusses. Jede einzelne Wölfin blickte ins Wasser und sah darin ihr eigenes Gesicht. Doch als Keith ins Wasser blickte, sah er überhaupt kein Gesicht.[4]

Für Keiths Traum, besonders für das Bild am Schluß, bietet Bly folgende Interpretation an: »Wenn Frauen, selbst Frauen mit den besten Absichten, einen Jungen allein großziehen, dann kann es sein, daß er in gewisser Hinsicht kein männliches Gesicht hat, oder sogar überhaupt kein Gesicht.«[5]

Gerade durch seine Verbindung mit dem Vater – und allen seinen männlichen Ahnen – fühlt sich ein Junge *real*, spürt, daß er eine sichere Identität, ein ganz bestimmtes »Gesicht« hat.

Jungen, die ausschließlich von ihren Müttern erzogen werden, reagieren auf diese Regelung auf vielfältige Art. Obwohl Keith mit offenen Armen auf die Welt der Frauen zuging und sich anscheinend zu stark damit identifizierte, geht es anderen Jungen und jungen Männern vielleicht genau andersherum. Meine Patientin Rose, eine nette, stille Frau und geschiedene Mutter zweier heranwachsender Töchter und eines jungen erwachsenen Sohnes, erklärt, daß trotz aller Bemühungen ihrerseits, es Albert recht zu machen, er gereizt und ungeduldig auf sie und seine Schwestern reagiert habe. In ihren unermüdlichen Bemühungen um Nestwärme beschloß Rose letzten November, den viertägigen Thanksgiving-Urlaub mit ihren drei Kindern in einer Berghütte am Fuße der Rocky Mountains zu verbringen. Bei der Vorbereitung des traditionellen Festessens wurde Albert jedoch zunehmend düsterer und dämpfte die gute Laune der anderen. Im Lauf des Tages verschlechterte sich die Laune des jungen Mannes immer mehr, und der Festtag wurde allen vermiest. Rose war verständlicherweise schrecklich enttäuscht, doch aus den Scherben dieses Familienerlebnisses gewann sie eine wichtige Erkenntnis:

> Ich hatte immer Angst, daß mein Sohn aufgrund der Scheidung und weil ich eine berufstätige Mutter bin *zu wenig* von mir hätte – nicht genug familiäre und mütterliche Wärme, und darum habe ich immer bewußt viele Unternehmungen für uns vier geplant. Doch ich verstehe jetzt, daß mein Sohn kein kleiner Junge mehr ist und das Gegenteil der Fall sein könnte. Dadurch, daß er mit mir und seinen beiden Schwestern zusammenlebte, wurde er von *zu viel* weiblicher Präsenz überwältigt. Bei unserer kläglichen Thanksgiving-Feier in der Berghütte fühlte er sich möglicherweise in die Enge getrieben. Es gab kein Entrinnen von uns Frauen. Und Albert hatte keinen anderen Mann zur Gesellschaft, mit dem er sich hätte zurückziehen können.

Wie ich in früheren Kapiteln dargelegt habe, kämpfen die meisten Jungen in ihrem Bemühen, Männer zu werden, hart darum, sich von der Mutter und allem Weiblichen abzugrenzen. Wie Rose erkannt hat, fühlte sich ihr Sohn wahrscheinlich überwältigt inmitten seines matriarchalen Clans; die dichte weibliche Präsenz um ihn herum drohte ihn zu ersticken.
Neben der Befürchtung, unter die weibliche Energie seiner Mutter und seiner Schwestern subsumiert zu werden – sein männliches Gesicht zu verlieren, wie Bly es ausdrücken würde –, fühlte sich Albert wohl auch durch deren Sexualität bedroht; es kann einem jungen Mann, der den größten Teil der Zeit darum kämpft, seine erotischen Triebe im Zaum zu halten, auch schwerfallen, in intimer Nähe zu drei attraktiven Frauen zu leben.

Freud hat uns gelehrt, daß der Vater kraft seiner dominierenden Größe und allgemein mächtiger Präsenz dem Sohn zu verstehen gibt, er werde den sexuellen Anspruch des Kindes auf die Mutter nicht dulden; durch seine implizite Strafandrohung (Kastration) für sexuelle Übergriffe hilft er dem kleinen Jungen, gefährliche Phantasien über die Mutter aufzugeben. Der starke Vater entmutigt den heranwachsenden Jungen vor allzu vertrautem Umgang mit der Mutter, indem er das »Muttersöhnchen« mißbilligt. Freud sagte nicht, was meiner Ansicht nach aber ebenso wichtig ist, daß die Präsenz des Vaters auch dem Sohn garantiert, daß die Mutter sich nicht an den Jungen für die sexuelle und emotionale Erfüllung wenden muß, die sie bei ihrem Mann findet; anders ausgedrückt, der Sohn entzieht sich der Schlinge, weil sein Vater »die Sache in die Hand nimmt«. Ohne den Paterfamilias steigt die Gefahr einer erotischen Beziehung zwischen Mutter (oder anderen Frauen im Haushalt) und Sohn; in Abwesenheit des starken Ehemanns/Vaters, der den sexuellen Appetit seiner Ehefrau stillt, kann der Junge sich wohl vorstellen, manchmal aus gutem Grund, daß seine Mutter nach ihm hungert.

Aufgrund des starken Inzesttabus scheuen wir uns, von den erotischen Untertönen in der Eltern-Kind-Beziehung zu sprechen. Und doch tragen sie zweifellos sehr viel zu den Spannungen im Einelternhaushalt bei und mögen zum Teil erklären, warum Scheidungskinder anscheinend besser aufgehoben sind, wenn sie mit demselben Geschlecht zusammenleben statt mit dem Elternteil des anderen Geschlechts. Wahrscheinlich wehren Jungen ohne bewußte Angst vor Intimität die Mütter ab, indem sie ungezogen sind oder sie sogar mißhandeln.

Doch obwohl Jungen gegen Mütter in mancher Hinsicht opponieren, erfüllen sie vielleicht deren Wünsche auf andere Weise. Durch meine Gespräche mit Söhnen alleinerziehender Mütter habe ich gelernt, wie häufig es vorkommt, daß sie sich für das Wohlbefinden der Mutter verantwortlich fühlen – es auf sich nehmen, den fehlenden Mann/Vater zu ersetzen, indem sie ihr liebevoller, starker, einfühlsamer, fürsorglicher Gefährte und Vertrauter werden. Und obwohl diese Hingabe der Mutter schmeicheln und den Jungen stärken mag, der stolz darauf ist, Beschützer der Mutter zu sein, belastet es ihn auch emotional. Neil Kalter von der University of Michigan, der die Scheidungsfolgen an 500 Familien untersucht hat, schreibt, daß Jugendliche, die von alleinstehenden Eltern in der Not zu Hilfe gerufen werden, »von den normalen Entwicklungsaufgaben abgelenkt werden, größere Unabhängigkeit von ihrer Familie zu gewinnen und emotional in Beziehungen zu Freunden und wichtigen Erwachsenen außerhalb der Familie zu investieren. Wenn sie zu diesem Dienst gedrängt werden, geraten sie wieder in den mütterlichen Dunstkreis und geben teilweise ihre Anstrengungen auf, ein eigenes Leben außerhalb der Familie aufzubauen.«[6]

Viele Geschichten über die Nöte des »kleinen Mannes im Haus« kommen mir in den Sinn, aber am betroffensten hat mich die Geschichte einer Freundin aus Kindheitstagen gemacht. Ich will sie Joyce nennen. Joyce' Hintergrund ist ungewöhnlich. Als Säugling lebte sie mit Louisa, ihrer verwitweten Mutter, und Eric, ihrem älteren Bruder, in Oswego, New York, in einem Internierungslager für Juden, die aus den Konzentrationslagern der Nazis befreit worden waren.[7] Nach der Entlassung der Familie aus dem Lager Oswego im Jahr 1945 bezogen die drei eine Wohnung in Upper-Manhattan, wo Louisa eine Ganztagsarbeit als Näherin bekam. Wie viele andere Kinder, die in Armut geboren werden, waren Joyce und Eric sehr verantwortungsbewußte Kinder, und sie gaben ihrer hart arbeitenden Mutter wenig Grund zur Klage. Joyce war eine Frohnatur und trotz ihrer schwierigen Anfänge ein munteres kleines Mädchen; doch Eric, ein sehr reifes Kind, hatte wenig kindliche Vergnügen. Als Joyce mich kürzlich in Colorado besuchte, erzählte sie mir diese traurige Geschichte über die Bar-Mizwa ihres Bruders.

Eric war noch keine 1,50 m, als er dreizehn wurde. Als ob es gestern gewesen wäre, sehe ich ihn noch vor dem Rabbi stehen und den großen Mann schüchtern anlächeln, während er den Segen erwartet. Der Rabbi legte die Hand sanft auf Erics Schulter und sagte dann mit einer vollen, tiefen, sehr ernsten Stimme zu ihm, daß es von jetzt in Erics Verantwortung liege, auf meine Mutter und mich aufzupassen; er sagte, er wisse, daß er immer ein guter Junge gewesen sei, jetzt aber noch mehr helfen müsse; jetzt sei er der Mann im Haus.

Ich sah, daß alle in der Gemeinde, meine Mutter eingeschlossen, strahlten und offensichtlich die Worte des Rabbis als weise und gerecht billigten. Ich bemerkte aber auch, daß mein Bruder unter der Last der Rabbinerworte zusammensackte, so daß er noch kleiner wirkte, als er in Wirklichkeit war.

Ich hatte Eric lieb und empfand Mitleid mit ihm. Ja, ich spürte einen starken Impuls, zur Kanzel zu laufen und dem Rabbi entgegenzuschreien: »Tu meinem Bruder das nicht an. Nimm ihm nicht sein junges Leben. Er sollte nicht für Mom und mich sorgen müssen! Er ist doch nur ein Kind, und er sollte sich jetzt ein bißchen amüsieren dürfen.« Doch natürlich blieb ich auf der Holzbank in der Synagoge sitzen und sagte kein Wort.

Eric beherzigte tatsächlich die Worte des Rabbis – obwohl ihn das emotional sehr viel kostete. Länger als angemessen gewesen wäre, blieb er an die Mutter gebunden, wollte es ihr immer recht machen, entsprach aber nie ganz ihren übersteigerten Erwartungen. Ja, erst nach Louisas Tod befreite sich Eric, der damals Mitte vierzig war, psychisch aus ihrer Umklammerung und machte der Frau, die er liebte, einen Heiratsantrag. Erics Geschichte läßt an die schmerzlich traurigen Worte des französischen Romanciers und Diplomaten Romain Gary denken, der auch glaubte, daß er sein Leben seiner Mutter schuldete und darum keinen Gefallen daran finden konnte, andere Frauen zu lieben und von ihnen geliebt zu werden. »Ich sage nicht, daß man Mütter daran hindern sollte, ihre Kinder zu lieben«, schreibt Gary; »ich sage nur, daß sie noch einen anderen haben sollten, den sie lieben... Wenn meine Mutter einen Mann oder Geliebten gehabt hätte, wäre ich nicht Tag für Tag an so vielen Quellen verdurstet.«[8]

Gewiß gibt eine Frau, die einen Teil ihrer Aufmerksamkeit von ihrem Sohn auf einen anderen lenkt, dem Jungen die Freiheit, sie zu verlassen – um eigene Beziehungen zu suchen –, ohne daß er das Gefühl hat, sie verraten zu haben. Allen, ein Mann, den ich während der Arbeit an diesem Buch mehrmals interviewt habe, verhalf mir allerdings zu der Erkenntnis, daß die Mutter, die sich wahllos Sexualpartner nimmt, ihrem kleinen oder heranwachsenden Sohn beträchtliche emotionale Schmerzen zufügen kann.

Allen kann sich nicht an seinen leiblichen Vater erinnern, der die Familie verließ, als Allen noch ein Baby war. Er erinnert sich aber lebhaft an die vielen Männer aus seiner Kindheit, die er verächtlich »Haie« nennt, die seine schöne Mutter besucht haben. Wenn er die Augen schließt, sagt er, kann er noch die unheimlichen erotischen Laute hören, die aus dem Schlafzimmer seiner Mutter drangen; er bildete sich ein, daß sie vor Schmerzen schrie.

> Ich habe diese Männer gehaßt, ich wollte ihnen schrecklich weh tun. Doch natürlich war ich ihnen nicht gewachsen. Ich war nur ein schmächtiges kleines Kind, nicht mal halb so groß wie sie. Doch mehr als alles in der Welt wollte ich meine Mutter vor ihnen beschützen können. Da mir das nie gelingen wollte, begann ich mich unnütz zu fühlen. Jetzt bin ich einundfünfzig, aber immer noch lähmen mich diese Gefühle völliger Ohnmacht. Ein Teil meines Gefühls der Hilflosigkeit rührt daher, daß ich als Schwarzer in einer rassistischen Gesellschaft aufgewachsen bin, ein anderer, daß ich eine Mutter hatte, die sich nicht in die Befindlichkeiten eines kleinen Jungen hineinversetzen konnte. Wäre sie diskreter gewesen, hätte ich nicht so gelitten.

Unter den vielen Liebhabern seiner Mutter gab es allerdings einen, dem Allen allmählich vertraute, ihn respektierte und sogar gern hatte. Denn im Gegensatz zu den anderen, die ihn nur lästig fanden, zeigte der Mann, der sein Stiefvater wurde, echtes wohlwollendes Interesse an ihm. Als Allens Mutter schließlich diesen Mann verließ, war Allen am Boden zerstört.

Natürlich sind die emotionalen Erschütterungen für Söhne, wenn ihre Mütter Beziehungen haben oder wieder heiraten, ungeheuer kompliziert. Wir werden im nächsten Kapitel ausführlich und detailliert darauf eingehen.

Obwohl Söhne, die bei alleinstehenden Müttern leben, mit vielen psychischen Schwierigkeiten konfrontiert werden, muß ein Junge, der bei seiner Mutter aufwächst, nicht zwangsläufig verhaltensgestört oder unglücklich werden. Wir müssen uns nur Bill Clinton, unseren Präsidenten ansehen, als Beispiel für einen vaterlosen Jungen, der nicht nur ein brillanter Staatsmann geworden ist, sondern sich offensichtlich auch in der Welt zu Hause fühlt und sich in andere Menschen hineinversetzen kann. Sicherlich können selbst die besten Mütter nicht den Schaden *ungeschehen machen*, den der Verlust des Vaters bewirkt; wie Bill Clinton es beschrieb, bleibt dort, wo der Vater sein sollte, immer ein »Loch«. Doch eine alleinstehende Mutter kann oft den Verlust, den der Sohn erlitten hat, *abmildern* und ihm auf diese Weise helfen, sich positiv zu entwickeln.

Eine Alleinerziehende, die getrennt oder in Scheidung lebt, hilft die Wunde ihres Sohns am besten heilen und fördert seine Entwicklung zum Mann, wenn sie eine lebendige Beziehung zwischen ihm und seinem Vater ermutigt. Schließlich ist das Verlangen nach dem Vater ein unstrittiges Grundbedürfnis jedes Jungen. Zwar kann der Besuch beim Vater dem Jungen nicht über die Enttäuschung und die Wut hinweghelfen, daß sie nicht länger die ganze Zeit zusammenwohnen, aber wenigstens kann er die verletzten Gefühle lindern. Doch für die Mutter können diese Besuche schmerzliche Ereignisse sein. Wir haben in den vorangehenden Kapiteln gesehen, daß Ehefrauen manchmal gegenüber ihren Ehemännern in ihrer Eigenschaft als Väter kritisch eingestellt sind und auf subtile Weise deren Bemühungen, den Kindern nahe zu sein, untergraben können; gewiß können wir geschiedenen Frauen zugestehen, daß sie noch sehr viel mißtrauischer gegenüber ihren Exgatten eingestellt sind. Außerdem mag es gegen die Beschützerinstinkte einer Mutter gehen, ihr geliebtes Kind einem Mann zu übergeben, den sie nicht genug liebt, um mit ihm verheiratet zu bleiben. Doch genau das muß eine gute und kluge Mutter oft tun.

Ich berate im Augenblick eine hübsche, sensible Holländerin, die mit Geigenstunden nur wenig Geld verdient. Als Tanne noch in Holland lebte, verliebte sie sich in einen amerikanischen und Geschäftsmann, der sie mit seinem gepflegten guten Aussehen und der Freundlichkeit des Mittleren Westens für sich einnahm. »Da ich in einem Regenland lebte, stellte ich mir Pat als gottgesandten Sonnenstrahl vor, der auf mich herabschien«, erinnerte sie sich, »und ich folgte ihm frohen Herzens in die Vereinigten Staaten, um seine Braut zu werden und unsere Familie zu gründen.« Ein paar Jahre später, nachdem Tanne ihr erstes und einziges Kind bekommen hatte, geriet Pat unter den Einfluß einer fundamentalistischen christlichen Sekte, deren Dogma, besonders die Aktionen gegen Homosexuelle und Abtreibungen die liberal gesinnte Tanne beleidigte. Als Pat immer verbohrter wurde, lebten sich die beiden auseinander, und schließlich trennten sie sich. Als es um das Sorgerecht ging, stellte sich Pat nicht gegen Tannes Wünsche nach der elterlichen Sorge, er bestand jedoch auf einer großzügigen Besuchsregelung für den siebenjährigen Sohn.

Mit sinkendem Mut packt Tanne dem Kind den Matchbeutel, wenn es einmal in der Woche bei seinem Vater übernachtet und hört sich die begeisterten Erzählungen des Jungen von seinen wachsenden Bindungen an die evangelistischen Freunde seines Vaters an. Da sie dennoch glaubt, daß ihr Sohn den Vater lieben und ehren sollte, den sie als guten Vater achtet, unternimmt sie nichts, um ihre Beziehung zu untergraben und die religiösen Werte ihres Exmanns vor dem Kind herabzusetzen: allerdings läßt sie ihn wissen, daß ihre Grundsätze von denen des Vaters abweichen.

»Ich habe gelernt, mir ständig auf die Zunge zu beißen«, erklärt Tanne. »Doch wenn ich meine schlechten Tage habe, sorge ich mich, daß Pat unseren Sohn zu einem religiösen Eiferer macht; zum Glück glaube ich an meinen guten Tagen fest daran, daß das Kind von mir und seinem Vater sich das nimmt, was es braucht, um zu wachsen, und daß er irgendwann den Rest zurückweist.« Tanne tut das Richtige, indem sie die Vater-Sohn-Beziehung unterstützt, auch wenn es ihr manchmal das Herz zerreißt.

Manchmal geht eine Mutter über die Ermutigung einer aktiven Beziehung zwischen Sohn und Exgatten hinaus und überläßt den Jungen zu seinem eigenen Besten der Sorge des Vaters. Dieser mütterliche Akt der Fürsorglichkeit kommt sehr schön in John Singletons Film *Boyz 'n the Hood* zum Ausdruck: Eine Mutter übergibt ihren geliebten und einzigen Sohn dem Vater, nicht etwa weil sie schwach oder bequem wäre – im Gegenteil, sie ist resolut und patent –, sondern weil sie einsieht, daß der zehnjährige Junge, der in der Schule und bei ihr zu Hause über die Stränge schlägt, ab sofort die Liebe und die Grenzen des Vaters braucht, wenn er die brutale Welt des Ghettos überleben soll. Die Frau zieht sich aus, nicht trotz Mutterliebe vom Sohn zurück, der sich trostsuchend an sie klammern will, und läßt ihn in den derben Händen seines Vaters – den Händen, die ihn zum Mann formen und die auch lernen werden, ihn zu umsorgen.

Da das Zentralmotiv von Singletons Film woanders liegt, versucht der Film nicht, die Gefühle des Selbstzweifels zu erforschen, die normalerweise die nicht sorgeberechtigte Mutter befallen. In unserer Gesellschaft und in den meisten anderen erwartet man von der Mutter, die primäre Versorgerin ihres Kindes zu sein. Wenn sie das Sorgerecht aufgibt oder es nicht bekommt, läuft sie Gefahr, als »Rabenmutter«, »unnatürliche Frau« oder »selbstsüchtiger Mensch« gebrandmarkt zu werden. Noch schmerzlicher ist, daß sie sich sorgen mag, ihr Sohn könnte ihre Entscheidung, ihn seinem Vater zu übergeben, nicht als Akt der Liebe, sondern als Verlassenwerden empfinden. Sicherlich leiden Väter, die kein Sorgerecht haben, oft schwer infolge des verlorenen Kontakts mit ihrem Kind, doch Mütter ohne Erziehungsberechtigung erleiden unter Umständen nicht nur Verlustschmerz, sondern beginnen auch, ihren Selbstwert in Frage zu stellen.

Für allzu viele alleinerziehende Mütter kommt ein gemeinsames Sorgerecht mit dem Vater ihres Sohnes nicht in Frage. Sei es aus eigenem Antrieb oder durch die Umstände, der Vater hat den Familienkreis für immer verlassen. Oder sein Verhalten ist so destruktiv, daß er eine seelische oder leibliche Gefahr für den Sohn darstellt, den man daher von ihm fernhalten muß. Oder es handelt sich um eine ledige Mutter, die den Vater vielleicht nicht kennt.

Natürlich kann niemand den fehlenden Elternteil im Leben

eines Kindes ersetzen. Doch in Abwesenheit eines leiblichen Vaters kann eine Mutter ihren Sohn mit anderen männlichen Vorbildern, die Stärke und Integrität ausstrahlen, vertraut machen. Zum Beispiel können Großväter, ältere Brüder, Onkel, Therapeuten, Geistliche oder der Stiefvater – Männer, die an ihm interessiert und ständig für ihn da sind – einen guten Teil des leeren, klaffenden Lochs füllen, das der verlorene Vater gerissen hat.

Eine Frau, die den eigenen Vater als distanziert und kalt oder grob und autoritär in Erinnerung hat, mag Bedenken haben, eine Beziehung zwischen Sohn und Großvater zu fördern. Und doch entpuppt sich der unzugängliche Vater sehr oft als weit besserer Großvater und wunderbares Vorbild. Befreit von dem Druck und dem Streß, die seine Vaterschaft begleiteten, ist er in der Lage, seine Enkelkinder viel mehr als seine eigenen Kinder zu genießen. Mein eigener Mann, der als kleiner Junge ein Jahr lang im Haus seiner Großeltern mütterlicherseits lebte, beschreibt gern die üppigen Mahlzeiten mit geräuchertem Stör, Lachs, frischgebackenem Pumpernickel und selbstgezogenen eingelegten Tomaten, die sein russisch-jüdischer Großvater ihm jeden Sonntagmorgen vorsetzte. Bis heute hat Bruce Heißhunger auf eingelegte Tomaten – Opas Liebesmahl –, und immer wenn er sie ißt, fühlt er sich aus tiefster Seele wohl. Es ist interessant, daß der fürsorgliche Großvater, an den sich Bruce erinnert, im scharfen Kontrast zu dem mürrischen unzugänglichen Vater steht, an den sich meine Schwiegermutter erinnert.

Wenn ich Männern zuhöre, die ihre Lebensgeschichten erzählen, fallen mir besonders ihre häufigen Erwähnungen vom guten Großvater auf und dem Einfluß, den er auf ihre Persönlichkeitsentwicklung hatte. In seiner Wahlkampfkampagne würdigte zum Beispiel Bill Clinton seine verwitwete Mutter dafür, ihm ihren »Kampfgeist« vererbt zu haben, und seinen Großvater »mit dem goldenen Herzen«, bei dem er in der Abwesenheit seiner Mutter gewohnt hatte, weil er ihm die Prinzipien der Menschlichkeit eingeflößt habe. Präsident Clinton bemerkte, daß er als ein Kind, das im Süden mit seiner Rassentrennung aufwuchs, nicht hatte übersehen können, daß sein Großvater, der einen Krämerladen besaß, sich gelassen über die Konventionen der Bigotterie hinweggesetzt hatte, indem er immer seine afro-amerikanischen und anglo-amerikanischen

Kunden gleich respektvoll, freundlich und großzügig behandelte.

Eine interessante Forschungsarbeit des Psychologieprofessors Martin Hoffman stellt – bei einer Gruppe von Jungen der siebten Klassen – einen Zusammenhang zwischen der Entwicklung eines Gewissens und der An- beziehungsweise Abwesenheit des Vaters her. Dr. Hoffman fand heraus, daß Jungen aus vaterlosen Elternhäusern in bezug auf moralische Reife schlechter abschnitten als Jungen mit Vätern, was Schuldgefühle nach einer Verfehlung, Akzeptanz für Tadel nach Fehlverhalten, Einhaltung von Regeln und Verinnerlichung moralischer Werte betraf.[9] Ich glaube, daß wir mit Recht sagen können, daß auch Großväter Jungen dabei helfen können, ein starkes Gewissen und Werte wie Richtig und Falsch zu entwickeln; ja, traditionell haben die Ältesten eines Stammes oder einer Gemeinschaft die Regeln aufgestellt und durchgesetzt. Außerdem können Großväter ihren Enkeln ein »männliches Gesicht« verleihen: ein lebensbejahendes Gefühl der Identität und Verbindung zu ihren Vorfahren. Man hat gesagt, zu Recht, meine ich, daß ein Kind ein Dazugehörigkeitsgefühl entwickelt, indem es seinen Platz in der Geschichte seiner Familie findet, und daß niemand diese Geschichte besser erklärt als die Großeltern.[10]

Andere Männer, die eher vorübergehend als dauerhaft im Leben eines Jungen vorkommen, wie zum Beispiel seine Trainer, die Väter seiner Freunde, die männlichen Freunde oder »andere wichtige Personen« im Leben der Mutter und seine Lehrer, können diese gesunde Entwicklung beeinflussen. »Es ist zu früh für mich, ans ›Loslassen‹ zu denken«, sagte die verwitwete Mutter eines Siebenjährigen zu mir, »aber ich denke viel ans Hereinlassen – die Menschen in Todds Welt zu lassen, die ihm andere Erfahrungen als ich vermitteln können. Mein Sohn schließt sich zum Beispiel gern an die Familie seines besten Freundes an, und darum freue ich mich, daß sie ihn gern einbeziehen und daß er sieht, wie es in einer Familie mit Mutter *und* Vater zugeht.« Diese bestärkende Mutter sagt, daß sie ein paar unkonventionelle Einfälle hatte, um ihren Sohn der Welt der Männer auszusetzen: »Wenn wir in die Bücherei gehen, hole ich absichtlich Bücher aus dem Regal, die für kleine Jungen von Männern geschrieben wurden. Ich habe entdeckt, daß diese Bücher männlicher Autoren über Sporthelden und empfindsame Waldarbeiter und tapfere Indianer und ganz gewöhnliche, alltägliche Dinge Todd auf besondere Weise ansprechen. Sie sind wie die Geschichten, die sein eigener Papa ihm erzählen würde, wenn er noch am Leben wäre.«

Zwar stimmt es, daß Beziehungen mit vitalen und liebevollen Männern für einen Jungen wichtig sind, wahr ist aber auch, daß die Beziehung zu seiner eigenen vitalen und liebevollen Mutter große Bedeutung für ihn hat, besonders, wenn sie der Mensch ist, von dem er primär abhängt. Wie eine Frau ihr Leben empfindet, beeinflußt notwendigerweise, wie ihr Sohn sein eigenes lebt. Und wenn sie Erfüllung in ihrer Arbeit findet, in ihren kreativen Beschäftigungen und ihren Beziehungen zu Freunden und der Familie, befreit sie ihr Kind aus der lästigen Pflicht, sie glücklich zu machen und ihr ergebener »kleiner Mann« zu werden; und ähnlich hat sie keinen Grund, sich an das Kind zu wenden, um Erfüllung zu finden. Nach der glaubwürdigsten Forschung über Scheidungskinder aller Altersstufen ist ein labiler Elternteil, besonders wenn es derjenige mit Sorgerecht ist, die Hauptquelle für emotionalen Schmerz für sie und ein Hindernis für ihre gesunde Entwicklung.[11] Die folgende Geschichte – deren Quelle ich leider vergessen habe – illustriert, daß auch das Gegenteil zutrifft: die fröhliche Mutter ist eine Labsal für ihr Kind und fördert sein Wachstum.

Ein renommierter Psychiater behandelte einen sensiblen jungen Mann aus der Oberschicht wegen chronischer Melancholie. Natürlich erkundigte sich der Arzt nach der Kindheit seines Patienten. Der junge Mann erzählte ihm, daß er sich mit großer Klarheit an einen besonderen Augenblick erinnere. An einem trüben Winterabend – genau an dem Abend, als seine Eltern zu einem Maskenball gehen sollten – bekam er Fieber und wurde der Obhut einer Haushälterin überlassen. Seine Mutter, eine hübsche, fröhliche junge Frau, kam ins Krankenzimmer hereingeschwebt, um ihm einen Abschiedskuß zu geben; in ihrem Marie-Antoinette-Kostüm sah sie hinreißend aus, mit gepuderter Perücke und glänzendem scharlachrotem Gewand, und während ihres kurzen Besuchs erfüllte sie das Zimmer des Jungen mit ihrem Glanz. Als er sich in der Nacht mit steigendem Fieber und Gliederschmerzen herumquälte, mußte er immer an sie denken.

Der Arzt hielt die Geschichte seines Patienten für eine Metapher für ein vernachlässigtes Kind. »Wie traurig und allein Sie sich gefühlt haben müssen, als Ihre Mutter, statt sie am Krankenbett zu trösten, zu ihrem Ball ging!« sagte er zu dem jungen Mann. Doch der Patient fühlte sich mißverstanden. »Nein, so habe ich das gar nicht empfunden«, meinte er. »Das Bild von meiner Mutter, die so schön und fröhlich war, hat mich aufgeheitert. Ja, obwohl so viele Jahre vergangen sind, können mich gerade die Erinnerungen an diese lebhafte, glückliche Frau manchmal aus meinem Tief herausreißen.«

Ich erzähle diese Geschichte nicht, weil ich etwa meine, daß Mütter ihre fürsorgliche Verantwortung aufgeben sollten, die es ihnen oft abverlangt, die Bedürfnisse der Kinder über ihre eigenen zu stellen (Kinder, die einen Elternteil verloren haben, können besonders bedürftig sein), oder daß sie sich in vergnügungssüchtige Egoistinnen verwandeln sollten. Doch ich möchte anregen, daß sie etwas Freude in ihr eigenes Leben zu bringen versuchen. Mein Rat mag manchen alleinerziehenden Müttern eher belastend als befreiend vorkommen. »Zu allem andern, was ich tun muß, um meine Kinder aufzuziehen, ist Glücklichsein auch noch ein Teil meiner Arbeitsplatzbeschreibung?« fragt sich eine alleinstehende Mutter vielleicht schweren Herzens. Meine Antwort ist »Ja – mit Qualifikationen«.

Jeder denkende, fühlende Mensch reagiert ja von Zeit zu Zeit auf die Mühsal des Lebens und den Kummer in der Welt mit Niedergeschlagenheit. Und genauso sicher erlebt eine alleinerziehende Mutter, normalerweise über Gebühr mit Streß und Entbehrungen belastet, Phasen, in denen sie zutiefst frustriert und unglücklich ist. Besonders in den Monaten nach dem Tod ihres Manns oder dem Zerbrechen der Familie infolge einer Scheidung leidet eine Frau natürlich schwer. Wäre sie allein auf der Welt, stünde es ihr zu, sich ganz und gar ihrer Trauer hinzugeben. Unter solchen Umständen läßt sie sich vielleicht Jahre lang Zeit, um nur zu trauern und mit dem Schicksal wegen ihrer schrecklichen Verluste zu hadern – wegen des Verlusts eines Lebenspartners, des Verlusts finanzieller Sicherheit, des Verlusts des Eigenheims, des Verlusts von Beziehungen zu angeheirateten Verwandten und vielleicht alter Freunde, des Verlusts all dessen, was hätte sein können. Aber da die alleinerziehende Mutter nicht allein ist, und weil das Wohl des Kindes zum größten Teil von ihrer emotionalen Stabilität und ihrer psychischen Verfügbarkeit abhängt, muß sie ihren Kummer bezwingen und die Trauerzeit begrenzen; dazu braucht sie eventuell die Hilfe eines Psychotherapeuten und vielleicht Antidepressiva.

Gegen Depression hilft allerdings keine falsche Munterkeit, sondern sich für das Leben zu *engagieren*, Interessen und Talente zu entdecken und weiterzuentwickeln, sich gesellschaftlich zu betätigen, sich das Machbare vorzustellen und in die Tat umzusetzen. Das gehört zu einem fröhlichen Leben. Und eine alleinerziehende Mutter muß im eigenen und im Interesse ihrer Kinder ein positives Leben wählen.

Wenn eine Frau, die ihre Kinder allein aufzieht, ein positives Leben wählt, ist sie auf die Unterstützung anderer lieber Menschen angewiesen. Keine alleinstehende Mutter sollte sich aus Schüchternheit oder Stolz davon abhalten lassen, um diese Unterstützung zu bitten; es gibt zuviel potentiellen Schaden für die Mutter und das Kind, die von anderen isoliert leben. »Ich weiß, daß eine fünfundzwanzigjährige Frau von ihren Eltern unabhängig sein sollte«, sagte eine Frau in der Therapie zu mir; »aber vielleicht müßten die Regeln für Fünfundzwanzigjährige mit Babys geändert werden. Wenn ich nicht vorübergehend in mein Elternhaus zurückgekehrt wäre, nachdem mein Mann mich verlassen hat, weiß ich nicht, wie ich es geschafft hätte. Meine Eltern sind mir eine ganz große Hilfe. Und wenn ich Schuldgefühle habe, daß mein Sohn und ich ihnen zur Last fallen, lächeln sie und sagen: ›Dafür sind Familien doch da – damit sie in schweren Zeiten zusammenhalten.‹«

Eine andere alleinerziehende Patientin, die keine engen Beziehungen zu ihrer Familie hat und nicht daran denkt, sie um Hilfe zu bitten, hat mir oft erzählt, von welch unschätzbarem Wert die Langzeittherapie für sie war. »Ehefrauen können sich an ihre Männer halten, wenn sie deprimiert oder durcheinander sind. Das kann ich nicht, aber ich kann mich an Sie wenden. Und das ist ja so ein Trost!«

In meiner Rolle als Psychotherapeutin habe ich die Geschichten vieler alleinstehender Mütter gehört, die mit ihrer Mutterrolle zu kämpfen haben. Obwohl jede Geschichte einzigartig ist, durchzieht viele ein gemeinsamer Faden: das schamhafte (und unverdiente) Minderwertigkeitsgefühl, das zwangsläufig der Depression Nahrung gibt. Allzu oft beschreiben sich meine alleinstehenden Patientinnen, die geschieden oder ledig sind, als »mit Makeln behaftet«, »Ausschuß« oder »unzulänglich« oder »minderwertiger« als ihre verheirateten Freundinnen. Die folgende klinische Geschichte illustriert, wie verheerend diese Schamgefühle sein können.

Heute kommt Jeanette sehr gut mit ihrer Doppelrolle als alleinerziehende Mutter und Gerichtsreferendarin zurecht. Doch vor fünf Jahren, nach der Scheidung, fiel Jeanette in eine Depression voller Selbsthaß. Da sie sich in den frühen Therapiesitzungen nicht zum Reden überwinden konnte, ließ ich sie Bilder für mich malen. Jeanette, eine sehr hübsche Frau mit lebhaften blauen Augen und einer Fülle von lockigem braunem Haar, porträtierte sich als häßliche Hexe mit grünlichschwarzem Blut, das aus einem viel zu kleinen Herzen quoll. Das widerliche Blut, sagte sie, symbolisiere die »Schlechtigkeit« in ihr, und das winzige Herz sei ihre Unfähigkeit, »eine gute Ehefrau zu sein«. Manchmal zeichnete Jeanette ein Haus – tatsächlich ein fensterloses Betongefängnis – für ihre Hexe. »Sie ist so böse, daß ich sie einsperren will«, sagte Jeanette dann. Und in ihrem richtigen Leben schloß Jeanette sich ein; sie besuchte keine Freunde mehr und ging nicht einmal ans Telefon, wenn es klingelte.

Bei Jeanette rief der neue Status als Geschiedene und alleinerziehende Mutter eines Fünfjährigen intensive Gefühle der Scham hervor. Obwohl ihre Ehe mit einem leitenden Angestellten unglücklich gewesen war, hatte sie als seine Ehefrau dennoch gemeint, einen rechtmäßigen Platz in der Gesellschaft zu haben: sie »gehörte dazu«; sie war »akzeptabel«; sie hatte Geld. Doch infolge der Scheidung war Jeanettes Gefühl persönlicher Sicherheit und Identität zerbröselt. »Ich komme mir wie eine schreckliche Versagerin vor, weil ich meine Aufgaben als Ehefrau nicht erfüllen und weil ich meinem Sohn Scott kein ›richtiges‹ Familienleben bieten konnte. Ich weiß nicht, ob ich je das Gefühl abschütteln kann, völlig gescheitert zu sein.«

Ein Weg, wie Jeanette schließlich versuchte, ihr angeschlagenes Selbstbewußtsein zu reparieren, war es, der Welt – aber eigentlich sich selbst – zu beweisen, daß sie als alleinerziehende Mutter ihrem Sohn das bieten konnte (und noch mehr), was Mutter *und* Vater normalerweise ihren Kindern geben. Wenn Jeanette gerade mal nicht ihre Juravorlesungen hörte oder für ihr

Studium lernte, arbeitete sie im Elternbeirat von Scotts Schule, buk Schokoladenplätzchen, sammelte Geld für die Juniorenfußballmannschaft oder trainierte mit Scott Baseball im Hof. Wie zu erwarten war, fühlte sich Jeanette durch ihre Bemühungen, eine Supermutter zu werden, mit der Zeit erschöpft. Durch den hektischen Terminplan, den sie sich auferlegt hatte, handelte sie sich eine Reihe streßbedingter Krankheiten ein. Die ersten zwei Jahre nach der Scheidung schwankte Jeanette zwischen dem Gefühl, kläglich zu scheitern, und dem Versuch, dagegen anzukämpfen und zu beweisen, daß sie als alleinstehende Mutter alles schaffen konnte.

Dr. Susan Rosewell-Jackson, eine enge Freundin von mir, die Alleinerziehende und auch Expertin für die Beratung alleinstehender Frauen ist, weist darauf hin, daß für Alleinerziehende die Botschaft »Mit dir stimmt etwas nicht« nicht nur von innen kommt, sondern auch ständig von außen verstärkt wird.

> Sie kommt von unsensiblen Lehrern, die dir ein Schuldgefühl geben, weil du keine Zeit hast, jeden Abend die Hausaufgaben deines Kindes zu beaufsichtigen oder tagsüber zu den Elternsprechtagen zu gehen; sie kommt vom Kundenberater in der Bank, der dir ein Darlehen abschlägt, weil du eine unverheiratete Frau bist, und dann mit herablassendem Lächeln vorschlägt, du könntest ja deine Mutter mitunterzeichnen lassen; sie kommt von den verheirateten Frauen, die du bei gesellschaftlichen Anlässen triffst, die dich fragen: »Und was ist Ihr Mann von Beruf?« Und am schmerzlichsten ist es, wenn sie von deinen eigenen Kindern kommt, die dir sagen, wie sehr ihnen eine »normale« Familie fehlt, und die dir die Schuld an diesem Mangel zuschieben.

Wenn sie die Depression überwinden und ein vitales Leben für sich beanspruchen will, muß die Mutter lernen, den destruktiven inneren und äußeren Botschaften Einhalt zu gebieten, die an ihr zehren, und sie muß Wege finden, ihre eigenen Qualitäten zu bejahen. Vielleicht kann sie wie Jeanette Edwards, deren Geschichte dieses Kapitel einleitete, sagen: »Ich werde nicht auf Leute hören, die mir sagen, daß alleinerziehende Mütter schlecht sind... Ich werde nicht auf diese negativen Sachen hören.« Und vielleicht kann sie sich mit Menschen umgeben, die sie zu schätzen und würdigen wissen. Jeanette, die jetzt von ihrer schweren Depression geheilt ist und gut mit ihrem Single-Leben zurechtkommt, braucht keine wöchentlichen Therapiesitzungen mehr; doch sie besucht mich noch einmal im Monat, denn, so sagt sie: »Ich finde es einfach beruhigend und aufmunternd, immer wieder von Ihnen zu hören, was ich in meinem Herzen tatsächlich weiß: daß es mir gut geht, daß es meinem Sohn gut geht, und daß mit mir alles in Ordnung ist, auch wenn ich unverheiratet bleiben will.«

Sicherlich ist es wichtig für alleinstehende Mütter, sich der Schwierigkeiten bewußt zu sein, denen sich ein Sohn, der ohne Vater aufwächst, ausgesetzt sieht, damit sie versuchen können, sie zu meistern. Doch es ist auch wichtig für sie zu erkennen, was gut und richtig an ihren Familien ist. Judith Wallerstein und Joan Berlin Kelly, deren Langzeitstudie über die Scheidungsauswirkungen viel Beachtung findet, beobachten zum Beispiel, daß »kleine Jungen, die durch die Scheidung von einem psychisch kranken Vater getrennt werden und in die Obhut einer gesunden Mutter kommen, manchmal außerordentliche Fortschritte machen.«[12] In den Jahren, die Jeanette bei mir in Therapie war, konnte ich etwas beobachten, was sicherlich auch für viele andere geschiedene Mütter gilt: daß eine alleinstehende Frau eine viel bessere Mutter ist, als sie als verheiratete Frau war. Nicht mehr in einer unerträglichen Ehe gefangen, die ihre Energien verbrauchte und ihr Wohlwollen dämpfte, kann sie sich auch an der Beziehung zu ihrem zehnjährigen Scott freuen. Und er blüht seinerseits auf. Jeanette, die Erfüllung in ihrer Arbeit als Gerichtsreferendarin und durch ihre Freundschaften findet, braucht Scott nicht zu ihrer Erfüllung; doch sie sagt: »Er macht mir so viel Freude, er ist ein wunderbarer kleiner Kerl.« Zweifellos sind Jeanette und Scott eine *richtige* und glückliche Familie.

Ich möchte dieses Kapitel mit einem Tribut an Baya beschließen, eine alleinerziehende Mutter, die ich nur flüchtig kenne, aber deren Sohn Sebastien ein lieber Freund meines Sohnes ist und der wie Jonathan ein College in einem anderen Bundesstaat besucht. In den Winterferien waren Sebastien und Jonathan in Boulder und unternahmen viel gemeinsam. Eines Abends, als ich von der Arbeit heimkam, fand ich eine Nachricht von Jonathan, daß er und Sebastien in die McNichols-Arena gefahren seien, die eine Stunde Fahrt von der Interstate entfernt liegt, um sich ein Spiel der Denver Nuggets anzusehen. Als ich den Zettel las, hatte es schon angefangen zu schneien. Besorgt um die Sicherheit der Jungen, rief ich bei der Wetterstation an und hörte, daß mit starkem Schneefall zu rechnen sei. Obwohl ich mich darin trainiert hatte, mir wegen meiner Kinder nicht mehr annähernd so viel Gedanken wie früher zu machen, wußte ich, daß ich eine lange Nacht der Sorge vor mir hatte und daß ich keinen Seelenfrieden finden könnte, bis Jonathan wohlbehalten wieder zu Hause wäre. Ja, ich versuchte den ganzen Abend (vergebens) zu lesen und hörte nervös die Meldungen über Unfälle auf dem Highway. Als die Jungen kurz vor Mitternacht immer noch nicht da waren, beschloß ich, bei Sebastien zu Hause anzurufen, in der Hoffnung, daß sie dort wären. Baya beantwortete den Anruf etwas verschlafen und sagte mir, daß sie noch nicht zurück wären. Da sie meine Angst spürte, versicherte sie mir, daß es keinen Grund zur Beunruhigung gebe.

»Aber die Straßen sind wahrscheinlich unsicher«, warf ich ein.

»Nein, sie sind schneebedeckt, aber nicht glatt, und die Sicht auf dem Highway ist auch in Ordnung«, sagte sie zuversichtlich. »Die Jungen werden für die Rückfahrt aus Denver länger als sonst brauchen, doch sie dürften keine größeren Schwierigkeiten haben.«

»Woher wissen Sie das denn?« fragte ich ungläubig.

Und Baya erklärte, daß sie vor kurzem, statt tatenlos zu Hause herumzusitzen und sich zu sorgen, mit dem Wagen die Straßenverhältnisse überprüft habe. Da habe ich begriffen, daß Baya in jahrelanger Erfahrung als alleinstehende Mutter zweier lebhafter Söhne Expertin darin geworden war, angesichts kleiner oder großer Krisen ruhig und gelassen zu bleiben. Ich verstand besser als je zuvor, warum Jonathans Freund Sebastien so ein patenter junger Mann geworden war.

7 Alleinerziehende Mütter und andere wichtige Personen in ihrem Leben

Ich frage mich, warum Liebe so oft mit Freude gleichgesetzt wird, wo sie doch gleichzeitig auch alles andere ist.

FLORIDA SCOTT-MAXWELL: The measure of my days

Von den vielen Seminaren, die ich als Doktorandin in den siebziger Jahren besuchte, erinnere ich mich mit erstaunlicher Klarheit an eines, das Arrangements nach der Scheidung zum Thema hatte. Ich erinnere mich, daß der Vortragende, ein auffallend fröhlicher junger Dozent, uns eine handgezeichnete Tabelle zeigte, die die Phasen eines Geschiedenen darstellte: Kummer – Verdrängung, Angst, Wut, Einsamkeit, Loslassen – als Stufen, die einen steilen Bergpfad hinaufführen. Nachdem er alle diese Stadien beschrieben hatte, präsentierte er uns eine zweite Tabelle, auf der stand »Ziel: Freiheit und Glück.« Darauf hatte er in den Regenbogenfarben das Ende des Pfades ausgemalt: einen Berggipfel, umgeben von einem weiten, wolkenlosen Himmel. Voller New-Age-Optimismus behauptete der Seminarleiter, daß Geschiedene, wenn sie die Phase der Trauer um die verlorene Ehe erfolgreich abgeschlossen hätten, frei seien, ein neues und besseres Leben anzufangen und nach neuen und besseren Lieben zu suchen – sich auf etwas einzulassen, was man im Jargon der siebziger Jahre »experimentelle«, »Übergangs-« oder »therapeutische« Beziehungen nannte.

Außerdem versicherte er uns, daß solche Affären den Kindern alleinerziehender Eltern keine Schwierigkeiten bereiten würden, solange die Eltern bereit seien, offen darüber zu sprechen. Demnach sollte die unbefangene Kommunikation zwischen Eltern und Kindern immer zu einer guten Familienkonstellation führen; Ehrlichkeit sei das Allheilmittel, das emotionalen Schmerz kuriere oder – besser noch – ihm vorbeuge. In diesem Vortrag steckte noch eine andere Botschaft: Kinder sind zäher, widerstandsfähiger und anpassungsfähiger, als wir glauben; wir müssen uns, sozusagen, keinen »Zacken aus der Krone« brechen, um sie vor dem wirklichen Leben zu schützen.

Meine praktischen Erfahrungen als Mutter in den letzten zwanzig Jahren widersprechen den optimistischen Voraussagen des Redners. Ich habe beobachtet, daß wechselnde Liebesbeziehungen der alleinerziehenden Mutter oft ein Problem für ihre Söhne (und Töchter) darstellen. Die kluge Alleinerziehende weiß um diese Schwierigkeiten und schützt ihre Kinder davor. In diesem Kapitel stelle ich drei Mutter-Sohn-Geschichten vor, die auf diese Probleme eingehen und Lösungswege aufzeigen. Ich präsentiere Ihnen auch eine vierte Geschichte, die die positive Beziehung zwischen einem kleinen Jungen, seiner Mutter und dem lieben Freund, der Teil ihres Lebens wird, illustriert.

Ich lernte Alicia vor vier Jahren kennen, als sie mit dem Gedanken spielte, ihren Mann zu verlassen, der zuviel trank, sich in keiner festen Stellung halten konnte und wenig Interesse an dem achtjährigen Sohn bekundete. Bei unserem ersten Treffen wirkte Alicia alt und verbrauchter als ihre dreißig Jahre. Ihre hübschen Gesichtszüge waren hinter einer sorgenvollen Maske verborgen, und ihre Vitalität war durch ihre demprimierte Art gedämpft. Im Verlauf unseres Therapiejahres gewann Alicia das nötige Selbstbewußtsein, diesen Taugenichts zu verlassen. Sie reichte die Scheidung ein, und nachdem die Papiere unterzeichnet waren, verschwand ihr Ehemaliger praktisch aus ihrem Leben, besuchte den Sohn nur ab und zu. Alicia war während der Ehe eine berufstätige Mutter; nach der Scheidung nahm sie einen Nebenjob an, um durchzukommen. Als sie die Therapie beendete, ging es ihr und ihrem kleinen Jungen »einigermaßen«, obwohl finanzielle Not und unablässige harte Arbeit sie niederdrückten.

Als Alicia vor drei Monaten zurückkehrte, um eine zweite Therapie anzufangen, war ich von ihrem Aussehen überrascht. Sie wirkte um Jahre verjüngt und beschwingt. Alicia, die nie Neigung verspürt hatte, sich zu schmücken, trug jetzt große, baumelnde Türkisohrringe, die das Grünblau ihrer Augen betonten; und sie hatte einen schwarzen Pullover an, der ihre gute Figur betonte.

Es wunderte mich nicht, als mir Alicia mit einem Anflug von Stolz berichtete, daß sie Männerbekanntschaften machte. In ihrem Nebenjob als Kellnerin in einem Restaurant, in dem Geschäftsleute verkehrten, hatte sie mehrere attraktive Männer kennengelernt, von denen sich mehr als einer mit ihr verabreden wollte. Alicia hatte sich selten begehrenswert gefunden, darum stärkten diese Affären ihr Ego. Außerdem brachten die neuen Männer in ihrem Leben frische Blumensträuße und Heiterkeit in ein Dasein, das nur noch Arbeit und gar kein Vergnügen zum Inhalt gehabt hatte. Leicht verlegen vertraute mir Alicia auch an, daß ihr Exmann sie sexuell nie befriedigt hatte; die Männer, mit denen sie ausging, waren routinierte Liebhaber und erregten sie, so daß zum erstenmal in ihrem Leben Sex spannend war.

Was Alicia in die Therapie zurückbrachte, war nicht ihre eigene Depression, die längst vorüber war, sondern ernsthafte Schwierigkeiten mit ihrem zwölfjährigen Sohn. Laut Alicia war Marc als kleiner Junge zärtlich und lieb gewesen, jetzt überwiegend wütend und fordernd. Immer wenn Alicia einen Freund mit nach Hause brachte, war Marc besonders ungezogen. Tatsächlich war er oft ganz grob zu den Bekannten der Mutter, reagierte nicht, wenn sie ihn begrüßten oder schnitt ihnen das Wort ab.

Alicia war sich wohl bewußt, daß Marc der Vater fehlte, den er trotz dessen charakterlicher Mängel liebte und idealisierte. Sie wußte auch, daß sie den fehlenden Vater nicht in das Leben ihres Sohnes zurückholen konnte; bestenfalls konnte sie Marc an gemeinsame glückliche Augenblicke erinnern, und wenn der unzuverlässige Vater mal seine seltenen Kontakte zu dem Jungen aufnahm, war sie durchaus dafür. Obwohl Alicia sich oft über Marc wegen seines schlechten Benehmens aufregte und zu Recht darauf bestand, daß er höflich sein müsse, war sie dennoch seinetwegen betrübt und erkannte, wie sehr ihm der Vater fehlte. Sie drängte darauf, daß der Junge zur Beratung ging, aber wie viele Jungen in seinem Alter wollte er nichts mit einem »Seelenklempner« zu tun haben. Und wenn sie versuchte, mit ihm über seine Probleme zu sprechen, machte er – ganz typisch – dicht.

Alicia fragte mich, ob ich ihr helfen könne, obgleich der Junge schwieg und gewiß nicht bereit war, mit ihr zu Therapiesitzungen zu kommen, ihn besser zu verstehen und Änderungen in ihrem Leben vorzunehmen, die ihm helfen würden. Ich meinte ja. In den nächsten drei Monaten sprachen wir zwei Frauen viel darüber, wie Alicias Liebesaffären Marc möglicherweise beeinflußten.

Alicia verwies darauf, daß die Männer, die sie mit nach Hause brachte, sich in der Regel bemühten, Marc mit einzubeziehen. Zum Beispiel bemerkte sie: »Ein Typ, mit dem ich ausgehe, hat Kinder wirklich gern. Er versucht, mit Marc über Football zu reden; er bietet ihm an, mit ihm zum Bolzplatz zu gehen und ein bißchen mit ihm zu spielen; er schlägt Angeltouren vor – alles Dinge, die ich nicht mit Marc unternehme. Aber Marc weist diese Angebote entschieden zurück.« Alicia merkte auch an, daß dieser Mann viel mehr auf Marc eingeht als der eigene Vater, der ihm nie etwas zeigen oder mit ihm spielen wollte, und daß sie überrascht war, daß Marc die Aufmerksamkeiten ihres Freundes ablehnt.

Als ich Alicia zuhörte, erinnerte ich mich an eine Geschichte mit meinem eigenen Sohn, die ich ihr erzählte. Als kleiner Junge hatte Jonathan eine Schildkröte namens Dribble, die nicht viel mehr tat, als ab und zu den Kopf unter ihrem Panzer herauszustrecken und verstohlen die Salatstreifen zu fressen, die man ihr in den Napf legte. Soweit ich sehen konnte, konnte Dribble Jonathan nicht von anderen Menschen unterscheiden; und doch liebte Jonathan sie heiß und innig und kümmerte sich rührend um sie. Eines traurigen Tages steckte Dribble nicht den Kopf heraus, um am Salat zu knabbern, und als alles Anstoßen und Rütteln nichts nützte, schlossen wir, daß sie tot sei. Jonathan war untröstlich. Ein paar Wochen, nachdem wir Dribble in unserem Garten beerdigt hatten, fragte ich Jonathan, ob er eine neue Schildkröte haben wolle und er sagte nein. Da mein kleiner Junge mit ganzem Herzen an Dribble hing, war er entschlossen, keine andere Schildkröte auf der ganzen Welt zu lieben; er würde Dribble die Treue halten.

Ähnlich schien mir, daß Marc aus Loyalität gegenüber seinem Vater keinen anderen Mann den Platz seines Vaters einnehmen ließ – oder ihn auch nur nahe an sich herankommen lassen würde. Obwohl Alicia und ich der Ansicht waren, daß Marcs Vater sich wenig um seinen Sohn kümmerte und seine Liebe nicht verdiente, blieb Marc ihm weiterhin verbunden.

Es gab noch eine andere, noch zwingendere Erklärung für Marcs Ablehnung von Alicias Männerfreundschaften: Da er teilweise von seinem Vater im Stich gelassen worden war, wagte er es nicht, Zuneigung zu anderen Männern zu fassen, die ihn auch wieder verlassen und sein Herz brechen würden. So sympathisch die Männer auch sein mochten, die Alicia mitbrachte, es gab keine Sicherheit, daß sie bleiben und sich für Marc engagieren würden. Völlig zu Recht schützte sich der kleine Marc wohl vor dem Trauma eines neuen Verlusts, indem er sich weigerte, Zuneigung zu fassen. In Jodie Fosters Film *Das Wunderkind Tate* sehen wir, wie ein vaterloser Junge verletzt wird, der Freundschaft mit einem netten, charmanten jungen Mann schließt, nur um zu entdecken, daß seine Freundschaft, die dem Jungen die Welt bedeutet, dem jungen Mann herzlich gleichgültig ist; die tieftraurige Miene und die schlaffe Körperhaltung des Jungen verraten uns, daß die Verwundung nicht oberflächlich ist, sondern ganz tief sitzt.

Alicia bemerkte, daß Mark, obwohl er überwiegend gleichgültig gegenüber ihren Bekanntschaften war, doch manchmal verbissen mit ihnen konkurrierte. Als Alicias Freund zum Beispiel an einem verschneiten Sonntagmorgen sich fröhlich erbot, den Weg zu räumen, dann aber den Schneepflug nicht in Gang brachte, feixte Marc: »Guck ihn dir doch bloß an, diesen Blödmann. *Ich* kann den Pflug immer starten.« Hätte Marc alles in Worte fassen können, was ihn bewegte, hätte er vielleicht gesagt: »Mommy, ich möchte, daß du mir glaubst, daß ich besser und stärker und klüger bin als alle Männer, die sich um dich bemühen. Ich will, daß du mich am meisten liebst, weil das meine beste Garantie ist, daß du mich nie für einen von ihnen verläßt. Und Mommy, ich will, daß du nicht vergißt, daß die einzigen Männer, die ein Recht auf dich haben, mein Vater und ich sind; eines Tages kommen wir drei wieder zusammen, du wirst schon sehen.«

Meine Freundin und Kollegin Katharine Walker, eine Jungianerin und Expertin für Scheidungsberatung, behauptet, daß die Rivalität zwischen dem Sohn und den Liebhabern der Mutter ein Urgefühl ist, das allen Söhnen gemein ist. Sie verweist darauf, daß das überaus anschaulich in Homers *Odyssee* erzählt wird: Telemach, der heranwachsende Sohn der Penelope und des abwesenden Odysseus, sagt scharf zu den Freiern, die seine Mutter lautstark bedrängen: »Freier meiner Mutter, voll übermütigen Trotzes, freuet euch jetzo des Mahls und erhebt kein wüstes

Getümmel! ... Ich werde die ewigen Götter anflehn, ob euch nicht endlich einmal Zeus eure Taten bezahle, daß ihr in unserm Haus auch ohne Vergeltung dahinstürzt!«[1]

Und als der herumirrende Odysseus endlich doch zu Weib und Sohn heimkehrt, schicken sich Vater und Sohn gemeinsam an, jeden einzelnen von Penelopes Freiern zu töten.

> ... Da warf Telemachos eilend
> Um die Schultern sein Schwert, der Sohn des großen Odysseus,
> Faßte mit nervichter Hand die scharfe Lanze und stand nun
> Neben dem Vater am Stuhle, mit blinkendem Erze gerüstet.[2]
> ... Da faßte sie alle bleiches Entsetzen;
> Jeder sahe sich um, wo er dem Verderben entflöhe.[3]

Im Mythos setzt Telemach in die Tat um, was der sterbliche Sohn einer alleinstehenden Mutter phantasieren könnte – wenigstens zeitweise: Im Bund mit seinem Vater vernichtet er die Freier, die er als Rivalen und Eindringlinge betrachtet.

So wie der Sohn natürliche Rivalität mit den Liebhabern der Mutter empfinden kann, ergeht es umgekehrt eventuell auch den Liebhabern mit dem Sohn. Carline, eine Therapeutin und alleinerziehende Mutter, die ich für dieses Kapitel interviewt habe, sagte: »Das Ringen um meine Aufmerksamkeit zwischen den Männern in meinem Leben und meinem Sohn war für mich von jeher problematisch, und mein Sohn war immer ein Problem für mich und erzeugte viel Spannung. Der eine zog mich vom anderen weg, und ich fühlte mich oft zwischen kollidierenden Forderungen hin- und hergerissen. Es war, als ob jeder beharrte: »›Setz mich an erste Stelle.‹«

Die Tatsache, daß es eine Konkurrenzsituation zwischen einem Jungen und den Liebhabern seiner Mutter gibt, heißt nicht, daß sich nie eine positive Beziehung zwischen ihnen entwickeln könnte; manchmal geschieht das. Carline merkte, daß es ihr gelang, die Beziehung ihres Sohns zu ihrem Liebhaber zu verbessern, indem sie den Jungen an erste Stelle setzte und ihm zeigte, wieviel er ihr bedeutete. Manchmal konnte sie so die Intensität seiner Konkurrenzgefühle gegenüber ihrem Liebhaber verringern. Doch wäre es naiv anzunehmen, daß Freundschaften zwischen den Söhnen und Liebhabern sich natürlich oder leicht anbahnen lassen.

Alicia behauptet, Marc sei trotz des ganzen Theaters ein unsicheres Kind. In Gegenwart ihrer Freunde spielt er sofort den Überlegenen; ihr gegenüber ist er oft mackerhaft, doch wenn er glaubt, daß niemand hinsieht, lutscht er am Daumen. Kinder gedeihen in einem stabilen, berechenbaren Umfeld und wenn sie tiefe, andauernde Bindungen haben, doch sie werden verunsichert durch zuviel Wechsel und Oberflächlichkeit. Wahrscheinlich ist einer der Unsicherheitsfaktoren für Marc, daß Alicia viele Partner hat.

In *Sex and the single parent* stellt Mary Matis ein aufschlußreiches Beispiel vor. Ein Mann, den sie für ihr Buch interviewte, sprach über die ganze Reihe von »Onkeln«, die er als Kind gekannt habe. Er hatte sich in seiner Phantasie vorgestellt, daß er wie jene eines Tages verschwinden wollte und daß er sich Sorgen gemacht habe, wohin er gehen sollte, wenn er aus seinem Elternhaus verschwände. Aus dieser Phantasie spricht die Vorstellung, daß einer Mutter, die wahllos mit Männern ins Bett geht, auch alle anderen intimen Beziehungen gleichgültig sind – sogar die heilige Mutter-Kind-Beziehung – und daß Liebesbindungen, statt dauerhaft und kostbar, flüchtig und austauschbar seien.

Zu Marcs Unsicherheit gegenüber ihren flüchtigen Beziehungen trägt wahrscheinlich bei, daß Alicias offene Sexualität ihn auch sehr bedrückt. Ja, er hat sie zornig beschuldigt, ihn wachzuhalten, »weil du und die Kerle, mit denen du schläfst, nachts soviel Krach macht«.

Es ist typisch, daß Kinder und Jugendliche nicht *neugierig* auf das Sexualleben ihrer Eltern sind. Sie verdrängen, daß ihre Mütter und Väter sinnliche und sexuelle Geschöpfe sind, weil dieses Bewußtsein verbotene Phantasien auslöst; es droht, ihre eigenen Gefühle gegenüber ihren Eltern zu sexualisieren, und solche sexuell aufgeladenen Gefühle erzeugen immer Schuld und Angst. Kein Wunder, daß Kinder aus intakten Familien, obwohl sie aufgeklärt genug sind und es eigentlich besser wissen müßten, dennoch halb daran glauben, daß Mutter und Vater nur so oft miteinander verkehrt haben, wie es Kinder in der Familie gibt. Und sie fühlen sich wohler, wenn ihre Eltern nicht verliebt tun. Vielleicht freut es sie, hin und wieder zu sehen, wie sich Mama und Papa liebevoll in den Arm nehmen oder einen romantischen Abend miteinander verbringen, doch in leidenschaftlicher Umarmung würden sie sie lieber nicht sehen. Aber weil frisch Verliebte oft sexuell erregt sind, wenn sie sich sehen, werden Kinder Alleinerziehender, die Beziehungen haben, zwangsläufig mit der Sexualität ihrer Eltern konfrontiert, anders als Kinder verheirateter Eltern, deren Sexualität meist beherrscht und gezähmt ist.

Im vorigen Kapitel habe ich länger den einundfünfzigjährigen Allen zitiert, der aus seiner Erfahrung als Sohn einer Alleinerziehenden die Wut schildern konnte, die er gegenüber den vielen Liebhabern seiner Mutter empfand, und das Gefühl der eigenen Ohnmacht, da er unfähig war, sie vor deren Avancen zu schützen. Allen sagte mir auch, wie schmerzlich es für ihn war, in einer Atmosphäre ständiger sexueller Hochspannung aufzuwachsen. Da sein Zimmer nur durch papierdünne Wände von dem seiner Mutter getrennt war, mußte er sich Nacht für Nacht die sexuellen Geräusche seiner Mutter anhören; und sogar wenn seine Mutter sich mal nicht sexuell betätigte, malte seine Phantasie sexuelle Bilder von ihr. Ständig sexuell stimuliert, wappnete er sich gegen die verbotenen Gefühle der Erregung.

Zwischen Kinderpsychologen und Familientherapeuten besteht der Konsens, daß Kinder betroffen sind, wenn ihre Eltern von einem Partner zum nächsten schwirren und keine Diskretion über ihre sexuellen Aktivitäten wahren; offene Gespräche über Liebe und Sex reichen nicht aus, um diese Betroffenheit zu mildern; gute Kommunikation ist nicht die Salbe, die alle seelischen Schmerzen heilt.

Vielleicht ist es eine Reaktion auf die puritanische Ethik unseres Landes, daß wir Amerikaner besonders leicht aufbrausen, wenn man uns bittet, das Ausleben unserer Sexualität einzuschränken, das wir vielleicht als eines unserer unveräußerlichen Rechte betrachten; doch das Bedürfnis, unsere sexuellen Impulse zu zügeln, ist nicht neu oder einzigartig in unserer Gesellschaft. Jede Kultur setzt dem Ausleben von Sexualität Grenzen, um das Wohl von Kindern und der Gemeinschaft als ganzer sicherzustellen.

»Normalerweise fühle ich mich unwohl, wenn ich den Eltern meiner jungen Patienten sage, sie mögen ihre sexuellen Aktivitäten eindämmen. Dann komme ich mir nämlich so wie der Papst oder die tadelnden Eltern vor«, erklärte Katharine Walker. »Darum mache ich ihnen keine Vorhaltungen, sondern erkläre ihnen meinen Standpunkt, indem ich ihnen die folgende Indianergeschichte erzähle, die ich als Kind in dem Reservat in New Mexico hörte, in dem ich aufgewachsen bin.«

> In dieser Geschichte hat Listenreich, ein Geist mit überwiegend menschlichen Gefühlen, große Schwierigkeiten, seine Genitalien zu bändigen. Die Genitalien schwärmen auf der Erde aus und schwängern junge Mädchen und verbreiten Aufruhr und Chaos. Um seine Genitalien unter Kontrolle zu halten, entwirft Listenreich einen soliden Lederbeutel, legt sie hinein und bindet den Beutel an seiner Hüfte fest. Trotz seiner Bemühung schlüpfen die Genitalien von Zeit zu Zeit aus dem Beutel, schwirren in der Gegend herum, schwängern junge Mädchen und verbreiten Aufruhr und Chaos.
>
> Wenn das geschieht, muß der arme Listenreich, voller Scham und Verlegenheit, ihnen nachjagen und sie wieder in den Beutel stecken, wo sie keinen Schaden anrichten können.

Als ich diese Geschichte von Katherine gehört hatte, erzählte ich sie Alicia weiter, die vor der Bedeutung nicht zurückzuckte. Alicia spürt, daß es jetzt wichtig für sie ist, ein aktives Gesellschafts- und Sexualleben zu haben. Sie ist nicht bereit, sich auf einen Mann zu fixieren und glaubt, daß ihre vielen Liebesbeziehungen ihr Selbstwertgefühl gestärkt und ihr geholfen haben, als Mensch glücklicher und als Mutter gelassener zu werden. Doch Alicia hat verstanden, daß im Interesse ihres zwölfjährigen Sohns sie eine bessere Ausgewogenheit zwischen ihren und seinen Bedürfnissen finden muß. Da sie merkt, daß Marc die Konfrontation mit ihren sexuellen Beziehungen zu schaffen macht, hat sie beschlossen, ihre Liebhaber nicht mehr mit nach Hause zu bringen, sondern zu ihnen zu gehen. Und obwohl sie nicht bereit ist, ihre Männerbekanntschaften aufzugeben, ist sie willens, diese etwas einzuschränken, so daß Marc sich nicht vernachlässigt fühlt. Sie ist auch zu der Ansicht gelangt, daß es keine gute Idee ist, Marc zu Beziehungen mit ihren Freunden zu zwingen – daß sie ihm bei der Suche nach geeigneteren Vorbildern unter seinen Onkeln und bei seinem Großvater helfen kann, bei Männern, die immer Teil seiner Familie bleiben.

Man könnte sagen, daß Alicia zur Zeit ihren eigenen Lederbeutel entwirft – einen Beutel, der nicht zu einengend, aber dennoch fest genug ist, um ihren kleinen Sohn vor Chaos und Verwirrung zu schützen.

Dr. Susan Rosewell-Jackson beschloß nach ihrer Scheidung, keine Männerbekanntschaften einzugehen, solange ihre drei Kinder klein und in ihrer Obhut waren; diese Entscheidung, die im scharfen Gegensatz zu Alicias steht, stellte sie vor eigene Schwierigkeiten. Kürzlich dinierte ich zwei Stunden lang mit Susan und ihrem dreißigjährigen Sohn Jeff, um über ihre Erfahrungen nach der Scheidung zu reden und sie sachlich zu beurteilen.

Jeff war vierzehn, als sein Vater auszog. Nach Jeffs Worten hinterließ der Verlust ein Gefühl der »Leere«, und die Leere machte ihn »mürrisch und ungehalten – gegenüber allem und jedem, auf Jahre hinaus«. Im Nachhinein glaubt Jeff nicht, daß er etwaige Liebesbeziehungen seiner Mutter damals hätte tolerieren können.

> Nach der Scheidung mußten wir lauter Abstriche machen. Wir zogen in eine andere Gegend. Wir mußten uns an einen niedrigeren Lebensstandard gewöhnen. Meine Mutter arbeitete wieder und besuchte die Universität, das bedeutete eine weitere Einbuße für meine Schwestern und mich. Außerdem nahm ich Teilzeitjobs nach der Schule an, um mitzuhelfen, was dazu führte, daß ich von meinen Schulfreunden isoliert war. Mir war schwindelig von diesen ganzen Veränderungen. Ich glaube, wenn ich auch noch Beziehungen zu den Freunden meiner Mutter hätte herstellen müssen, wäre ich völlig ausgerastet.

Jeff wies auch darauf hin, daß die Scheidung der Eltern eine Quelle der Scham für ein Kind sein kann. So wie eine geschiedene Frau sich oft mit Makeln behaftet fühlt, weil sie es nicht geschafft hat, verheiratet zu bleiben, kann ein Scheidungskind sich vorstellen, daß es Gleichaltrigen unterlegen ist, die aus intakten Familien kommen. Die hohe Scheidungsrate dieser Tage verändert nicht notwendig die Wahrnehmung eines Kindes, daß es ein Stigma ist. Für Jeff war die Scham, die er fühlte, weil er aus einer Scheidungsfamilie kam, am schlimmsten während der Adoleszenz, als er besonders empfindlich für die Beurteilungen von Gleichaltrigen war.

> Es war schlimm genug, meinen Freunden und ihren Eltern zu erklären, daß ich aus einer Scheidungsfamilie kam – das be-

deutete für mich aus einer anormalen Familie – und daß mein Vater in einem anderen Staat wohnte. Ich glaube nicht, daß ich es auch noch geschafft hätte, ihnen zu sagen, daß der Mann an der Seite meiner Mutter ihr neuer Freund ist. Ich hätte vermutlich versucht, es vor ihnen geheimzuhalten, statt abfällige Bemerkungen oder hochgezogene Augenbrauen herauszufordern.

Susan war sich seiner Betroffenheit schmerzlich bewußt, einer Folge der Zerrüttung der Familie. Wie er hielt sie es für einen Fehler, eine ernsthafte Beziehung in ihr Leben zu bringen. In den Jahren nach der Scheidung war es ihr Hauptanliegen, ihre Familie zu stabilisieren und ein Heim für ihre Kinder zu schaffen, das Sicherheit, Behaglichkeit und Geborgenheit geben sollte. Susans Bereitschaft, ihre eigenen erwachsenen Vergnügungen dem Wohl ihrer Kinder zu opfern, erinnert mich an die klugen Worte der Mutter Teresa: »Eine lebendige Liebe schmerzt... Wenn man einen anderen aufrichtig liebt, muß es Opfer geben.«

Dennoch kann das Opfern eigener Vergnügen eigene Gefahren mit sich bringen. Die Mutter, die auf die Freuden und Leidenschaften erwachsener Liebe und auf Sex verzichtet, sucht vielleicht in ihrem Sohn einen Ersatzgefährten; so erwartet sie etwa von ihm, daß er ihre emotionalen Bedürfnisse erfüllt und ihren tiefen Brunnen der Einsamkeit füllt. Wenn er das nicht tut, wie es unvermeidlich kommen muß, lehnt sie ihn ab und wird feindselig.

Wie ich außerdem schon in früheren Kapiteln erwähnt habe, ist die Bürde für den Jungen, der eine zu zentrale Rolle im Leben seiner Mutter spielt, wahrlich schwer. Wenn der Sohn seine Mutter als einsam und bedürftig wahrnimmt, fühlt er sich wohl dafür verantwortlich, sich um sie zu kümmern. Notwendige Trennung von ihr kommt ihm dann wie ein schrecklicher Verrat an ihr vor. Ein fünfzigjähriger Junggeselle sagte einmal zu mir: »Ich glaube, ich konnte nie den notwendigen Bruch mit meiner Mutter vollziehen, weil sie mir so leid tat. Ich war überzeugt, daß ich dazu berufen wäre, sie auf ewig zu beschützen.«

Wenn der Sohn Mutters »kleiner Mann« ist, kann er zuviel Macht bekommen; er sieht sich etwa als ihr ebenbürtiger Partner, nicht als ihr Kind, und wird so etwas wie ein Hausdrache, der sich nichts dabei denkt, sie herumzukommandieren.

Zum Glück war sich Susan des destruktiven Potentials mütterlicher Aufopferung nur allzu bewußt, und dieses Bewußtsein ermöglichte ihr, die Fallen zu vermeiden, in die andere Frauen in der gleichen Lage oft hineintappen. Beim Essen sagte sie zu mir und Jeff:

> Neben meiner bewußten Entscheidung, keine neuen Männer in unsere Familie zu bringen, beschloß ich, ein volles und reiches Leben für mich selbst aufzubauen, das über das Engagement für die Kinder hinausging. Mein Alleinsein gefiel mir sehr gut; und ich habe mit dir eine liebevolle Freundschaft gepflegt, Evi. Ich dachte auch, daß ich irgendwann in der Zukunft, wenn die Kinder erwachsen wären und auf eigenen Füßen stünden, Gelegenheit bekäme, eine tiefe Beziehung mit einem besonderen Mann zu entwickeln, und so ist es auch gekommen. Ich habe nie mein Leben geopfert; ich habe nur auf die spontanen Befriedigungen verzichtet, weil ich befürchten mußte, daß sie für meine Kinder zusätzliche Probleme aufwerfen würden.

Jeff hörte seiner Mutter aufmerksam zu, während sie sprach und sagte dann leise: »Danke, Mom.« Er sagte dann auch noch, daß er in den Jahren, die unmittelbar auf die Scheidung seiner Eltern folgten, völlig mit sich selbst beschäftigt gewesen sei und nur an seine eigenen Probleme dachte, wie es bei jungen Leuten nun mal so ist. Erst jetzt, als Erwachsener, könne er die früheren Kämpfe und Bemühungen seiner Mutter nachvollziehen.

Wir haben die Probleme untersucht, die auftauchen, wenn alleinerziehende Mütter ihren Söhnen ihre Liebhaber präsentieren. Wir wollen jetzt einige der dynamischen Vorgänge untersuchen, die zwischen der lesbischen Mutter und ihrem Sohn ablaufen. Jeff schilderte, wie peinlich es ihm gewesen wäre, seinen Freunden zu erklären, daß der Mann an der Seite seiner Mutter ihr neuer Freund sei. Wir können uns unschwer den Konflikt dessen vorstellen, der seinen Freunden erklären soll, daß die Frau an der Seite seiner Mutter deren neue Geliebte ist. Schließlich leben wir nicht in einer Gesellschaft, die freundlich und wohlwollend auf homosexuelle Mitmenschen blickt. Wie John Balzar, der für die *Los Angeles Times* schreibt, fragt: »Wie viele Amerikaner, besonders amerikanische Jungen, lernen heute nach ihrer Einschulung zusammen mit dem ABC wie beiläufig auch eine Abneigung gegenüber Homosexualität, lange bevor sie etwas von den Vögeln und den Bienen ahnen?« Und er berichtet, daß inzwischen zwar die Mehrheit der Amerikaner glaubt, daß homosexuelle Beziehungen oder Handlungen nicht verboten sein sollten, dennoch 80 Prozent Homosexualität für falsch halten.[4]

»Mein fünfzehnjähriger Sohn Jason hat nie einen Freund mit nach Hause gebracht«, erzählte Bernadette in einem Gespräch. »Er schämt sich, weil er das Kind einer lesbischen Mutter ist. Obwohl Jason sich von Mädchen angezogen fühlt, hat er Angst, daß man *ihn* deshalb hänselt, ihn als Schwuchtel oder Tunte oder – als allergrößte Beleidigung – als Lesbe beschimpft, wenn seine Klassenkameraden die Wahrheit über *mich* herausfinden. So wie ich mich früher verstellen mußte, weil ich lesbisch bin, muß mein Sohn sich jetzt verstellen, weil er mit mir gleichgesetzt wird.«

Ich fragte Bernadette, ob Jason vielleicht nicht auch befürchte, daß er sie dem Spott seiner Freunde aussetzen würde, wenn diese sie mit ihrer Liebespartnerin zusammensähen oder sich irgendwie anders zusammenreimen könnten, daß sie Lesbierin ist. Mit gesenktem Blick flüsterte Bernadette: »Ja, ich bin sicher, daß Jason versucht, mich zu schützen, indem er meine sexuelle Orientierung geheimhält. Er will nicht, daß die Leute über mich lachen oder mich für pervers halten. Der Gedanke, daß er diese Bürde trägt, tut mir weh.«

Genauso wie Jason versucht, seine Mutter zu schützen, indem er das Geheimnis ihrer Homosexualität wahrt, versuchte Bernadette früher, ihn zu schützen, indem sie ihm ihre homosexuelle Identität verschwieg.

> Ich wollte nicht, daß er meinetwegen Demütigungen erleiden muß – daß er von Gleichaltrigen oder ihren Eltern hören müßte, er käme aus einer unakzeptablen Familie. Ich hatte auch schreckliche Angst, daß mich das Gericht für eine ungeeignete Mutter hielte und mir das Sorgerecht für meinen kleinen Sohn entzöge, was ihm meiner Meinung nach irreparablen Schaden zufügen würde. Und darum habe ich nach meiner Scheidung jahrelang meine sexuelle Orientierung geheimgehalten. Ich hatte ein paar heimliche Affären mit Frauen, die ich in Bars kennenlernte, aber ich habe mich der

Welt als konventionelle, hart arbeitende alleinstehende Mutter präsentiert. Doch ich wußte, daß diese Unehrlichkeit auch meinem Sohn weh tat, daß meine Heimlichtuerei sein Leben beunruhigte und verwirrte, daß er ein Recht darauf hatte zu erfahren, wer seine Mutter wirklich war.

Unmittelbar vor Jasons Einschulung sagte ihm Bernadette, daß sie Lesbierin sei – und zu ihrer größten Erleichterung machte ihn dieses Geständnis nicht betroffen. Zweifellos hatte er, der er nie gelernt hatte, daß Homosexualität »falsch« oder »widernatürlich« sei – diese Lektion sollte ihn später noch ereilen –, einfach keinen Grund, seine Mutter nicht so zu akzeptieren, wie sie war. Bald nach ihrem Geständnis stellte sie Jason Diana vor, die Frau, mit der sie eine ernsthafte Beziehung eingehen wollte. Vielleicht sah er die Freundin der Mutter nicht als jemanden an, der seinen Vater verdrängen könnte und vielleicht faßte Jason Zuneigung, weil sie warmherzig und fürsorglich war. Die beiden malten Bilder und spielten gemeinsam Ball; und wenn Jason nicht unbefangen genug war, seine innersten Gedanken mit seiner Mutter zu teilen, sprach er mit Diana. Fern von mißbilligenden Blicken der Gesellschaft, im eigenen geschützten und verborgenen Nest, fühlte sich Jason mit den beiden Frauen wohl, die ihn umsorgten und ihn liebten.

Dann verließ Diana urplötzlich Bernadette ... und Jason. Trotz der abrupten Trennung war Bernadette nicht besonders verbittert; die erfüllte Beziehung mit Diana hatte sie bereichert, und sie war dankbar für die Zeit, die sie gemeinsam verbracht hatten. Außerdem hatte Bernadette eigentlich nicht erwartet, daß ihre Beziehung mit Diana ewig dauern würde. Sie erklärte: »Die Vorurteile gegen Homosexuelle und die mangelnde Anerkennung der Gesellschaft für unsere Liebesbeziehung machen es uns schwer zusammenzubleiben.« Jason aber, der Diana in sein Leben gelassen hatte, nur um sie wieder verschwinden zu sehen, blieb ratlos zurück; anders als seine Mutter konnte der kleine Junge diesen Verlust nicht philosophisch betrachten.

Bernadette ist seit zwei Jahren mit ihrer jetzigen Partnerin zusammen. Wie Diana ist Helen warmherzig und fürsorglich. Sie würde Jason gern miteinbeziehen, doch er hält sie auf Distanz. Zweifellos haben ihn die früheren Verluste – die des Vaters nach der Scheidung der Eltern und der von Diana – gelehrt, sich vor Menschen zu hüten, die seine Nähe suchen.

Natürlich gibt es mehrere andere plausible Erklärungen für sein kühles Verhalten: Jason hat jetzt als Jugendlicher aller Wahrscheinlichkeit nach eher den Wunsch, sich von der Welt seiner Mutter zu trennen als dazuzugehören. Vielleicht fühlt sich Jason aufgrund seiner eigenen aufkeimenden Sexualität unbehaglich in zu großer Nähe zu Helen, die eine attraktive Frau ist. Und da er fast die ganze Kindheit über weibliche Bezugspersonen hatte, versucht er jetzt vielleicht, von ihnen wegzukommen; ja, Bernadette bemerkt, daß er bewußt mehr Zeit bei seinem Vater verbringt als früher. Außerdem hat Jason als Jugendlicher anscheinend erfahren, was Jason als Kind nicht wußte: daß die Vorstellung weit verbreitet ist, mit Frauen, die andere Frauen lieben, könne irgend etwas nicht stimmen.

Bernadette kämpft zum Teil mit den gleichen Schwierigkeiten wie heterosexuelle alleinerziehende Frauen in neuen Beziehungen. Zum Beispiel fühlt sie sich oft zwischen den Wünschen ihrer Partnerin und ihres Sohnes nach Loyalität hin- und hergerissen; und die Tatsache, daß ihre Partnerin und ihr Sohn sich nicht näher sind, macht sie traurig. Doch als Lesbe sieht sich Bernadette auch besonderen Schwierigkeiten gegenüber. Weil sie weiß, daß ihr Sohn zur Zielscheibe von Feindseligkeiten werden kann, wenn seine Freunde von ihrer Homosexualität erfahren, schwankt Bernadette zwischen dem Wunsch, Jason bei der Verheimlichung ihrer Identität zu unterstützen, und dem Versuch, offen und stolz damit umzugehen. Sie sorgt sich auch, daß Jason sein Mannsein nicht als positiv empfinden könnte. »Ich mache mir Gedanken, daß Jason sein Geschlecht vielleicht als minderwertig empfindet, weil ich, seine Mutter, Männer nicht sexuell anziehend finde – weil ich seinen Vater, den Mann, dem Jason nachschlägt, nicht attraktiv gefunden habe«, meinte sie.

Neben ihren spezifischen berechtigten Sorgen, verrät Bernadette auch einen irrationalen Mangel an Zuversicht, daß sie eine gute Mutter ist. Sie gestand: »Mich quält eine innere Stimme, die schreit: ›Du *kannst* ja gar keine gute Mutter sein; du bist ja keine normale Frau.‹« Jede Mutter sucht Bestätigung durch andere, daß sie ihrer Aufgabe als Mutter gerecht wird. Ich vermute allerdings, daß Bernadette viel weniger Bestätigung bekommt, als sie verdient. Meinungsumfragen zeigen, daß Amerikaner besonders intolerant gegenüber homosexuellen Eltern sind, die sie als schädlich für die moralische und sexuelle Entwicklung ihrer Kinder ansehen. Die Stimme, die Bernadette anschreit und sie herabzieht, ist die kollektive Stimme ihrer Nachbarn, Familienangehörigen, Bekannten und von Fremden, deren Verdammung sie vorwegnimmt.

Nach meinem Gespräch mit Bernadette suchte ich in wissenschaftlichen Büchern und Zeitschriften und fand heraus, daß Jasons Erfahrungen typisch für die Söhne lesbischer Mütter sind. Daß Jason Diana ohne Zögern annahm, spiegelt die positiven Gefühle wider, die Jungen leicht für die Liebhaberinnen ihrer Mütter entwickeln; und sein Kummer nach Dianas Verschwinden war nichts anderes als die Angst, die Kliniker oft bei kleinen Kindern beobachten, die keine Zuwendung mehr von der Partnerin ihrer Mutter bekamen. (Es ist interessant, daß Töchter nicht so zu positiven Beziehungen mit den Liebhaberinnen ihrer Mütter neigen wie Söhne.)[5] Als Jason älter wurde, entwickelte er Ängste, von Gleichaltrigen schikaniert und geächtet zu werden, falls sie die Wahrheit über seine Mutter herausfänden. Auch seine daraus folgende Heimlichtuerei über ihr sexuelles Arrangement paßte zu den Reaktionen anderer Kinder und Jugendlicher mit lesbischen Müttern.[6]

Bei der Lektüre der Forschungsliteratur wurde ich traurig. Mir wurde klar, daß in jeder Gemeinschaft, in jedem Umfeld, jeder Schule junge Leute wie Jason angstvoll das Geheimnis der Homosexualität ihrer Eltern vor Gleichaltrigen hüten. Isoliert durch ihr Schweigen können sie nicht wissen, daß sie nicht allein sind, sondern daß viele andere Kinder diese Erfahrungen mit ihnen teilen; aus Angst, ihr Schweigen zu brechen, können sie nicht mit diesen Kindern gemeinsam ihre komplizierten Gefühle erkunden und sich selbst und ihre Eltern akzeptieren.

Viele alleinerziehende Mütter hoffen, daß ihre Männerbekanntschaften zur Ehe führen, oder im Fall lesbischer Mütter zu einer dauerhaften und festen Beziehung. Forscher und Kliniker sind fast alle der Ansicht, daß die alleinerziehende Mutter und ihr Sohn seelisch erheblich davon profitieren, wenn sie einen liebevollen, reifen, festen Partner in ihr Leben bringt.

In einer eindrucksvollen Langzeitstudie und einer sechs Jahre später durchgeführten Folgeerhebung über 180 Scheidungsfamilien verzeichnete E. Mavis Hetherington positive Ergebnisse für Stiefvater-Stiefsohn-Beziehungen. Obwohl Stiefväter anfänglich dazu neigen, Stiefsöhnen Verhaltensstörungen zuzuschreiben, finden sie sie mit der Zeit nicht mehr so schwierig. Stiefväter sind allgemein herzlicher und engagierter gegenüber Stiefsöhnen als Stieftöchtern, und aus stabilen neuen Ehen berichten Stiefsöhne häufig von einem guten Verhältnis zu ihren Stiefvätern und daß sie gern ihre Gesellschaft, ihren Rat und ihre Unterstützung suchen.[7] (Wie wir in Kapitel 8 sehen werden, erleben Stiefmütter leider normalerweise nicht die Art freundschaftlicher Beziehungen mit Stiefsöhnen wie die Stiefväter). In meiner Praxis habe ich einige positive Beziehungen zwischen Stiefvater und Stiefsohn beobachtet oder Berichte darüber gehört. Doch die für mich lebendigste Geschichte, mit der ich dieses Kapitel beschließe, kommt aus meiner persönlichen Erfahrung.

Während meiner Studienzeit hatte ich einen engen Freund, Nicholas, mit dem ich endlose Stunden verbrachte, lernend und diskutierend. Nicholas kam oft zu uns zu Besuch und freute sich über unser Familienleben; obwohl er nie verheiratet war und keine Kinder hatte, fühlte er sich richtig wohl in Gesellschaft unserer beiden kleinen Kinder, und ihnen erging es ebenso mit ihm. Als wir zwei Jahren befreundet waren, lernte Nicholas eine junge Frau kennen, die ihn so ernsthaft interessierte wie keine Freundin vorher, doch weil Elaine einen kleinen Sohn hatte, zögerte Nicholas, sich um sie zu bemühen. Wenn er etwas mit Elaine anfinge, das wußte er wohl, hieße das auch, eine Beziehung mit ihrem vierjährigen Jungen einzugehen.

Trotz seines anfänglichen Unbehagens begann Nicholas, sich mit Elaine zu treffen, und seine Zuneigung zu ihr vertiefte sich gleichzeitig mit der zu ihrem Sohn, der nie seinen leiblichen Vater gekannt hatte. Nicholas, ein begabter Naturbursche, zeigte Greg, wie man einen Kompaß benutzt, wie man Knoten macht, wie man ein Zelt aufstellt und wie man die Schreie wilder Tiere nachahmt. Kein Wunder, daß Greg, der keinem biologischen Vater die Treue halten mußte und der anscheinend keine Schwierigkeiten hatte, sich die Liebe seiner Mutter mit Nicholas zu teilen, Nicholas schließlich vergötterte. Doch Nicholas war nicht nur Gregs Kumpel für schöne Stunden; er setzte dem kleinen Jungen, der außer Rand und Band geraten konnte, auch Grenzen. Statt ihren Sohn gegen Nicholas' Strafen abzuschirmen, unterstützte ihn Elaine. Allerdings ist es nicht immer ein Leichtes für eine alleinerziehende Mutter, die es gewöhnt ist, ganz über ihr Kind zu bestimmen, einem anderen disziplinierende Maßnahmen zuzugestehen, doch Elaine schien froh zu sein, Nicholas an Gregs Erziehung zu beteiligen. Und weil Greg sehr klein war, akzeptierte er Nicholas' Autorität widerspruchslos; ein älterer Junge hätte sich vermutlich heftig zur Wehr gesetzt.

Schon kurze Zeit später sahen die drei ganz wie eine traditionelle Familie aus. Weit davon entfernt, die Tatsache abzulehnen, daß seine Liebespartnerin einen Sohn hatte, der ihre Zeit und Aufmerksamkeit erforderte, schien Nicholas in seiner Rolle als Paterfamilias aufzublühen; und er bewältigte auch mühelos den Streit und den Verdruß, die nun einmal zum Familienleben dazugehören. Kein Wunder, daß Nicholas und Elaine heiraten wollten, und als es soweit war, übergab ihnen Greg voller Stolz die Ringe.

Mit den Jahren verlor ich Nicholas aus den Augen. Doch weil wir in derselben Stadt wohnen, treffe ich Nicholas, Elaine und Greg (der jetzt in seinem letzten High-School-Jahr ist) manchmal zufällig. Und dann wundere ich mich darüber, daß Greg, der blonde Schlaks, eine gewisse Ähnlichkeit zu dem dunklen, stämmigen Nicholas entwickelt hat. Der Junge und der Mann, der die ganzen Jahre für ihn gesorgt hat, gehören offensichtlich zusammen.

Ich habe dieses Kapitel mit meinen Erinnerungen an ein Seminar der siebziger Jahre über die Umstellungsprobleme nach der Scheidung begonnen. Wenn ich die Uhr zurückdrehen könnte und den fröhlichen Mann, der das Seminar leitete, noch einmal träfe, würde ich ihm eine Änderung seiner bunten Tabellen vorschlagen. Meine Empfehlung wäre, daß er neben seinem Bild von den Stufen, die auf den Berggipfel führen, einen kleinen Wegweiser zeichnet, auf dem zu lesen ist: »Bitte achten Sie auf empfindsame Kinder!«

8 Stiefmütter

Wir wollen morgen in aller Frühe die Kinder hinaus in den Wald führen, wo er am dicksten ist: da machen wir ihnen Feuer an und geben jedem noch ein Stückchen Brot, dann gehen wir an unsere Arbeit und lassen sie allein. Sie finden den Weg nicht wieder nach Haus und wir sind sie los. (Die Stiefmutter)

BRÜDER GRIMM: Hänsel und Gretel

In diesem Haus hält mich nichts mehr. Ich habe keine Wurzeln hier. Die Kinder sind nicht von mir. Sie lieben mich nicht. Sie haben mich nie geliebt... Ich habe nicht einmal einen Schlüssel, den ich abgeben oder Anweisungen, die ich hinterlassen könnte. Ich habe nicht dazugehört – zu nichts. Vom ersten Tag an, da ich hier war. (Die Stiefmutter)

HENRIK IBSEN: Die Frau am Meer

Die meisten kleinen Mädchen träumen davon, Mutter zu werden. Aber hat je eines davon geträumt, Stiefmutter zu werden? Die Märchen in fast allen Kulturen porträtieren die Stiefmutter als bösartiges Geschöpf, das keinesfalls als Vorbild gelten darf. In unserer westlichen Überlieferung ist sie die intrigante Frau, die Hänsels und Gretels Vater dazu verleitet, die Kinder im dunkelsten Wald auszusetzen; auch ist sie die von Schneewittchens jugendlicher Schönheit bedrängte neidische Königin, die Pläne für deren Tod schmiedet; und sie ist die Kinderschinderin, die ihre eigenen, verdorbenen Kinder gegen das arme, vernachlässigte Aschenputtel ausspielt. Und dennoch wachsen Millionen kleiner Mädchen auf, um Stiefmütter zu werden, obwohl sie das nicht eingeplant hatten. Statt bösartige sind die meisten von ihnen gutherzige Frauen, die ihr Bestes geben, wenn sie sich um die Kinder ihres Ehemannes kümmern. Die Rolle einer Stiefmutter jedoch ist nur schwer auszufüllen. Jene amerikanischen TV-Situationskomödien wie *The Brady Family*, die die

Stieffamilie als eine warmherzige und fröhliche Gemeinschaft darstellen, in der die Probleme in halbstündigen Folgen sauber gelöst werden, haben mit der Wirklichkeit wenig gemein. Meiner Meinung nach ist von allen Familienrollen die der Stiefmutter jene, die mit den größten Schwierigkeiten und den geringsten unmittelbaren Belohnungen verknüpft ist. Diese Anschauung wird durch mehrere Forschungsarbeiten bestätigt, die darauf hindeuten, daß Stiefmütter ein Gutteil mehr an Streß, Ängsten, Depressionen und Ärger in ihrem Familienleben erfahren als Mütter in anderen Familienkonstellationen.[1] Es gibt Hinweise darauf, daß Stiefmütter und Stiefsöhne besser miteinander auskommen als Stiefmütter und Stieftöchter.[2] Aber es gibt gegenteilige Hinweise darauf, daß Stiefmütter sich bei Stieftöchtern in ihrer Rolle sicherer fühlen als bei Stiefsöhnen.[3] Die Forscher John Santrock und Karen Sitterle vermuten folgendes: »Man ›arbeitet am besten‹, wenn man ›am besten Bescheid weiß‹, und wahrscheinlich stellt sich eine größere Vertrautheit beim Umgang mit einem Kind desselben Geschlechts ein.«[4]

Eine meiner Patientinnen beschreibt die Haltung einer Stiefmutter zu ihrem jungen Stiefsohn als »ein Pendeln zwischen dem Gefühl, benutzt, unterschätzt, belästigt zu werden und dem der Verunsicherung«. Eine andere Patientin sagt: »Als Stiefmutter fühle ich mich, als würde ich mir selbst die Zähne ziehen: wie selbstverstümmelt und von Schmerzen gepeinigt.« Eine andere merkt an: »Als Stiefmutter kann ich nicht auf eine natürliche, spontane Weise ich selbst sein. Ich bin so unsicher geworden und immer besorgt, ob ich mich auch richtig um die Kinder meines Mannes kümmere oder seinen Erwartungen entspreche.«

In meiner Rolle als Beraterin habe ich Patientinnen geholfen, die Stiefmütter sind, indem ich sie ermutigt habe, über ihre komplizierte Gefühlslage zu sprechen. Einige von ihnen scheint es zu erleichtern, wenn sie sich den mit der Rolle einer Stiefmutter verbundenen Kummer von der Seele reden können. Häufig führt dies auch zu einem tieferen Selbstverständnis und Selbstmitleid, die ihrerseits zu der Bereitschaft führen, die anderen Mitglieder der zusammengesetzten Familie zu verstehen und mit ihnen zu empfinden. In diesem Kapitel zeichne ich die Schritte nach, die meine Patientinnen mit mir im Verlauf der

Therapie vollziehen. Zuerst untersuchen wir ausgiebig und detailliert das Verhältnis zwischen Stiefmutter und Stiefkind aus der Perspektive der Frau; danach betrachten wir dieses Verhältnis aus der Sicht des Stiefsohns, des Vaters/Ehemanns und schließlich der Mutter des Stiefsohns.

Ich habe nie eine Stiefmutter beraten, die mir nicht mitgeteilt hätte, daß man von ihr erwarte, sie müsse mütterliche Gefühle für ihr Stiefkind hegen. Gewöhnlich erwartet ihr Ehemann genau dieses von ihr, besonders dann, wenn seine Kinder noch klein sind oder ihre Mutter entbehren müssen. »Bestimmt«, so überlegt er, »wird es dieser warmherzigen Frau, die mich so sehr liebt, nicht schwerfallen, auch mein Kind zu lieben.« Und die Gesellschaft im allgemeinen scheint die Anschauung zu untermauern, daß es für eine normale, gutherzige Frau nur natürlich sei, Kinder – und zwar alle Kinder – zu lieben.

Wenn daher eine Frau in die Rolle der Stiefmutter schlüpft, sieht sie sich fast immer einer Aufgabe gegenüber, die sie womöglich nicht bewältigen kann. Im Gegensatz zu der herkömmlichen Annahme lieben die meisten von uns ein Kind, das nicht das eigene ist, nicht uneingeschränkt. Ein weises, altes russisches Sprichwort besagt, daß eine Mutter, die ihr Kind für alles Geld auf der Welt nicht hergeben würde, nur schwer jemanden findet, der ihr Kind umsonst nähme. Ich erinnere mich, daß mir als junger Mutter der Gedanke zuwider war, den Kleinkindern meiner Freundinnen, wenn ich einmal als Babysitter aushalf, die Windeln zu wechseln; dagegen machte es mir überhaupt nichts aus, bei meinen eigenen Babys die Windeln zu wechseln.

Trotz des Bestrebens einer Stiefmutter, für die Kinder ihres Ehemanns Liebe zu empfinden, besonders dann, wenn ein solches Kind seine Mutter durch Tod oder Trennung der Eltern verloren hat, entdeckt sie im Innern meist widerstreitende Gefühle; zuweilen wünscht sie sich, ihr neuer Ehemann wäre nicht mit einem Kind belastet in die Ehe gekommen, daß dieses Kind kein Teil ihres neuen Lebens werden oder daß der »Eindringling« auf magische Weise verschwinden möge. Eine meiner Patientinnen vertraute mir an, daß zwischen den Stiefkindern und ihr eine »Mißstimmung« herrsche und daß sie nicht anders könne, als sich in ihrer Gegenwart unbehaglich zu fühlen. »In ihrer Gegenwart verspüre ich dasselbe dumpfe Gefühl, das mich bei meiner ehemaligen Schwiegermutter überkam, die mir auf die Nerven ging, obwohl sie eigentlich eine nette Frau war. Wenn ich mit meinen Stiefkindern zusammen bin, verkrampft sich meine Bauchmuskulatur, und ich verspüre den Drang, an den Nägeln zu kauen.« Eine andere Patientin verriet mir, daß das gestörte Verhalten ihres Stiefsohns ihr so unangenehm sei, daß sie sich auf die Stunden freue, in denen er sich außer Haus aufhalte. »Obwohl ich weiß, daß er wegen der langen Krankheit seiner Mutter so verstört reagiert und ihr Tod ihn traumatisiert hat, möchte ich ihn dennoch nicht um mich haben.«

Statt ihre nicht gerade liebevollen Gefühle für ihn als ziemlich normal zu akzeptieren, die sich in Zukunft noch zum besseren entwickeln können (ich weiß, daß unter Familientherapeuten die Ansicht vorherrscht, daß sich die Beziehungen innerhalb einer Stieffamilie im Laufe der Zeit verbessern), ist eine Stiefmutter oft über das Fehlen mütterlicher Gefühle entsetzt und häufig schockiert über den Zorn, den sie statt dessen empfindet. »Was stimmt mit mir nicht, daß ich für dieses unschuldige Kind keinen warmen Platz in meinem Herzen finde?« fragt sie sich. »Was ist mit dir los, daß du mein liebenswertes Kind nicht liebst?« echot der Ehemann. »Was ist mit mir los, daß ich auf seine Gegenwart so zornig reagiere?« fragt sie sich. »Was ist mit dir los, daß du meinen Sohn zur Schnecke machst?« echot der Ehemann. Und als Reaktion auf diese anklagenden Fragen beginnt die Stiefmutter, an der eigenen Herzensgüte zu zweifeln: »Bin ich denn so ein schlechter Mensch? Bin ich auf dem besten Weg, so bösartig zu werden wie die Stiefmütter in den Märchen?«

Für manche Frauen sind die nicht gerade liebevollen Gefühle, die sie für ihre Stiefkinder empfinden, so schwer zu ertragen, daß sie das Gegenteil behaupten. Zum Beispiel kann eine Stiefmutter sich um ihr Stiefkind sorgen, nur um sich selbst, das Kind und den Ehemann davon zu überzeugen, daß sie ein fürsorglicher Mensch ist. Oder sie sagt immer wieder zu dem Kind: »Ich habe dich lieb. Du weißt, wie lieb ich dich habe«, ganz so, als würde eine Unwahrheit durch häufige Wiederholung wahr. Oder sie projiziert ihre unerträglichen, nicht liebevollen Gefühle auf das Kind: »Klar, mein Stiefsohn mag mich nicht. Ich versichere Ihnen, daß es überhaupt nicht auf Gegenseitigkeit beruht!« Oder sie opfert ihre kostbare und wohlverdiente Zeit der Zweisamkeit mit ihrem Ehemann, damit sie das Stiefkind nicht beunruhigt. Oder sie läßt ihr Stiefkind großzügiger gewähren als ihr eigenes. Wie das folgende Beispiel illustriert, ist es sogar möglich, daß sie ihre negativen Gefühle ihrem Stiefkind gegenüber auf das eigene überträgt.

Beverly, eine gepflegte, berufstätige Frau von Mitte vierzig, begann eine Therapie, weil sie in wiederkehrenden Phantasievorstellungen ihr eigenes Kind aussetzte. Nachdem wir in einigen Sitzungen über ihr Familienleben gesprochen hatten, ging uns beiden auf, daß Beverlys wirklicher Ärger sich auf ihren Stiefsohn, nicht aber auf ihre Tochter bezog. Ihre Vorstellungen vom Aussetzen waren ein unbewußter Ausdruck ihrer Feindseligkeit, die sie sich selbst oder ihrem Ehemann nicht hatte eingestehen wollen. Wir einigten uns darauf, daß es für Beverlys seelisches Wohl besser ist, wenn sie sich vorstellt, daß sie ihre Tochter aussetzt, von der sie sich bestimmt nie trennen würde, als daß sie ihren arg verstörten Stiefsohn aussetzt, den sie oft genug – und zwar aus gutem Grund – zum Teufel wünscht. In der Familie beschwor er nicht nur eine Krise nach der anderen herauf, sondern beanspruchte die Aufmerksamkeit seines Vaters in einem solchen Ausmaß, daß Beverly das Gefühl hatte, ihren Mann an den Jungen verloren zu haben. (Ebensogut könnte man annehmen, daß Beverlys ständige Phantasievorstellungen einer Umkehrung ihrer Wirklichkeit entsprachen, in der sie von Ausgrenzung bedroht war.)

Zu Anfang war Beverly irritiert darüber, daß sie ihrem Stiefsohn gegenüber feindselige Gefühle hegt. »Ich nehme an, ich bin so wie die grausame Stiefmutter im Märchen von »Hänsel und Gretel«, sagte sie bitter. »Vielleicht in dem Sinn, daß Sie auf ihren Stiefsohn einerseits wütend sind, daß er die Familie mit seinen hohen Ansprüchen belastet, und andererseits eifersüchtig, weil er so sehr im Mittelpunkt der Aufmerksamkeit Ihres Mannes steht«, erwiderte ich. »Der große Unterschied aber zwischen Ihnen und der Stiefmutter aus dem Märchen besteht darin, daß Sie sich ihm nicht kampflos ergeben wollen, wogegen die andere dies unter Gewissensbissen tat.« Beverly wußte, daß dies auf sie zutraf und war erleichtert. Der Sohn ihres Mannes war von seiner leiblichen Mutter im Kleinkindalter verlassen worden, und sie war entschlossen, alles in ihrer Macht stehende zu unternehmen, damit sie nicht die zweite Bezugsperson würde, die ihn verstieß.

Wenn eine Stiefmutter akzeptiert, daß sie ihr Stiefkind nicht lieben muß, was Beverly schließlich für sich annehmen konnte, so fragt sie sich oft: Worin besteht eigentlich meine Pflicht diesem Kind gegenüber? In ihrem Buch *Living in Step* liefern Ruth Roosevelt und Jeanette Lofas, beide übrigens Stiefmütter, meiner Meinung nach die beste Antwort auf diese Frage: »Der moralische Imperativ einer Stiefmutter erstreckt sich darauf, ein Kind so freundlich wie jeden anderen Menschen auch zu behandeln.«[5] Ich möchte noch hinzufügen, daß man unfreundliche Gedanken über einen Menschen hegen kann, aber entschlossen sein kann, diese nicht in die Tat umzusetzen; Fühlen und Tun sind zwei unterschiedliche menschliche Reaktionen.

Freilich kommt es soweit, daß manche Stiefmütter ihre Stiefkinder tatsächlich lieben lernen und die Stiefkinder sie schließlich lieben. Eine Bindung ist dann am wahrscheinlichsten, wenn die Stiefkinder noch sehr klein sind und sich nach intimen Beziehungen mit Erwachsenen sehnen. Kleine Kinder nehmen eine Stiefmutter am ehesten dann an, wenn die leibliche Mutter verstorben ist – wenn sie das Lieben der zweiten Mutter und ihr Geliebtwerden nicht als Verrat an der eigenen Mutter empfinden. Und natürlich ergibt sich daraus, daß eine Stiefmutter das Kind um so mehr annimmt, je mehr sie sich selbst angenommen fühlt. Die Liebe zwischen Stiefmutter und Stiefkind blüht am wenigsten dann auf, wenn das Kind zwischen dem Heim der Stiefmutter und dem seiner leiblichen Mutter, bei der es eine größere Anhänglichkeit spürt, hin und her pendelt. Julie, die bei mir in Therapie ist, hat ein einnehmendes Wesen, strahlt Freundlichkeit und Güte aus. Sie hatte sich entschlossen, selbst keine Kinder zu bekommen. Vor einigen Jahren geschah es, daß sie sich in den zweijährigen Sohn ihres neuen Ehemannes verliebte. Der kleine Junge war seinerseits zärtlich und lieb zu ihr. Aber sie erklärte:

> Aus persönlichen Gründen nahm die leibliche Mutter mir Sammy im Alter von vier Jahren weg, um mit ihm in einem anderen Bundesstaat zu leben. Mein Mann und ich waren sehr niedergeschlagen, als dies geschah. Seine rechtlichen Schritte, dies rückgängig zu machen, blieben ohne Erfolg. Zuvor waren wir mehrmals pro Woche mit Sammy zusammen. Jetzt besucht er uns nur in den Schulferien, und dann

fährt er wieder fort zu seiner leiblichen Mutter, seinem wirklichen Zuhause. Ich hege nach wie vor die warmherzigsten Gefühle für Sammy. Doch für mich wäre es zu schmerzlich, ihn weiterhin so innig zu lieben wie früher, weil mir sein Verlust ständig vor Augen steht.

Ich glaube nicht, daß Julies Reaktion ungewöhnlich oder anormal ist. Wenn eine Stiefmutter weiß, daß sie in ein paar Tagen, Wochen oder Monaten das kleine Kind, zu dem sie eine Beziehung unterhält, an den »rechtmäßigen Besitzer« zurückgeben muß, so wird sie sich aus Selbstschutz davor bewahren wollen, mit dem Kind eine allzu enge Beziehung einzugehen.

Doch selbst wenn Stiefmutter und Stiefkind regelmäßig und häufig zusammen sind, können einer Stiefmutter schmerzvoll die Grenzen bewußt werden, die ihrer Beziehung zugrunde liegen. Ruth Roosevelt und Jeanette Lofas schreiben, daß ein Stiefkind seiner Stiefmutter nicht erlaubt, das von ihnen so genannte »heilige Land der Mutterliebe« zu betreten, und daß einer Stiefmutter, die zu sehr liebt, »diese Liebe verkrümmt und verbogen zurückgeworfen wird«.[6] Eine kluge und sich selbst schützende Stiefmutter, die die zugrundeliegenden Grenzen erkennt und respektiert, wenn die leibliche Mutter mit im Spiel ist, hält sich zurück. Sie wird ihr Stiefkind zwar lieben, aber nicht allzu sehr; sie wird ihm zwar Aufmerksamkeit schenken, es jedoch nicht zum Mittelpunkt ihrer Welt machen. Besonders bei Frauen, die selbst keine eigenen Kinder haben, führt diese selbst auferlegte Zurückhaltung zu Gefühlen von Traurigkeit, Frustration und Verlust; die überströmenden mütterlichen Gefühle haben kein Betätigungsfeld.

In unseren Märchen fällt der Stiefmutter die Rolle der Bösen zu; im wirklichen Leben dagegen ist sie oft diejenige, die vernachlässigt und nicht geschätzt wird. Während unserer Sitzungen redet Julie häufig über den Schmerz, den es ihr verursacht, sich in Sammys Familie als »Nicht-Mitglied« zu fühlen. Obwohl Julie in den vergangenen sechs Jahren während der jährlichen zwei Besuche von Sammy seine erste Bezugsperson war, wird ihre Rolle kaum gewürdigt.

Als Sammy in den Winterferien nach Colorado kam, brachte er, wie immer, wenn er kommt, einen langen Computerausdruck mit, eine Liste mit Anweisungen seiner Mutter für seinen Vater. *Ausschließlich* an seinen Vater gerichtet, als ob ich für sie oder für ihren Sohn nicht existierte.

Als Sammy in einen rostigen Nagel getreten war und ich ihn zur Notaufnahme in das Krankenhaus am Ort brachte, um ihn gegen Tetanus impfen zu lassen, sagte man mir, daß wir die Unterschrift seines Erziehungsberechtigten brauchten. Meine Unterschrift als Stiefmutter, so brachte die Krankenschwester mir taktvollerweise bei, reiche nicht aus. Wenn ich meiner Mutter von Sammy erzähle oder es zumindest versuche, beginnt sie sich zu langweilen und wechselt das Thema, um von ihren leiblichen Enkeln zu reden. Als mein Mann und ich uns einmal mit Sammys Skilehrerin über seine Fortschritte unterhielten, wandte sie sich nur noch an meinen Mann und blickte mich nicht einmal mehr an, nachdem sie entdeckt hatte, daß ich Sammys Stiefmutter und nicht seine leibliche Mutter war.

Doch am allerschlimmsten ist, daß Sammy selbst mich in diesen Tagen nicht zu würdigen scheint. Ständig sagt er »Meine Mutter sagt ... mein Vater sagt...« Nie, aber auch nicht ein einziges Mal, heißt es »Julie sagt ...«

Ähnlich wie Julie wird vielen Stiefmüttern eine ehrenvolle Stellung im Leben der Stiefkinder vorenthalten. Jenes Gefühl von der eigenen Unfähigkeit, das auf das Fehlen einer sanktionierten Rolle und die gleichzeitige Sehnsucht, eine »wirkliche« Mutter zu sein, zurückzuführen ist, beschreibt Ruth Roosevelt prägnant in einem Gedicht wie folgt:

Ich bin und bin doch nicht.
Ich muß sein und darf es nicht.
Ich habe eine Aufgabe,
darf sie aber nicht allzu gut erledigen.

Ich bin das Geräusch der einen Hand, die klatscht.
Tennis spiele ich ohne Ball, Golf ohne Schläger.
In diesem Spiel haben sie alle Regeln geändert.
Und nie läßt man mich mitspielen.

Kann ich denn die Blumen betrachten und nie eine pflücken?
Kann ich denn den Vögeln lauschen und nie einen benennen?

Kann ich denn all diese Kinder großziehen
und nie sein Baby haben?

Sagt mir nicht, ich solle die Linien zeichnen
und sie nie überschreiten
auf Ärger und Erwartung und Liebe zu.
Zum Teufel, wofür haltet ihr mich?[7]

In einer intakten Familie tauschen sich Vater und Mutter im allgemeinen über Fragen der Kindererziehung aus, und diese neuen Informationen verhelfen ihnen dazu, bessere Eltern zu werden. In einer Stieffamilie macht der leibliche Elternteil sich vielleicht die Kritik oder den Ratschlag des Stiefteils nicht zu eigen. Folglich fühlt dieser sich noch mehr herabgewürdigt. Julie vertraute mir an, wie schwer es ihr falle, ihre eigenen Vorstellungen darüber, was für Sammy am besten sei, für sich zu behalten. Sie seufzt resigniert, wenn sie mir erklärt, daß ihr Mann, der ansonsten sich ihr gegenüber rücksichtsvoll verhalte, über ihre Kommentare hinweggehe, sobald sie den eigenen Sohn betreffen, insbesondere wenn sie seine Unzulänglichkeit als Vater anspreche. In seinen Augen scheint es für seinen Sohn nur eine Mutter zu geben, und das ist nicht Julie, sondern seine ehemalige Frau. Eine Stiefmutter, die ich befragte, spiegelte Julies Beobachtungen wider:

> Weil ich in der Familie eine Außenseiterrolle spiele, kann ich vielleicht mit einer gewissen Objektivität das beobachten, was sich zwischen meinem Mann und seinem Sohn abspielt. Mir ist deutlich bewußt, daß er die versteckten Bitten des Jungen um Aufmerksamkeit und Lob übersieht. Doch wenn ich dies meinem Mann zu erklären versuche, reagiert er abwehrend. Da er nicht zu den Menschen zählt, die gerne diskutieren, sagt er es mir nicht mit beredten Worten, sondern ich bin mir sicher, daß er denkt: Erzähl mir nicht, wie ich meinen Sohn erziehen soll. Du kennst dich auf diesem Gebiet nicht aus; du bist schließlich nicht seine Mutter!

Wenn alle die Stiefmutter wie eine unechte Mutter behandeln – die betrügerische, die Mutter zweiten Ranges -, so bröckelt ihr Selbstwertgefühl nach und nach, bis nichts mehr davon übrig ist. In diesem Fall neigt sie dazu, sich noch mehr anzustrengen und für die Familie aufzuopfern, weil sie hofft, daß ein solcher

Einsatz ihr endlich zur Wertschätzung verhilft. Allerdings führen diese Anstrengungen in den meisten Fällen eher zur emotionalen Erschöpfung als zur Wertschätzung.

Dr. Katalin Morrison und Airdrie Thompson-Guppy, zwei in Kanada arbeitende Forscherinnen, haben den bei Stiefmüttern häufig vorkommenden Schmerz »Aschenputtels-Stiefmutter-Syndrom« genannt. In einem Artikel im *Canadian Journal of Psychiatry* beschreiben sie die bei diesem Syndrom auftretenden Symptome:

1. Je nach Wechselwirkung mit den Stiefkindern schwanken die Symptome. Die Vorwegnahme der Wechselwirkung wie auch die Reaktion darauf können einen erheblichen Einfluß auf die Symptome haben.
2. Mehrere der folgenden Symptome treten auf:
   a) die Sorge um die Stellung innerhalb der Familie
   b) eine schwankende Identität hinsichtlich der Rolle als Stiefmutter
   c) das Gefühl der Angst, das bisweilen Schlaflosigkeit, Appetitverlust und Kreislaufprobleme verursacht
   d) das Gefühl, innerhalb der Stieffamilie ausgegrenzt zu werden
   e) das Gefühl, im Hinblick auf die Erfüllung der Aufgaben einer Mutter den Stiefkindern gegenüber unnütz, unfähig und erfolglos zu sein
   f) das Gefühl der Schuld und Feindseligkeit den Stiefkindern gegenüber, wenn die Stiefmutter ihnen nicht helfen kann und sich nicht akzeptiert fühlt
   g) die Unfähigkeit, mit dem Vater der Kinder die sich aus der Rolle als Stiefmutter ergebenden Probleme zu lösen, was zu Spannungen, Feindseligkeit und Angst vor Ablehnung in der ehelichen Beziehung führt
   h) Verlust des Selbstwertgefühls
   i) Überkompensation als Methode zur Bewältigung dieser Probleme, was zur Erschöpfung führt[8]

»Der Aschenputtel-Mythos von der bösen Stiefmutter sollte ein für allemal abgeschafft werden«, fordern die beiden Forscherinnen. »Die Probleme moderner Stiefmütter sollten nüchtern als Reaktionen auf eine dem Wesen nach schwierige und komplizierte Situation betrachtet werden, die durch die gesellschaftlichen Anschauungen von der Rolle der Frauen im allgemeinen und der Stiefmütter im besonderen verschärft wird.«[9] Aus Erfahrung weiß ich, daß Stiefmütter vor Erleichterung tief aufatmen, wenn sie ihre Probleme als Stiefmutter nicht mehr auf persönliche Mängel zurückführen. Die Familienprobleme mögen zwar nach wie vor bestehen, aber das Wissen, daß sie eher der Situation als der Stiefmutter selbst zuzuschreiben sind, spendet Trost. Spürt eine Frau, daß sie nicht mehr für die Mißstimmung innerhalb der Familie verantwortlich gemacht wird und ihr nicht mehr alles mißlingt, was sie anpackt, so wird sie auch eher Veränderungen in der Familienstruktur bewirken.

Als meine Patientin Bee mir vor kurzem von einer solchen positiven Entwicklung berichtete, habe ich mich gefreut. Seit sie mit ihrem zweiten Mann verheiratet war, der das Sorgerecht für einen jugendlichen Sohn hat, wurde sie den Eindruck nicht los, sie sei der Grund für das Elend des jungen Charlie. Dieser war offen genug, ihr zu sagen, sein Leben sei viel schöner gewesen, bevor sie aufgetaucht sei und den Vater-Sohn-Haushalt durcheinandergebracht habe. Da Bee dem betrübten Jungen das Leben nicht noch schwerer machen wollte, hatte sie seinen abfälligen Bemerkungen ihr gegenüber keine besondere Bedeutung beigemessen und versucht, sich in vermittelnder Weise zu verhalten. Eines Tages jedoch, als Charlie sie wie gewöhnlich heruntermachte, konnte sie ihm, ohne zu stammeln, sagen: »Es tut mir leid, daß du über meine Heirat mit deinem Vater unglücklich bist, aber von nun an erwarte ich von dir, daß du mich dennoch taktvoll und höflich behandelst. Ich möchte, daß du weißt, daß auch ich Gefühle habe und du kein Recht hast, nach Lust und Laune darauf herumzutrampeln.« Der Junge war sichtlich über ihre offenen Worte schockiert, schien sie jedoch ernst zu nehmen. Bee erzählte mir in diesem Zusammenhang: »Charlie blickte zerknirscht drein. Zum erstenmal seit ich ihn kenne, hat er gesagt, daß es ihm leid tue.«

Obwohl die Geschichte eines jeden Stiefsohnes einzigartig ist, können wir von einigen Jungen, die Stiefsöhne werden, dennoch behaupten, daß sie ein Trauma erlitten haben. Sie haben die Sicherheit und das Gefühl der Geborgenheit verloren, die sich daraus ergeben, daß sie von den eigenen Eltern im eigenen Heim während all der Jahre ihrer Abhängigkeit geliebt und umhegt werden. Auch wenn Mütter oder Väter krasse Fehler haben, kann nichts so gut sein, wie »Mamapapa«, »Papamama« um sich zu wissen, und nichts sie ersetzen.

Hat es eine Scheidung gegeben, erinnert die neue Stiefmutter den Stiefsohn an seinen Verlust: In seiner Vorstellungswelt hat sie sich zwischen seine getrennten Eltern gestellt und sorgt nun dafür, daß diese nicht mehr zusammenkommen; sie ist der Beleg dafür, daß die Vorstellung von einer wiedervereinten Familie genau das bleibt, was sie ist – eine Phantasie nämlich. Ich erinnere mich an die traurige Geschichte, die eine Freundin mir erzählte. »Ich freue mich wirklich, dich kennenzulernen«, hatte sie dem elfjährigen Jungen gesagt, der ihr Stiefsohn wurde. »Aber ich weiß todsicher, daß ich mich nicht freue«, gab er zurück. Eine andere Freundin berichtete mir, daß ihr neunjähriger Stiefsohn während der Trauungszeremonie fortgelaufen war. »Vermutlich bin ich die einzige Braut der Geschichte, die am Altar verlassen wurde; statt an meiner Seite zu sein, durchkämmte mein Bräutigam die ganze Stadt, um seinen aufgebrachten Sohn zu suchen.« Mit Reaktionen wie der dieses Jungen ist zu rechnen; wie die überwiegenden Forschungsergebnisse zum Thema Stieffamilien nahelegen, nehmen Kinder ihre Stiefmütter gewöhnlich unfreundlich auf.[10]

Für die negative Haltung des Jungen seiner Stiefmutter gegenüber bieten sich mehrere Erklärungen an. Wie das Beispiel von Bee und Charlie illustriert, befürchtet ein Junge, daß die neue Frau sich zwischen ihn und seinen Vater stellen wird und droht, ihn bei seinem Vater vom ersten Platz zu verdrängen. Verbringt der Vater zu wenig Zeit allein mit seinem Sohn, so wacht der Junge vielleicht eifersüchtig über das bißchen Zeit und ärgert sich über die neue Frau, die das Zusammensein stört.

Als weitere Erklärung bietet sich an, daß die Stiefmutter die Anhänglichkeit des Jungen an seine leibliche Mutter bedroht. Wir tun gut daran, nicht zu vergessen, daß Jungen außerordentlich stark an ihren Müttern hängen. Wie junge Ritter in glänzender Rüstung verteidigen sie ihre »schöne Dame« gegen jeden, der sich anschickt, ihre geschätzte Position zu usurpieren. Schon aufgrund der Tatsache, daß die Stiefmutter als eine Vertreterin der Eltern gilt, betrachtet sie der Stiefsohn womöglich als potentiellen Ersatz für seine Mutter, der seine Feindseligkeit oder seinen Rückzug provoziert. Wenn die Stiefmutter aktiv mit der leiblichen Mutter um seine Zuneigung oder Zustimmung kämpft, wird er sie vermutlich um so mehr ablehnen.

Die meisten Stiefmütter wissen, daß es ein Fehler ist, die Mutter des Stiefsohnes in seiner Gegenwart herabzuwürdigen, doch in einigen Situationen wird die Versuchung sehr groß. Beverly, die Patientin, von der ich zuvor bereits berichtet habe, hat mir oft erzählt, wie schwer es ihr fiel, mit dem Bild ihres Stiefsohnes von seiner Mutter als einem guten und liebevollen Menschen umzugehen, während diese ihn in Wirklichkeit als Kleinkind vernachlässigt und schließlich in jener Zeit verlassen hatte, als sie von ihrem neuen Liebhaber in Anspruch genommen wurde: »Ich muß mich allein um einen sehr verwirrten Jungen kümmern, weil seine leibliche Mutter dermaßen versagt hat. Aber ich muß mir anhören, daß er nur seine wirkliche Mutter liebt und er eines Tages wieder mit ihr zusammen und glücklich sein wird.«

Ob die Mutter gut oder schlecht ist, ihr Sohn wird ihre Unbescholtenheit zu verteidigen suchen. Fleisch von ihrem Fleisch, Blut von ihrem Blut, möchte er verzweifelt glauben, daß sie ein durch und durch guter Mensch ist, weil sein Glaube ihm dazu verhilft, seiner eigenen Güte zu vertrauen; verzweifelt möchte er wissen, daß sie ihn liebt, weil diese Liebe ihm versichert, daß er liebenswert ist; er möchte sie verzweifelt beschützen, denn ist sie auf der Welt nicht sicher aufgehoben, dann fühlt er sich ebenfalls nicht geborgen. Beverly war schließlich in der Lage, wenn nicht eine perfekte, so doch eine vernünftige Lösung zu finden. Sie stimmte ihrem Stiefsohn zu, daß seine Mutter ein durch und durch guter Mensch sei und ihn liebe, aber zugleich teilte sie ihm mit, daß seine Mutter ihn verlassen habe, sei ein Irrtum gewesen und habe ihn sehr tief verletzt; auch sagte sie ihm, was sie für die Wahrheit hielt – daß seine Mutter nämlich, die völlig erledigt war, sich jetzt nicht um ihn kümmern könne. Überdies sagte sie dem Jungen, was jeder Stiefsohn gern hört: »Auch wenn deine Mutter jetzt nicht bei dir ist, so bleibt sie immer noch deine Mutter – die einzige Mutter, die du je haben wirst. Und du brauchst keine Sekunde lang zu befürchten, daß ich versuchen werde, sie zu verdrängen. Ich möchte nur deine gute erwachsene Freundin werden, und wenn du bei mir bist, will ich mich um dich kümmern, aber ich bin nicht deine Mutter und kann es nicht sein.«

Es gibt natürlich unendlich viele verschiedene Formen von Spannungen zwischen Stiefmüttern und leiblichen Müttern. Eine enge Freundin, die einen Witwer von zwei Söhnen im schulpflichtigen Alter geheiratet hatte, vertraute mir an, wie schwierig es für sie gewesen war zu akzeptieren, daß sie in den Augen der Söhne und in ihren eigenen nie der idealisierten Mutter würde das Wasser reichen können.

> In unserem Wohnzimmer hängt über dem Kaminsims ein kleines Ölporträt der ersten Frau meines Mannes, der geliebten Mutter meiner Stiefsöhne. Diese ewig schöne, junge Frau im blauen Tüllkleid blickt auf uns hinab, während ich als Hausfrau im T-Shirt und schweißgebadet auf die Jungs einrede, sie sollen ihre Sachen vom Boden aufräumen. Es ist natürlich irrational, mich über meine Vorgängerin zu ärgern, und in meinen besseren Augenblicken empfinde ich großes Mitleid für diese junge Mutter, die ums Leben kam, als ein betrunkener Autofahrer ihr in den Wagen fuhr. Doch ein Teil von mir möchte schreien: »Das ist ungerecht!« wenn die Jungs sie bloß idealisieren und bei mir so vieles finden, an dem sie etwas auszusetzen haben.

Der anfängliche Widerstand des Stiefsohns gegen seine Stiefmutter kommt nicht überraschend. In der volkstümlichen wie in der wissenschaftlichen Literatur ist viel darüber geschrieben worden. Die Möglichkeit allerdings, daß der Stiefsohn sich von seiner Stiefmutter möglicherweise sexuell angezogen fühlt, ist weit weniger häufig zur Sprache gekommen. Besonders wenn der Junge sich in der Pubertät oder kurz davor befindet, kann die neue Frau seines Vaters, die allerlei Konflikte in ihm hervorruft, ihn äußerst verwirren. Beispielsweise kann seine sexuelle und romantische Phantasie ihn überstimulieren und Schuld- und Angstgefühle in ihm wecken. Schließlich rechnet ein Sohn mit dem Vertrauen seines Vaters und dessen Kameradschaft und möchte sich nicht dessen Zorn zuziehen. Weil das Sehnen nach der Frau seines Vaters mit Sicherheit verstörend auf ihn wirkt, wird der verliebte Junge trachten, diese Gefühle für sich zu behalten. So kann er sich zum Beispiel von seiner Stiefmutter zurückziehen und Gleichgültigkeit vortäuschen oder sie sogar feindselig behandeln.

Der glücklichere Stiefsohn hat eine Stiefmutter, die Rücksicht auf seine sexuelle und romantische Verletzlichkeit nimmt und die ihn nie, aber auch niemals deswegen verspottet, ausnutzt oder hänselt. Da sie weiß, daß er leicht erregbar ist, wird sie alles unterlassen, was verführerisch auf ihn wirken könnte – auch wenn sie als Mensch und sexuelles Wesen zeitweilig durchaus sexuelle Gefühle für ihn empfinden sollte. In Hippolytos, der antiken Tragödie von Euripides, setzt die Stiefmutter Phädra tatsächlich dem schönen Stiefsohn nach, in den sie sich wahnsinnig verliebt hat, und bringt dadurch Zerstörung und Tod über die ganze Familie. Damals wie heute, im antiken Griechenland wie in unserer heutigen Welt, galt und gilt: erotische Liebe unter Familienangehörigen kann sich nur zerstörerisch auswirken.

Ruth Roosevelt und Jeanette Lofas berichten von einem Jungen im Internat, der seiner Stiefmutter einen leidenschaftlichen Brief schrieb. Jahre später erinnert er sich dankbar an den erwiesenen Takt bei der Antwort. Die Stiefmutter und der Vater schrieben dem Jungen, wie erfreut sie darüber seien, daß er seine Stiefmutter akzeptiere und daß diese gleichermaßen erfreut sei, einen neuen Stiefsohn zu haben. Weiter versicherten sie, daß ihnen seine Zustimmung zu ihrer Heirat sehr wichtig sei und sie sich beide sehr liebten. Dank dieses Briefs konnte der Junge seine romantischen Phantasien begraben und erleichtert in eine unerotische Rolle als Stiefsohn hineinwachsen.

Trotz Komplikationen, die mit dem Verhältnis von Stiefmutter und Stiefsohn verbunden sind, besteht die Möglichkeit einer warmherzigen Verbindung zwischen beiden. In der Regel – ausgenommen bei einem sehr kleinen Kind, das die leibliche Mutter durch Tod oder Verlassenwerden verloren hat – kann eine Stiefmutter nicht zur zweiten Mutter ihres Stiefsohns, wohl aber mit der Zeit seine erwachsene Freundin werden.

In den vergangenen fünf Jahren habe ich aus der Distanz beobachten können, wie sich die Beziehung zwischen einer lieben Freundin, die ich hier Elizabeth nennen will, und dem fünfzehnjährigen Jungen, den ich Adam nenne, entwickelt hat, der der Sohn ihres Liebhabers ist. In den ersten Jahren der romantischen Verwicklungen kam meine Freundin gelegentlich zu mir, um mir zu sagen, daß der Sohn ihres Partners ihre freundlichen Annäherungsversuche ausschlug. Der Junge gab ihr sogar das erste Weihnachtsgeschenk mit intakter Verpackung zurück, das sie sorgfältig für ihn ausgesucht hatte. »Tut mir leid, aber ich kann dein Geschenk nicht annehmen«, las sie auf seiner handgeschriebenen Notiz. Sie respektierte Adams Wunsch, eine Distanz zwischen ihnen zu wahren, und versuchte nicht erst, eine Beziehung zwischen ihnen zu erzwingen: Sie zog sich einfach zurück. Und Adam öffnete ihr allmählich und sehr langsam die Zugangstür zu seinem Leben.

Wenn ich ihnen in letzter Zeit bei gesellschaftlichen Anlässen begegnet bin, konnte ich nur feststellen, daß Adam in Elizabeths Umgebung glücklich aussieht. Er lächelt und lacht, wenn sie sich unterhalten; er hört ihr gespannt zu, wenn sie etwas aus ihrem Leben zum Besten gibt; er erzählt ihr von seinen Freundinnen; er hat nichts dagegen einzuwenden, wenn sie ihn flüchtig umarmt und gelegentlich auf die Wange küßt. Nachdem Adam zuvor das schlechte und zermürbende Verhältnis seiner Eltern miterleben mußte, muß er wohl der positiven Partnerschaft seines Vaters mit Elizabeth entnommen haben, daß die Beziehung eines Mannes zu seiner Frau nicht notwendigerweise verletzender Natur sein muß, sondern beflügelnd sein kann, und daß er vielleicht eines Tages ebenfalls eine wunderbare Liebe erlebt. Mir fällt auch auf, daß Adam Vorsichtsmaßnahmen ergreift, damit die zunehmend engere Beziehung zu Elizabeth nicht die Loyalität zu seiner leiblichen Mutter kompromittiert. Jedesmal wenn ich mit meiner Freundin und dem Jungen zusammen bin, beobachte ich, daß er irgend etwas Nettes über seine Mutter vorträgt, ganz so, als wollte er uns daran erinnern: »Meine Mutter mag vielleicht nicht persönlich anwesend sein, doch dafür solltet ihr wissen, daß sie im Geiste bei mir ist.«

Wenden wir unsere Aufmerksamkeit jetzt vom Stiefsohn ab und dem neuen Ehemann zu. Wenn ich mich der Stiefmütter entsinne, denen ich in meiner Therapie begegnet bin, so fällt mir nicht eine ein, die nicht wenigstens von der Rolle ihres Ehemannes als Familienmitglied enttäuscht gewesen wäre; die meisten aber waren verärgert. Nachdem diese Frauen die Konflikte ihres Ehemannes innerhalb der neuen Familie verstanden hatten, entwickelten sie jedoch häufig ein größeres Mitgefühl für ihn, das ihre eheliche Beziehung festigte und auch das Familienleben im allgemeinen verbesserte.

Es versteht sich von selbst, daß der Ehemann die Beziehung seiner Frau zu seinem Sohn positiv oder negativ beeinflussen kann. Im besten Fall erfaßt der Ehemann intuitiv, wie schwierig die Aufgabe einer Stiefmutter ist, und er wird alles unternehmen, um seiner Frau diese Aufgabe zu erleichtern. Er wird seine neue Ehefrau nicht unter Druck setzen, sie solle seine Kinder lieben; vielmehr versteht er, daß Mutterliebe die ureigene Domäne von Müttern und nicht von Stiefmüttern ist, und er wird sich damit zufrieden geben, wenn seine Frau sich seinem Kind gegenüber einfach nett, aufmerksam und gerecht verhält. Er wird auch seinen Kindern nicht gestatten, seine neue Frau respektlos oder gleichgültig zu behandeln; vielmehr stellt er die Regeln für ein angemessenes Verhalten seiner Kinder zu Hause auf und setzt diese durch. Und er schlägt den Rat seiner Frau in Fragen der Kindererziehung nicht aus; vielmehr würdigt er ihre Beobachtungen und handelt nach ihren Anregungen, wenn sie ihm geeignet erscheinen. Doch leider verhält es sich im wirklichen Leben anders. Männer mit Kindern aus einer früheren Ehe stolpern oft mit schwerem psychologischen Gepäck in die neue Beziehung und laden es meist zu Füßen ihrer neuen Ehefrauen ab.

Obwohl die meisten Ehemänner auf intellektueller Ebene verstehen, daß ihre neuen Frauen die Stiefkinder nicht sofort und vorbehaltlos lieben können, erwarten sie auf emotionaler Ebene genau dies – und nicht nur dann, wenn die Kinder ihre leibliche Mutter durch Tod oder Verlassenwerden verloren haben, sondern auch als Folge einer Scheidung. Kinder, die Teil einer Stieffamilie werden, sind immer mit dem Vermächtnis eines Verlusts belastet. Geschiedene Väter sind gewöhnlich mit dem Vermächtnis der Schuld belastet, daß es ihnen nicht gelungen ist, die ursprüngliche Familie intakt beieinander zu halten. Viele wiederverheiratete Männer wünschen, daß ihre neuen Frauen dieses Versagen mildern, indem sie für die Kinder ein angenehmes, liebevolles, vorbehaltlos akzeptierendes, streßfreies Zuhause schaffen; im allgemeinen wünschen sie, die neue Stieffamilie solle dem Modell der idealisierten Kleinfamilie entsprechen. Falls ihre frühere Ehe traditionell ausgerichtet war und sie sich nicht tagtäglich um ihre Kinder gekümmert haben, leben sie auch in der aktuellen Ehegemeinschaft nach demselben Muster und erwarten, daß ihre neue Ehefrau mit Freuden die Rolle der führenden Bezugsperson übernimmt. Erfüllt die neue Ehefrau diese hohen Erwartungen nicht, was unweigerlich geschieht, so ist der neue Ehemann über sie verärgert oder von ihr enttäuscht.

Zu der Zeit, da die neue Ehefrau vom Sockel rutscht, kommt es nicht selten vor, daß der Ehemann fürsorgliche und liebevolle Gefühle gegenüber seiner Exgattin entwickelt. Ich habe so manche Stiefmutter frustriert feststellen hören: »Mein Mann verlangt so viel von mir, aber seine Exfrau faßt er mit Samthandschuhen an. Selbst für ihre unverschämtesten Forderungen findet er allerlei Entschuldigungen. Das ist so ungerecht!«

Manchmal empfindet ein Mann, besonders wenn er es war, der die Ehe beendet hat, freundliche Gefühle für seine Exfrau, nur weil er dadurch seine Schuldgefühle kompensieren möchte, daß er sie verlassen und verletzt hat; zu anderen Zeiten mag er allerdings aufrichtige Dankbarkeit und Respekt für die Frau empfinden, die seinem Kind eine Mutter war und der er sich auf eine tiefe Weise verbunden fühlt. Zuweilen wird er tatsächlich von der Sehnsucht nach seiner verlorenen Braut, seiner verlorenen Familie und seinen verlorenen frühen Träumen gepackt. Wie im Fall eines jeden Mitglieds einer neu zusammengesetzten Familie empfindet der Vater/Ehemann Gefühle der Loyalität, die er zwischen der alten und der neuen Beziehung aufteilt. Eine Frau muß schon mit einem gesunden Selbstwertgefühl und einem nicht besitzergreifenden, großzügigen Denken gesegnet sein (oder diese Eigenschaften erlernen), um die Tatsache zu akzeptieren, daß ihr Ehemann ihr nicht voll und ganz gehören kann, auch wenn er zu ihr hält, und daß ein kleiner Teil von ihm zu seinem früheren Leben gehört.

Bei den Vorbereitungen zu diesem Kapitel habe ich einen Freund interviewt, der kürzlich wieder geheiratet hat, einen Schriftsteller und Vater eines sechsjährigen Jungen. Ich stellte ihm die Frage: »Was möchtest du, daß deine Frau über deine Rollen als Vater und Ehemann erfährt?« Hier gebe ich im wesentlichen wieder, was er mir geantwortet hat:

> Sie soll wissen, daß ich sie sehr liebe und daß ich mich verpflichtet habe, den Rest meines Lebens mit ihr zu teilen. Ich weiß, daß unser gemeinsames Leben nicht einfach sein kann, und ich bete, daß sie mich trotzdem akzeptieren kann.
>
> Meine erste Ehe mit all den Gehässigkeiten, Lügen und Kämpfen hat ihren Tribut von mir gefordert. Daher bin ich in

meine neue Ehe nicht als Märchenprinz mit Schimmel und roter Rose in der Hand getreten, sondern als alter Krieger mit vielen Narben, manch offener Wunde und einem ziemlichen Schutzpanzer.

Außerdem bin ich mit einem kleinen Jungen, den ich über alles liebe und an dem ich sehr hänge, zu meiner neuen Frau gekommen. Manchmal zieht mein Junge mich von meiner Frau fort. Manchmal bin ich auf seiner Seite; dann habe ich Gewissensbisse und fühle mich in zwei Stücke gerissen.

Vor allem soll meine Frau wissen, daß ich versuchen werde, ihr und ihm zu einem glücklichen Leben zu verhelfen, weiß aber wohl, daß es mir nicht immer gelingen kann. Dieses Unvermögen macht mich nicht gerade stolz und ihr gegenüber auch etwas zurückhaltend. Meiner Erfahrung nach erwartet man von mir als Mann, daß ich alle Probleme löse, und es macht mich mutlos, daß ich nicht immer dafür sorgen kann, daß in unserer Familie alles reibungslos läuft.

Obwohl die Erfahrung meines beredten Freundes ausschließlich für ihn persönlich gelten, vermute ich, daß Millionen anderer wiederverheirateter Männer dieselben Gefühle wenn nicht ausdrücken, so doch zumindest teilen.

Von sämtlichen Beziehungen in einer zusammengesetzten Familie ist jene der Stiefmutter zur leiblichen Mutter ihres Stiefkindes die komplizierteste und auch diejene, die am häufigsten mit negativen Gefühlen besetzt ist.

Viele Gefühle wie etwa Eifersucht, Neid, Konkurrenzdenken, Mißtrauen stehen einer freundschaftlichen Beziehung zwischen Stiefmutter und Mutter im Wege, so daß es selten zu einer solchen kommt. Von den Stiefmüttern unter meinen Patientinnen und Freundinnen höre ich in den meisten Fällen Gruselgeschichten über die andere Frau, die mal »manipuliert« und »unterminiert«, mal »narzißtisch«, »vollkommen unvernünftig«, »nachlässig«, »ausfallend«, »unkonventionell« oder »völlig durchgedreht« ist. Einige dieser Beschreibungen sind zutreffend; wir wissen alle, daß viele Frauen auf der Erde nicht anständig oder tüchtig sind und in manchen Fällen dennoch Mütter werden. Einige dieser Beschreibungen dagegen sind Verzerrungen. Einer Stiefmutter fällt es nicht schwer, von der früheren Frau ihres Ehemannes entstellende, negative Anschauungen zu entwickeln, da sie nur selten die Gelegenheit hat, sie kennenzulernen. Vieles von dem, was sie »weiß«, bezieht sie mittelbar aus den Anschauungen ihres Ehemanns, die eventuell unvorteilhaft ausfallen. Es erstaunt daher nicht, daß wir kein Wort haben, um die direkte Beziehung von Stiefmutter und leiblicher Mutter zu beschreiben, die jeweils immer nur »die derzeitige Frau meines Exmannes« und »die Exfrau meines Mannes« bleiben. Als Menschen sind wir darauf fixiert, Fremden mißtrauisch gegenüberzutreten; Stiefmütter und leibliche Mütter bleiben sich einander fast immer fremd.

Ebenso wie Stiefmütter sind auch geschiedene Mütter mit Kindern eher vernünftige Frauen, die alles unternehmen, um schwierige Familienverhältnisse zu meistern. Diese Frauen haben große Verluste erlebt: den Verlust des Ehepartners, den Verlust der Familie, die eigentlich zusammen bleiben sollte, den Verlust des Selbstwertgefühls im Gefolge der gescheiterten Ehe und häufig den Verlust finanziellen Wohlstands. Es ist nur allzu verständlich, wenn sie der neuen Ehefrau ihres Exmanns gegenüber ambivalente Gefühle hegen – schließlich hat diese sie verdrängt. Eine meiner langjährigen Patientinnen, eine verständnisvolle, warmherzige Frau, faßt diese Gefühle auf die folgende Weise zusammen: »Einerseits möchte ich gern, daß die neue Ehefrau meines Exmanns in ihrer Ehe erfolgreich ist, damit das zweite Heim für meine Kinder sicher ist. Andererseits kenne ich Momente der Gehässigkeit, in denen ich ihr den Mißerfolg an den Hals wünsche, weil ich durch ihr Versagen als Ehefrau als erfolglose Ehefrau gerächt wäre. Es wäre der Beweis dafür, daß es letzten Endes unmöglich ist, mit meinem Exgatten auszukommen!« Meine Patientin findet auch Worte dafür, was meiner Meinung nach die überwiegende Mehrheit aller Mütter fühlt. »Vermutlich kann ich akzeptieren, daß mein Exmann einen Ersatz für mich gefunden hat. Dagegen könnte ich wohl nie akzeptieren, daß meine Kinder diese Frau mehr lieben als mich.«

Im Verlauf der vorbereitenden Interviews zu diesem Kapitel unterhielt ich mich mit einer Frau, die eine gute Beziehung zur Stiefmutter ihres Sohns unterhalten hatte. Mit Dana war ich der Meinung, dies komme nur äußerst selten vor, und ich bat sie um eine Erklärung. Dana dachte eine Weile nach und sagte dann: »Ich glaube, dies ist der Fall, weil Edie und ich uns kannten und einander gut leiden mochten, bevor sie mit meinem früheren Ehemann Vance ging. Ich habe immer schon an Edie ihre Kinderliebe geschätzt; sie ist eine wunderbare Mutter und verfügt über Hausfrauentalente, die ich nicht besitze. Und als sie die Stiefmutter meines Sohnes wurde, habe ich mich für ihn gefreut. Da ich Edie mochte, bevor sie meinen Exmann geheiratet hat, war es nur natürlich, daß ich sie hinterher immer noch mochte und ihr vertraute. Ab und zu treffen wir uns, um praktische Fragen im Zusammenhang mit meinem Sohn, also ihrem Stiefsohn, zu besprechen. Und gewöhnlich endet es damit, daß wir über Vance' Verwandte tratschen und kichern, denn sie sind die seltsamsten Menschen, die uns beiden untergekommen sind.«

Danas und Edies Freundschaft erinnert daran, daß Frauen über die großartige Fähigkeit verfügen, ungünstige Umstände zu umschiffen, wenn es darum geht, Verbindungen anzuknüpfen. Dies erinnert mich an die herrliche Erzählung des französischen Schriftstellers Guy de Maupassant mit dem Titel *Die Stecknadeln*: Ein Bonvivant hat zwei Geliebte. Indem er sich an festen Tagen mit jeder der Frauen trifft, gelingt es ihm zu verhindern, daß diese Frauen voneinander erfahren. Bei einer ihrer Besuche jedoch bemerkt die ältere Geliebte in ihrem Liebesnest eine eigentümliche Stecknadel mit schwarzem Glasknöpfchen in der Wandbespannung, die offensichtlich einer Dame gehörte. Ohne ein Wort zu verlieren, tauscht sie diese gegen eine ihrer Stecknadeln aus, welche die jüngere Geliebte bald entdeckt hat. Kurze Zeit darauf haben die beiden Frauen durch den Austausch ihrer Stecknadeln einen Verständigungsweg ersonnen, der schließlich zur Bestürzung des Bonvivants in eine intime Freundschaft mündet.[11]

Nach dem Interview mit Dana ging mir auf, wie heilsam es für die meisten Stiefmütter wäre, wenn sie »die andere Frau« kennenlernen und Einfühlungsvermögen für sie entwickeln würden, so daß beide bei der Erziehung des Sohns/Stiefsohns zusammenwirken könnten, statt zu Konkurrentinnen und Widersacherinnen zu werden, wie das so häufig der Fall ist. Mein Grübeln führte zu einem imaginären, heilsamen Briefwechsel der beiden Frauen.

Liebe Stiefmutter,

da Sie den Vater meines Sohnes geheiratet haben, werden Sie im Leben meines Sohnes eine wichtige Rolle spielen. Ich möchte Ihnen im voraus danken für all die Gelegenheiten, bei denen sie ihm die Rotznase putzen, hinter ihm aufräumen, ihm die Mahlzeiten zubereiten, mit ihm zum Arzt gehen und ihm Ihr mitfühlendes Ohr leihen, wenn er Ihnen seine kleinen und großen Probleme anvertraut. Als Sie sich entschlossen haben, den Vater meines Sohnes zu heiraten, waren Sie vermutlich nicht von der Aussicht begeistert, daß sie Vater und Sohn im Doppelpack erhielten. Ich achte Sie, weil Sie die schwierige Rolle einer Teilzeit-Betreuerin übernommen haben. Ich danke Ihnen dafür, daß Sie die Bedürfnisse meines Sohns zu Ihrer eigenen Angelegenheit machen.

Da ich meinen Sohn sehr, sehr liebe, hoffe ich, daß er sich gut in seine neue Familie einlebt und – dies bedeutet es natürlich auch – sich bei Ihnen wohlfühlt. Ich versichere Ihnen, daß ich alles daran setzen werde, um ein gutes Verhältnis zwischen meinem Sohn und Ihnen zu fördern.

Mit besten Grüßen
Die Mutter

An die Mutter meines Stiefsohns

Ich danke Ihnen für Ihre Anerkennung und Ihr Angebot zur Zusammenarbeit. Meinerseits möchte ich Ihnen versichern, daß ich mich um ihren geschätzten Sohn kümmern werde, wenn er mir anvertraut ist. Ich nehme an, daß es für Sie nicht leicht ist, ihn mir zu überlassen – einer Person, die Sie kaum kennen. Zuweilen werden Sie ihn sicher sehr vermissen und sich um ihn sorgen.

Ich möchte Ihnen ebenfalls versichern, daß ich mir nie anmaßen werde, als seine Mutter aufzutreten. Er hat nur eine Mutter, und das sind Sie. Allerdings nehme ich Ihr Angebot dankbar an, Ihrem Sohn und mir dabei zu helfen, ein gutes Verhältnis aufzubauen. Im Herzen eines jeden Kindes gibt es Platz für einen netten erwachsenen Freund, und vielleicht gelingt es mir, diesen Platz einzunehmen.

Mit vielen Grüßen
Die Stiefmutter

Wäre ein solcher Briefwechsel an der Tagesordnung und würden Frauen, denen die schwierige Aufgabe der Kindererziehung gemeinsam ist, einander die Hände reichen und die Umstände der anderen zu verstehen suchen, dann könnten, so meine ich, zusammengesetzte Familien ein viel freundlicherer Mittelpunkt werden – und zwar für alle Familienmitglieder.

Im Märchen von *Hänsel und Gretel* lassen die Brüder Grimm die geplagte Stiefmutter zu dieser Lösung gelangen: Sie überredet ihren Ehemann, die lästigen Kinder im finsteren Wald auszusetzen. Den mißhandelten Stiefkindern bieten sie eine andere Lösung an: Bequemerweise stirbt ihre Stiefmutter, und sie kehren aus dem finsteren Wald heim, um im Haus ihres Vaters glücklich weiterzuleben. Keine dieser beiden Lösungen jedoch wäre für die Stiefmütter und Stiefkinder von heute geeignet. So schwierig es auch manchmal erscheinen mag, sie müssen versuchen, miteinander auszukommen – und sich dann noch mehr anstrengen.

9 Mütter schwuler Söhne

Die menschliche Natur ist keine Maschine, die man nach einem Modell bauen kann ..., sondern ein Baum, der wachsen und sich auf allen Seiten entwickeln [muß]. Nicht dadurch, daß man all jenes, was in sich einzigartig ist, zur Einförmigkeit zwingt, sondern dadurch, daß man es kultiviert und fördert ... werden die Menschen zu einem edlen und schönen Anschauungsobjekt.

JOHN STUART MILL

Als ich einmal durch die Regalreihen der Universitätsbibliothek ging und nach Büchern über Mütter und Söhne suchte, stieß ich zufällig auf einen schmalen Briefband mit dem Titel *Like coming home*. Neugierig zog ich es aus dem Regal. Der nachstehend abgedruckte Brief von einem siebenundzwanzigjährigen graduierten Chemiker stammt aus diesem Buch.

Liebe Mutter,

in den letzten Monaten bin ich mir eines Problems bewußt geworden, das mich zutiefst bewegt. Es scheint, daß wir in letzter Zeit immer weniger miteinander geredet haben. Wir haben uns früher alle zwei, drei Wochen angerufen, aber jetzt nur noch alle sechs Wochen oder so, und immer bist du es, die mich anruft. Ich spüre, wie sich eine Mauer zwischen uns aufrichtet. Das Problem kommt jedoch von mir. In den letzten anderthalb Jahren hat sich mein Leben nachhaltig verändert, aber ich hatte Angst, dir davon zu erzählen. Vor etwa anderthalb Jahren habe ich mir endlich eingestanden, was ich seit Jahren weiß, aber nicht wahrhaben wollte, und das ist die Tatsache, daß ich schwul bin.

Ich weiß, daß das ein Schock für dich ist ... Ich weiß, daß du vielleicht wütend oder betroffen bist, aber ich habe große Angst. Ich weiß, wie nah wir uns in der Vergangenheit waren, und ich habe gesehen, wie wir uns auseinanderlebten. Ich habe Angst, weil ich etwas in Gang gesetzt habe, das unsere Beziehung völlig zerstören könnte. Ich habe Angst, daß du mich enterbst, nicht nur materiell, sondern weitaus schlimmer, emotionell. Ganz ehrlich, ich habe Angst, daß du mich nicht mehr liebst. Doch so sehr ich mich auch vor diesen Möglichkeiten fürchte, habe ich noch größere Angst, nicht mehr ich selbst sein zu können, nicht die Dinge mit dir teilen zu können, die sich in meinem Leben ereignen. Darum gehe ich dieses Wagnis jetzt ein, weil ich nicht nur den schlimmsten Fall ausgemalt habe, sondern auch einen glücklichen Ausgang, in dem du mich ganz so akzeptieren kannst, wie ich bin ...

Alles Liebe
Vince

P.S. Ich hoffe, daß du mich immer noch diesen Sommer besuchen kommen willst. Es gibt da jemanden, den ich dir vorstellen möchte.[1]

Nachdem ich Vince' mutigen und zartfühlenden Brief gelesen hatte, konnte ich mir nicht vorstellen, daß seine Mutter ihn nicht mehr lieben würde. Eine Mutter liebt ihre Kinder immer, es sei denn, sie leidet an einer schrecklichen Charakterdeformation. Doch ich bin nicht so naiv zu glauben, daß die Liebe, die Vince' Mutter ihrem Sohn gibt, unbeschwert und heiter ausfällt. Im Gegenteil, ich erwarte, daß ihre Liebe von Ängsten und Verwirrungen beschwert wird – was nicht heißen soll, daß diese Liebe nicht auch ihre großen Verdienste haben kann. Mein Anliegen beim Schreiben dieses Kapitels ist es, die Erfahrungen des schwulen Sohns und seiner Heteromutter und ihr verändertes Verhältnis zueinander zu untersuchen.

Eine erdrückende Last der Beweise spricht dafür, daß sich der schwule Mann sein Schwulsein nicht aussucht. Er *ist* einfach schwul. Außerdem scheint die sexuelle Orientierung – ob homo-, bi- oder heterosexuell – ein gegebener, natürlicher und für fast alle unveränderlicher Teil seines Wesens zu sein. Doch seine Homosexualität in einer Welt zu akzeptieren, die diese zum größten Teil verspottet, verachtet und fürchtet, ist kein Leichtes für einen jungen Mann; und allzu oft bedeutet es für ihn eine schmerzhafte Identitätskrise. Ebenso wenig ist es eine leichte Übung für eine Mutter, stolz auf ihren schwulen Sohn zu sein, wenn sie ihr ganzes Leben lang Karikaturen von Homosexuellen als sündig, merkwürdig, albern, pervers, lauernd oder kriminell ausgesetzt war; und die weite Verbreitung von Aids und die daraus erwachsende Gewalt gegen Schwule tragen zu ihrem Trauma bei.

Ein Kollege erzählte mir eine Geschichte, die ich nie vergessen werde. Einmal rief ihn spät abends eine verzweifelte Frau an, die bei ihm in Therapie war. Sie wußte zwar, daß ihr Wunsch ungewöhnlich war, bat ihn aber dennoch, zu ihr nach Hause zu kommen. Als er dort eintraf, sah er ihren halbwüchsigen Sohn, der sich ihr vor kurzem »offenbart« hatte und nun den Kopf gegen die Wand des Wohnzimmers schlug. Mit geballten Fäusten und tränenüberströmt schrie der Junge: »Ich will nicht andersrum sein. Ich will keine Schwuchtel sein. Warum hat Gott mich so erschaffen? Warum hat er mich ganz falsch gemacht?« Selbst verwirrt und ängstlich, wußte die Mutter nicht, was der Junge von ihr hören wollte: »Du bist ein prima junger Mann. Du bist ein prima junger schwuler Mann. Mit dir ist alles in Ordnung. Du wirst mit der Zeit Teil der schwulen Gemeinde, und dann fühlst du dich nicht mehr als Außenseiter. Aber bis dahin kannst du auf mich zählen. Ich werde dich unterstützen, wenn du durchhängst oder Angst hast. Und selbst wenn die anderen dich in der Schule verhöhnen, kannst du dich immer darauf verlassen, daß deine Mutter dich liebt.« Statt dessen stand diese Mutter (verständlicherweise) hilflos daneben, gelähmt von ihrem eigenen beträchtlichen emotionalen Schmerz.

Wir sollten die Qualen nicht unterschätzen, die der junge Homosexuelle in Kreisen Gleichaltriger durchmacht. Und wir sollten verstehen, daß, selbst wenn die beste Mutter nicht die Macht hat, ihren Sohn vor den Schikanen gleichaltriger Freunde zu beschützen, ihr liebevolles Verständnis sie dennoch abmildern kann. Als meine Freundin Claudia Stein, eine High-School-Lehrerin, davon erfuhr, daß ich über schwule Söhne schreibe, schickte sie mir einen Artikel aus der *Denver Post*, der folgende Geschichte erzählte:

> Vor der Tür fängt sein Herz an zu rasen, und seine Hände schwitzen. Er möchte weglaufen, aber er geht weiter. Wenn es nur die Worte wären, könnte er damit umgehen.

> Er hat nicht einen Tag an der High-School ohne diese Beschimpfungen erlebt.
>
> Schwuchtel. Tunte. Schwuler.
>
> So geht es den lieben langen Tag.
>
> Es gab eine Zeit, da fühlte er sich nicht so anders als alle anderen, jetzt ja. Er hört die Worte den ganzen Tag.
>
> Er hat sich als Schwuler »geoutet«, als er vierzehn war, und jetzt ist er groß, groß genug, um Football zu spielen, aber statt dessen ist er »andersrum«. Er ist stark genug, um auf sich aufzupassen, also ist alles in Ordnung, so lange sie nicht auf ihn schießen oder auf der Straße über ihn herfallen. Er fühlt sich allein. Er ist nie sicher, daß jemand für ihn einsteht.[2]

Weil sie den Haß spüren, wegen der gewalttätigen Übergriffe, der gemeinen Witze, des geringschätzigen Lächelns, der Ablehnung, versuchen viele schwule Jungen und Männer ihre wahre sexuelle Natur vor Gleichaltrigen und der Familie geheimzuhalten – sogar vor sich selbst. Manche Jungen, gequält von dem Wissen, daß sie homosexuell sind, reißen aus oder versuchen sich umzubringen; tatsächlich schätzt man, daß einer von zehn jugendlichen Selbstmördern schwul ist.[3] Dr. Don Johnson, ein schwuler Psychologe aus Boulder, der viele schwule Männer beraten hat, weist darauf hin, daß sich Homosexuelle ganz anders erleben als andere verfolgte Minderheiten: Im Gegensatz zu Angehörigen ethnischer Gruppen teilen Homosexuelle normalerweise ihren Minderheitenstatus nicht mit Blutsverwandten und fühlen sich daher unter Umständen von ihren eigenen Familien entfremdet.

Ich erinnere mich, daß ich als junges Mädchen unter Tränen meiner Großmutter erzählte, wie ein paar Nachbarskinder mich und meine Freunde auf dem Heimweg vom Hebräischunterricht mit Disteln gestochen und uns als Christusmörder beschimpft hatten. Gelassen erteilte sie mir meine erste Lektion in Bigotterie und erklärte mir genau, wie ich in Zukunft auf antisemitische Bemerkungen zu reagieren hätte. Der schwule Jugendliche, der in eine heterosexuelle Familie geboren wurde, hat normalerweise nicht eine derart einfühlsame Unterstützung. Weil seine Eltern und Großeltern nie direkt das erfahren haben, was er durchlebt, wissen sie wohl kaum, wie sie ihn unterstützen und ermutigen sollen, wie er es sich ersehnt. So liebevoll sie auch sein mögen, können sie ihm vielleicht nicht verständlich machen, was es bedeutet, in einer nichtschwulen Welt schwul zu sein. Tatsächlich wissen sie vielleicht nicht einmal, daß er schwul ist und sich heimlich damit herumschlägt. Wenn das der Fall ist, könnten Eltern und Kind sich allmählich entfremden: Sie sind immer leicht aus dem Takt; sie strecken die Arme nacheinander aus, können sich aber nicht berühren.

Der Vater eines schwulen Sohnes, mit dem ich mich bei einem Gruppentreffen des P-FLAG-Freundeskreises (Parents and Friends of Lesbians and Gays) unterhalten habe, vertraute mir an, daß er seinen Sohn – ohne die geringste Ahnung, daß dieser schwul ist – oft für ein Gespräch unter Männern über Frauen und Verabredungen beiseite genommen habe. Später wurde ihm klar, wie schmerzhaft diese intimen Gespräche für den Jungen gewesen sein müssen und wie anders und fern von ihm sein Sohn sich gefühlt haben muß. Außerdem gab dieser Vater zu, daß, selbst wenn er gewußt hätte, daß sein Sohn schwul ist, er nicht fähig gewesen wäre, die gleichgeschlechtlichen Liebesbeziehungen des Jungen nachzuvollziehen. Wie er sagte: »Ich weiß aus meiner Jugend, wie aufregend es ist, mit einem tollen Mädchen zum Schulabschlußball zu gehen; aber ich weiß nicht, wie aufregend es ist, einen tollen Jungen in einer Schwulenkneipe kennenzulernen.«

Ähnlich äußerte sich die alleinerziehende Mutter eines schwulen Sohnes, den ich auch beim P-FLAG kennenlernte. Sie war sehr traurig darüber, ihrem John in seiner Jugend nicht bei den Schwierigkeiten des Coming-out geholfen zu haben. »Da ich keine Ahnung hatte, was er durchmachte – die Verwirrung und Angst, die er gespürt haben muß, als er sich zuerst bewußt wurde, daß es ihn zu anderen Jungen hinzog, und die empörte Zurückweisung, wenn er seine Zuneigung gestand – konnte nicht so für ihn da sein, wie andere Mütter für ihre Kinder, die Kummer haben, und das bricht mir das Herz.«

Weil der junge schwule Sohn sich vielleicht ständig von den Eltern mißverstanden fühlt, wird er ihnen gegenüber eventuell besonders reizbar oder sogar gewalttätig. Bei dem oben genannten Treffen erzählte mir eine Frau, daß sie in den frühen Jugendjahren ihres Sohns das Gefühl hatte, versagt zu haben, bis er sich schließlich outete.

> Ich spürte, daß er mich haßte – und ich verstand nicht wieso. Ich war wirklich eine gute Mama, aber er ließ mich spüren, daß alles falsch war, was auch immer ich tat. Ich versuchte mir einzureden, daß sein schlechtes Benehmen zum Jungsein dazugehört, aber in meinem Herzen wußte ich, daß es mehr als das war. Ich wußte, daß etwas grundsätzlich falsch zwischen uns lief. Teenager verdrehen die Augen über ihre Mütter, aber mein Sohn wirkte, als ob er mich anspucken wollte.

Meistens, so kommt es mir vor, ist die Entfremdung zwischen Eltern und ihren schwulen Söhnen das Ergebnis gegenseitiger Mißverständnisse und fehlender Kommunikation, aber manchmal auch die Folge unvereinbarer Unterschiede. Sicherlich ist die schädlichste Familienkonstellation für einen schwulen jungen Mann die, in der seine Eltern dieselben Vorurteile gegen ihn haben wie die Gesellschaft im allgemeinen; in dem Fall sind die, die ihn trösten sollten, statt dessen seine Unterdrücker.

Vor ein paar Monaten fragte mich nach meinem Vortrag über Mütter und Söhne ein junger Mann in einem roten ärmellosen T-Shirt, ob er mit mir unter vier Augen sprechen könne. Er erzählte mir, daß seine Mutter nichts mehr mit ihm zu schaffen haben wolle, weil er schwul ist. Weinend fuhr er fort: »Ich träume immer wieder davon, nach Hause zu kommen. Aus der Entfernung sehe ich meine Mama mit ausgestreckten Armen auf mich warten. Ich laufe auf sie zu, aber wenn ich näher komme, sehe ich, daß sie in einer Hand eine Waffe hält, und die richtet sie auf mich.«

Hans Christian Andersen, der vermutlich schwul war, beschrieb die Qual und die Zurücksetzung, ein »anderes« Kind in der eigenen Familie zu sein, in seinem klassischen Märchen »Das häßliche junge Entlein«. Als ich die Geschichte noch einmal las, die Andersen 1845 schrieb, dachte ich immer wieder, wie sehr sie heute auf schwule junge Männer zutrifft und wie wenig sich in dieser Hinsicht seit hundertfünfzig Jahren geändert hat. Obwohl das »häßliche« Entlein mit einem guten Charakter geboren wird und genauso gut schwimmen kann wie die anderen Entlein aus der Brut seiner Mutter, macht es die Tatsache, daß es »nicht die richtige Form« hat, zur Zielscheibe für ständige Mißhandlungen. Die alten Enten und der Truthahn auf dem

Bauernhof verspotten es; seine Geschwister zischen, hacken nach ihm und kreischen es ständig an; eine von den »normalen« Enten auf dem Bauernhof beißt es in den Nacken, mit der Begründung: Aber es ist so groß und sonderbar, und darum muß es gepiesackt werden.[4] Am schlimmsten ist, daß die eigene Mutter des »häßlichen« Entleins, die es zuerst hegte und beschützte, sich aber allmählich vor den anderen Enten seinetwegen schämt, es auch ablehnt. »Wenn du nur weit weg wärest!« sagt sie.[5] Natürlich meint sie damit eigentlich: »Du bringst nur Schande und Herzeleid über mich. Weil du komisch bist, schäme ich mich deiner. Ich wäre ohne dich wirklich besser dran. Tatsächlich wünschte ich, daß du nie geboren wärst.«

In dem schmerzlichen Bewußtsein, ein unerwünschtes Kind zu sein, läuft das häßliche Entlein davon. Es läuft immer weiter, aber wo auch immer es hinkommt, entgeht es nicht der Gemeinheit von Fremden; wo auch immer es hinkommt, gehört es nicht dazu. Es kann nur über seine »Häßlichkeit« trauern. Die Welt war unfreundlich zu dem kleinen Entlein, wie sie es oft zu dem schwulen Jungen ist. Am schlimmsten aber ist, daß seine Mutter es aufgegeben hat. Geblendet von ihren eigenen Vorurteilen hat sie ihm nicht zu der Erkenntnis verhelfen können, daß es schön ist. Da sie nur nach richtigen Entenqualitäten in ihm sucht, hat sie nicht bemerkt, daß er nicht ein Erpel, sondern ein junger Schwan ist.

Schließlich entdeckt das »häßliche Entlein« von sich aus, daß es ein schöner Schwan ist, und es findet liebevolle Kameraden unter anderen Schwänen. Doch wenn es durch die Akzeptanz seiner Mutter die ganze Zeit über umhegt worden wäre, glaube ich, daß es nicht so lange und so schwer hätte leiden müssen, bevor es seine einzigartige Schönheit erkannt hat. Ich vermute auch, daß die Mutter, hätte sie zustimmendes Geschnatter (»Was hast du da für einen wunderschönen Sohn!«) statt des mißbilligenden Gequakes (»Er ist nicht sehr wohlgeraten!«) von ihren Entenkameradinnen zu hören bekommen, stolz auf ihr einzigartiges Kind geworden wäre und nicht die ablehnende Mutter eines Ausreißers. Wie Menschenmütter bestätigen können, ist es wirklich schwierig – vielleicht unmöglich –, einen anderen zu akzeptieren, wenn man sich selbst herabgesetzt und unzulänglich fühlt. Zu den schönsten Beiträgen, die Selbsthilfegruppen wie P-FLAG für Eltern schwuler und lesbischer Kinder leisten, gehört die Versicherung für Mütter und Väter, daß sowohl sie als auch ihre homosexuellen Kinder liebenswerte und wertvolle Menschen sind.

Unweigerlich erzählten mir die schwulen Jungen und Männer, die ich befragte, daß sie sich trotz der Unterschiede in der sexuellen Orientierung zwischen ihnen und ihren Eltern am meisten nach Akzeptanz sehnten – besonders von ihren Müttern. Nicht Toleranz, gewiß nicht Mitleid, sondern *Akzeptanz*: eine bedingungslose, liebevolle, fröhliche, übersprudelnde Akzeptanz. Bedingungslose Akzeptanz ist seit jeher das schönste Geschenk einer Mutter an ihre (kleinen und großen) Kinder. Wenn eine Mutter die wahre Natur ihrer Kinder akzeptiert, nährt sie deren Selbstakzeptanz, so sicher wie Sonne und Regen die Pflanzen gedeihen läßt. Umgekehrt veranlaßt die fehlende mütterliche Akzeptanz alle Söhne und Töchter, sich nicht mit sich oder der Welt im Einklang zu fühlen. Selbstachtung wird von Gedanken untergraben wie: »Wenn meine eigene Mutter mich ablehnt, muß ich einen Fehler haben; wenn sie mich nicht respektiert, wie kann ich es von anderen erwarten?«

Weil der schwule Mann von der großen Mehrheit in unserer Kultur abgelehnt wird, ist sein Wunsch nach mütterlicher Billigung vielleicht besonders tief und noch verzweifelter. Dieses Gefühl der Verzweiflung wird auch in Arnolds Dialog mit seiner Mutter in dem Stück *Torch Song Trilogy* von Harvey Fierstein deutlich.

> MA: Seit du angekommen bist, hast du nicht einen Satz gesagt, in dem nicht das Wort »schwul« vorkam.
> ARNOLD: Weil ich es bin.
> MA: Wenn das alles wär', könntest du es ja auch da lassen [zeigt auf das Schlafzimmer], wo es hingehört. Ins Private. Nein, du bist geradezu besessen davon. Du bist nicht zufrieden, bevor nicht alle darüber reden…
> ARNOLD: [*Nahezu hysterisch*]: Ich weiß nicht, was ich zu dir sagen soll. Wirklich nicht. Ich will es dir nicht ins Gesicht schleudern, aber das bin ich nun mal, und es geht nicht nur darum, mit wem ich schlafe.[6]

Arnold wünscht sich von seiner Mutter nicht eine *partielle*, sondern eine ganze Akzeptanz, was auch die Anerkennung von ihm als Mensch, als Mann, als schwuler Mann und als ein sexuell aktiver schwuler Mann einschließt. Ich vermute, daß sich Arnold wie jeder Mann wünscht, daß seine Mutter sich für ihn freuen kann; statt die Nase zu rümpfen und ihm zu sagen, er solle seine schmutzigen Affären im Schlafzimmer lassen und ihr nicht vor Augen führen, könnte sie sich darüber freuen, daß er emotional und sexuell lebendig ist. Offensichtlich fühlt sich Arnold, je mehr er die ablehnende Haltung seiner Mutter gegenüber seiner schwulen Lebensweise spürt, desto stärker gedrängt, sie vor ihr auszuposaunen. Arnold will unbedingt, daß seine Mutter ihn im vollen Rampenlicht seiner Realität sieht, doch seine Beharrlichkeit treibt sie nur dazu, ihre Augen von ihm abzuwenden.

Meinen Gesprächen mit den Müttern schwuler Männer, die sich ihnen vor kurzem offenbart hatten, entnahm ich, daß manche Frauen zwar aufgeschlossen dafür waren, daß ihre Söhne Männer lieben, aber nur platonisch, nicht sexuell. So meinte eine Frau zum Beispiel, daß Schwule für sie akzeptabel sind, nicht jedoch deren sexuelle Praktiken. Eine andere Frau vertraute mir an, daß sie zusammenzuckt, wenn ihr Sohn seinen Mitbewohner als »meinen Lover« bezeichnet, weil sie dann weiß, daß nicht von einer platonischen Beziehung, sondern von *Sex* die Rede ist. Die Schwierigkeit, die diese Frauen hatten, ist durchaus verständlich, wenn man berücksichtigt, daß historisch und traditionell homosexuelle Praktiken als sündig und unnatürlich verdammt wurden.

Der verstorbene Howard Brown, bekannt für seine führende Rolle in der Behandlung schwuler Patienten, erkannte sowohl die Schwierigkeit für einen Elternteil, mit der Homosexualität eines Sohns zurechtzukommen, wie auch das verschlechterte Verhältnis, das solches Leugnen zwangsläufig begleitet: »Ich habe meinen Eltern nicht gesagt, daß ich homosexuell bin. So wie die meisten homosexuellen Männer meiner Generation es ihren Eltern nicht gesagt haben. Wir entschuldigten unsere Zurückhaltung damit, daß wir ihnen den Kummer ersparten, sich uns als geschlechtliche Wesen vorzustellen – oder anders ausgedrückt, uns verstehen zu müssen … Statt dessen erzählten wir ihnen eine Version unseres Lebens, der alle wichtigen Seiten zensiert waren.[7]

Zum Glück erfuhr ich beim Recherchieren für dieses Kapitel auch von vielen Frauen, die ihre schwulen Söhne vollkommen akzeptieren – und ebenso die Liebespartner ihrer Söhne. Ich hörte zum Beispiel von einer Mutter, die ihrer heterosexuellen Tochter eine wunderschöne traditionelle kirchliche Hochzeit ausgerichtet hatte und dann an ihren schwulen Sohn und dessen Liebhaber herantrat und ihnen sagte, daß sie einen gleich hohen Betrag für die schöne, wenn auch nicht traditionelle Hochzeit beiseite gelegt habe, für die Hochzeit, die sie hoffentlich bald feinern würden.

Am bewegendsten war eine Geschichte, die mir eine Frau, Mutter eines Schauspielersohns, in einem Telefoninterview erzählte.

> Ich habe Les vor kurzem gestanden, daß ich mir lange Zeit, nachdem er sich geoutet hatte, noch wünschte, er wäre heterosexuell. Ich habe ihm auch gesagt, daß das jetzt nicht mehr so ist. Als er mich fragte, warum ich meine Meinung geändert hätte, sagte ich: »Wenn du nicht schwul wärst, wärst du nicht *du*. Und ich liebe ja *dich*.«

Doch genauso wie es einem schwulen Menschen normalerweise schwerfällt, sich als schwul zu akzeptieren, fällt es auch den meisten Müttern, nicht einmal den tolerantesten und großzügigsten leicht, es spontan zu akzeptieren. Mit der folgenden Geschichte, die mir eine Frau aus der P-FLAG-Gruppe erzählte, können sich vielleicht andere Mütter schwuler Söhne identifizieren. Jill, eine dunkelhaarige aparte Frau, die lange, fließende Röcke und bunte Tücher trägt, ist eine verheiratete Hausfrau und Kommunalpolitikerin. Mit ihrer offenen, klugen Art findet sie leicht Kontakt; daher konnte ich sie ohne weiteres bei dem P-FLAG-Treffen ansprechen und sie in einer Reihe von Folgegesprächen nach ihren persönlichen Erfahrungen als Mutter eines schwulen Sohnes befragen.

Vor zwei Jahren erfuhren Jill und ihr Mann, daß ihr Sohn schwul ist. Der junge Mann, damals Anfang zwanzig, hatte seine Eltern gebeten, ihn in San Francisco zu besuchen, wo er als Architekt arbeitete; während des Besuchs konfrontierte er sie mit dieser Neuigkeit. Da sich Rick nie besonders für Mädchen interessierte, hatte Jill die ganze Zeit einen leisen Verdacht gehabt, ohne allerdings viel darüber nachzudenken oder mit irgend jemandem, auch nicht mit ihrem Mann, darüber zu reden. »Insgeheim habe ich wohl gedacht, wenn ich vollkommen verdränge, daß Rick eventuell schwul sein könnte, wäre es nicht wahr«, erklärte sie.

Als Rick ihnen nervös die Wahrheit gestand, fühlten sich Jill und ihr Mann wie betäubt. Doch kurz darauf flossen sie vor zärtlichen Gefühlen für ihren Sohn über und sagten ihm, daß er ihre volle Unterstützung und Liebe habe. »Das ist kein Problem für uns«, versicherten sie. Doch am Abend und am folgenden Tag weinten Jill und Henry allein in ihrem Hotelzimmer; sie hielten sich umklammert und weinten lange und heftig.

»Ich wußte nicht, warum ich eine derart überwältigende Traurigkeit spürte«, sagte Jill zu mir. »Ich habe mir immer geschmeichelt, daß ich aufgeschlossen bin und zumindest vom intellektuellen Standpunkt her Schwule und Lesben akzeptiere. Ich wußte, daß ich Rick nicht an eine böse Macht verloren hatte. Er war immer noch derselbe wunderbare, intelligente, fürsorgliche Mensch wie immer. Und doch fühlte ich mich elend. Es war, als ob man mir plötzlich etwas sehr Kostbares genommen hätte. Aber ich konnte nicht sagen, was es war.«

Dr. Don Johnson behauptet, daß Eltern, die erfahren, daß ihr Sohn schwul ist, plötzlich einen Traum begraben, den sie gehegt haben, seit ihr Kind ganz klein war: daß sie dieses geliebte Kind in eine sichere, vertraute und wohlwollende Welt führen. Dieser Traum ist wahrhaftig für alle Eltern unrealisierbar – schließlich existiert so eine Welt gar nicht –, und alle Eltern müssen früher oder später ihre Illusionen begraben. Aber für die Eltern lesbischer oder schwuler Kinder sind die Trümmer dieses zerbrochenen Traumes besonders scharf; die Welt, in der ihre erwachsenen Kinder sich wiederfinden, ist sogar noch gefahrvoller, noch weniger vorhersagbar, böswilliger als die Welt, in der Heterosexuelle leben.

Jill sagte:

> Nach Monaten der Selbstprüfung merkte ich, daß die große, namenlose Traurigkeit, die ich nach Ricks Coming-out gespürt hatte, Kummer über meine eigene Ohnmacht war. Ich konnte Rick nicht vor sehr realen Gefahren bewahren: den haßerfüllten Gewalttaten von Schwulenhassern, der offenen und subtilen Diskriminierung von Schwulen und der schrecklichen Aids-Plage, die die schwule Gemeinde dezimiert.[8]

Jill deutete auch an, daß ihre große Traurigkeit viel damit zu tun hatte, daß sie plötzlich andere süße Träume begraben mußte: daß der erträumte Sohn sich in eine nette junge Frau verlieben, heiraten und schöne Kinder großziehen würde – ihre zukünftigen Enkel; der ersehnte Sohn, der sein Leben nach dem Vorbild seiner Eltern gestalten würde; der erträumte Sohn, der alles »richtig« machen würde und dessen Lebensweise sie nie ihren eigenen Eltern und Freunden gegenüber würde *erklären* müssen.

Wie Jill mir sagte, blieb die Traurigkeit monatelang; manchmal war es ein kaum merklicher Schmerz, doch dann wieder wie ein Stich ins Herz. Nach der Rückkehr aus San Francisco versuchte sie, sich in ihre ehrenamtliche Arbeit zu stürzen, merkte aber, daß ihr der Mut fehlte. Und obwohl sie immer gern mit Menschen zu tun gehabt hatte, ertappte sie sich jetzt dabei, wie sie Freunden gegenüber Ausflüchte erfand, wenn diese sich mit ihr treffen wollten. »Ich verspürte den starken Wunsch, allein zu sein«, erklärte Jill. »Ich brauchte mehr Zeit zum Nachdenken und zum Weinen. Ich war wirklich sehr unglücklich.«

Im Märchen vom häßlichen Entlein schreibt Hans Christian Andersen, daß der junge Vogel sich den langen harten Winter lang in einem Moor unter dem schneebedeckten Röhricht versteckt. Frierend und zerzaust, ist er vollkommen überzeugt, daß er dahinsiechen wird. Doch das tritt nicht ein. Die warme Frühlingssonne kommt heraus und damit neue Möglichkeiten. Als das junge »Entlein« die Flügel ausbreitet, entdeckt es zu seiner großen Verwunderung, daß sie jetzt stark und mächtig sind. Sie heben es hoch, und es fliegt aus dem Moor davon, über einen blühenden Park, über Wassergräben, die sich dort hindurchschlängelten.

Ähnlich suchte sich auch Jill ein Versteck, wo sie ihrer Traurigkeit nachgehen konnte, alles überdenken und allmählich ihre neue Identität als Mutter eines Schwulen festigen konnte. Wir denken normalerweise, Depression mit ihrer Abgrenzung von der Alltagswelt sei eine unerwünschte Gemütsverfassung, doch manchmal ist Depression ein Wachstumstonikum der Natur, das uns zwingt, uns mit unserem Kummer auseinanderzusetzen *und* unser inneres Reservoir an Verständnis, Liebe und Stärke zu entdecken, das uns ermöglicht, ihn zu verarbeiten.

Lassen Sie mich von Jills Geschichte abschweifen. Nach dem Coming-out eines Kindes sehen sich Eltern mit verschiedenen Problemen konfrontiert. Obwohl dies nicht der Fall für Jill war, haben manche Eltern Schwierigkeiten, die Homosexualität des Kindes mit ihren religiösen Vorstellungen zu vereinbaren. Wenn Eltern glauben, daß Homosexualität gegen Gottes Willen ist und daß ein praktizierender Homosexueller nicht in den Himmel kommt, können sie entsetzt reagieren: sie verlieren ihr Kind nicht nur in dieser Welt an ein Leben, das sie nicht akzeptieren können, sondern auch in alle Ewigkeit. Hin- und hergerissen zwischen Impulsen, das Kind zu lieben und zu unterstützen, und dem vermeintlichen Gebot Gottes, zu gehorchen, stehen diese Eltern vor einem herzzerreißenden Konflikt. Doch ich höre auch, daß dieser Konflikt nicht unlösbar ist und daß der Glaube an Gott manche Eltern eher zu ihren schwulen und lesbischen Kindern hin- als von ihnen wegführt. Der folgende Brief, geschrieben von dem frommen Baptistenvater dreier Kinder, steht in Mary Borheks Buch: *Coming out to parents*.

> Minutenlang [nachdem unser Sohn der Familie gesagt hatte, daß er schwul ist] saßen wir stumm da. Dann kniete ich nieder und begann laut zu beten, daß Gott uns führen, daß er unsere Herzen und Sinne seinem Willen öffnen möge.
>
> Die Antwort kam nicht sofort. Noch war sie einfach ... Die Antwort kam nach und nach. Wir bemerkten keine äußerliche Veränderung an Peter, nur daß er glücklicher als sonst wirkte, falls das überhaupt möglich war. Er ist immer ein guter Junge gewesen, und wir merkten, daß er immer noch ein guter Junge war. Er ist tatsächlich derselbe gute Mensch, der er war, bevor wir wußten, daß... Wir beteten weiter um Gottes Führung, und schließlich kam die Antwort. Endlich wußten wir, daß Gott zu uns sprach: »Das ist euer Sohn. Er ist so, wie ich ihn erschaffen habe. Liebt ihn so, wie er ist.« Wir wissen in unserem Herzen, daß Gott uns diese Antwort gegeben hat.[9]

Dieser Brief erinnert mich an eine Geschichte über Bischof Melvin Wheatley Junior, einen hoch angesehenen Methodistenführer in Boulder. Als sein Sohn ihm sagte, daß er schwul ist, antworteten der Bischof und seine Frau, Lucille Wheatley:

Wenn du homosexuell bist, müssen wir wohl noch eine Menge darüber lernen, was das bedeutet. Ganz gewiß ändert das nichts an unseren Gefühlen für dich. Du bist ein wunderbarer Mensch, und wir lieben dich. Was wir aber ändern müssen, sind die falschen Mythen und negativen Klischees über Homosexualität, an der Kirche und Gesellschaft immer noch festhalten.

Getreu ihrem Versprechen haben Bischof Wheatley und seine Frau unermüdlich daran gearbeitet, Beziehungen zwischen schwulen und nicht schwulen Menschen herzustellen und zu fördern, sowohl innerhalb als auch außerhalb der Kirche.

Ein anderes Problem, mit dem viele Eltern zu kämpfen haben, ist die Mitverantwortung, die sie an der Homosexualität des Sohnes tragen. »Ist es meine Schuld? Habe ich etwas falsch gemacht? Ist mein Sohn meinetwegen schwul?« Solche Fragen quälen die Eltern. Selbstquälerisch fragen sich Väter vielleicht insgeheim: »War ich ein zu schwaches Vorbild für meinen Sohn?«, während Mütter sich schuldbewußt fragen: »War ich zu dominant, daß ich ihm dauerhaft Angst vor Frauen eingejagt habe?« Verwirrte, zornige Paare weisen sich vielleicht auch gegenseitig die Schuld zu: »Wenn mein Mann nur öfter für ihn dagewesen wäre.« »Wenn meine Frau ihn nur nicht aus meinem Leben verdrängt hätte.« In Wahrheit kann niemand mit Bestimmtheit sagen, was manche Menschen homosexuell und andere heterosexuell werden läßt. Zur Zeit ist die vielleicht beste Antwort auf die Frage nach der Ursache, daß ein komplexes, geheimnisvolles Zusammenspiel zwischen Natur (genetische und biologische Faktoren) und Erziehung (Einfluß der Eltern und/oder der Umwelt) die sexuelle Orientierung eines Menschen zu bestimmen scheinen.

Wenn Eltern die Homosexualität des Sohnes als pervers oder sündig betrachten, muß der Gedanke, auch nur die geringste Mitverantwortung zu tragen, schrecklich sein, ja so schrecklich, daß sie es nicht ertragen können und vielleicht ganz unbewußt das »Böse« dem Sohn anlasten, ihn als schlechten Samen, als degeneriert, als *Makel* brandmarken. Oder aber die schuldbewußten Eltern ziehen sich von dem schwulen Kind zurück, das ein lebender Beweis für das elterliche Versagen ist.

Allzuoft lassen Freunde, Angehörige oder Bekannte versteckt

oder deutlich gegenüber den Eltern eines schwulen oder lesbischen Kindes durchblicken, daß dieses defekt sei. Dazu fällt mir die herzlose Frage ein, die einer Bekannten gestellt wurde. »Wenn Sie gewußt hätten, daß Ihr Sohn schwul werden würde«, wurde sie von einer Frau auf einer Cocktailparty gefragt, mit der sie über das Coming-out ihres Sohnes gesprochen hatte, »hätten Sie dann abgetrieben?« Für Menschen, die der Zustimmung von anderen *besonders* bedürfen (ein bißchen brauchen wir natürlich alle), verstärkt der ständige Schwall von Bemerkungen und Anspielungen, daß ihr Kind »Ausschuß« ist, das eigene Gefühl der Unzulänglichkeit und Scham.

Doch wenn Eltern Homosexualität als natürliches Phänomen hinnehmen, ist die Vorstellung, daß sie mit dazu beigetragen haben, weniger bedrohlich. Kürzlich, als ich für dieses Kapitel recherchiert habe, fand ich Michaels »Brief an Mama« aus *Noch mehr Stadtgeschichten* von Armistead Maupin.

> Ich weiß, was euch jetzt durch den Kopf gehen muß. Ihr fragt euch: Was haben wir falsch gemacht? Wie haben wir es dazu kommen lassen? Wer von uns beiden hat ihn so werden lassen?
>
> Darauf kann ich euch keine Antwort geben, Mama. Und ich glaube, daß mir diese Fragen eigentlich auch nichts bedeuten. Aber eines weiß ich genau: Wenn du und Papa mich so habt werden lassen, wie ich bin, dann danke ich euch von ganzem Herzen, denn mein Wesen ist das Licht und die Freude meines Lebens.[10]

Und Dr. Johnson antwortet lächelnd auf die ihm häufig gestellte Frage, wie er denn schwul geworden sei: »Durch einen wunderbaren glücklichen Zufall!«

Lassen sie uns nun zu Jills Geschichte zurückkehren. Jill erklärte mir, daß das Coming-out ihres Sohnes und die Depression, die diese Offenbarung bei ihr auslöste, einige größere Veränderungen in ihrem Leben bewirkten. Nach und nach akzeptierte sie die Tatsache, daß sie Rick nicht vor den Risiken schützen konnte, die sein schwuler Lebensstil ihm verhieß – Gewalt gegen Schwule, Diskriminierung im Beruf und am allerbedrohlichsten Aids –, und sie traf die bewußte Entscheidung, sich weniger um ihn zu sorgen. Schließlich müssen wir Eltern uns alle damit abfinden – wenn wir mit Würde unsere Grenzen akzeptieren wollen –, daß wir nicht die Macht haben, unsere Kinder vor dem Ernst des Lebens und seinen Gefahren zu schützen, besonders dann nicht, wenn sie erwachsen werden. Sie begann auch zu erkennen, daß es innerhalb der schwulen Gemeinde neben Kummer und Leid auch Freude, Lachen, Kameradschaft und Liebe gab; ja, Jill begann eine tiefe Genugtuung darüber zu empfinden, daß ihr Sohn sein wahres Selbst gefunden und ein Zugehörigkeitsgefühl zu seiner neuen Gemeinschaft gefunden hatte.

Jill hatte sich auch in anderer Hinsicht verändert. Normalerweise fröhlich und unkompliziert, wurde sie jetzt zornig – zornig, daß in unserem Land ihr Sohn und Millionen andere schwule, lesbische und bisexuelle Menschen Gewalt und Diskriminierung erfahren. Jills tiefe Traurigkeit war in tiefe Empörung umgeschlagen, aus der wiederum die Entschlossenheit wurde, einen gesellschaftlichen Wandel zu bewirken. Jill machte sich gemeinsam mit ihrem Mann daran, die erste P-FLAG-Gruppe in ihrer Gegend zu gründen und erbittert gegen gesetzliche Vorschriften zu kämpfen, die die schwule Bevölkerung diskriminieren. Verschiedentlich wird behauptet, die Eltern bekennender Schwuler oder Lesben zögen sich auf Dauer zurück, weil sie mit ihren Scham- und Schuldgefühlen nicht fertig würden. Das trifft auf Jill eindeutig nicht zu.

Jill drückt ein Gefühl aus, das ich auch von anderen Müttern schwuler und lesbischer Kinder gehört habe: Durch das Verständnis und die Anerkennung der Welt ihres Sohnes hat sie sich auch die eigene Welt erschlossen.

> Durch meinen Sohn und meine aktive Mitarbeit in der schwul-lesbischen Gemeinde habe ich viele neue, wunderbare Menschen kennengelernt – Menschen, die ich unter anderen Umständen gemieden hätte. Diese Leute bereichern unseren Planeten auf vielfältige Weise. Manche sind Künstler; manche adoptieren Kinder, die sonst niemand haben will; manche sind nur ruhige, gewöhnliche Leute, die hart für ihren Lebensunterhalt arbeiten. Ich habe zurückhaltende junge gleichgeschlechtliche Paare zu mir zum Essen eingeladen – und ich habe auch ein paar Tunten Haus und Herz geöffnet. Ich war schon immer tolerant, aber jetzt bin ich

> noch toleranter. Ich freue mich darüber, wie verschieden wir Menschen sind. Ich fühle mich aufgefordert, das zu schützen, was in jedem von uns anders ist.

Ich fragte Jill, welche Veränderungen sie in ihrer Beziehung zu Rick wahrgenommen habe; was sie darauf erwiderte, ist im Kern folgendes:

> Seit der Vorpubertät bis als junger Erwachsener hat Rick gegen seine sich abzeichnende Identität als Homosexueller angekämpft. Weil ich nichts davon ahnte, konnte ich ihn auch nicht gebührend unterstützen und führen, wie er es verdient hätte. Ich war einfach nicht für ihn da. Doch sein Comingout gab mir die außerordentliche Gelegenheit, eine echte Beziehung zu ihm zu entwickeln. Er ehrt mich, indem er mir sein wahres Selbst zeigt: indem er offen über die Vorstellungen und die Menschen spricht, die ihm wichtig sind; er hat mich sogar in Schwulenbars mitgenommen. Ich bin zu seiner »Mutter-Freundin« geworden, wie Rick es zärtlich nennt.

Die traurigsten Mutter-Sohn-Geschichten zeugen von Entfremdung und Ablehnung. Die glücklichsten – so wie Jills – erzählen von wachsender Empathie, Respekt und Liebe.

III. TEIL
MUTTERLIEBE

Ich bin die Erde, bin die Wurzel.
JUDITH WRIGHT: Woman to child

10 Die Sprache der Mutterliebe

O, welch eine Kraft ist die Mutterliebe,
sie besitzet einen mächtigen Zauber.
EURIPIDES

Ich kannte einmal einen kleinen Jungen namens Danny – den Sohn eines guten Freundes meines Mannes, dessen Mutter bei einem Autounfall ums Leben gekommen war, als er noch ein Kleinkind war. Noch Monate nach dem Tod seiner Mutter sprach das Kind nicht. Statt dessen erzeugte es tierähnliche Laute. Dannys Psychiater führte seine Weigerung zu sprechen auf den unaussprechlichen Schmerz über den frühen Verlust seiner Mutter zurück, einen Schmerz, für den seiner Meinung nach das niedergeschmetterte Kind keine menschlichen Worte fand. Allerdings ging ich vielmehr davon aus, daß Dannys selbstauferlegte Sprachlosigkeit auch das plötzliche Fehlen der menschlichen und humanisierenden Stimme seiner Mutter symbolisierte: Die Stimme seiner Mutter hatte ihn einst getröstet, gewärmt und ihm zugestimmt, Dingen und Gefühlen einen Namen gegeben, ihm Schlaflieder gesungen, Kinderreime von Mutter Gans aufgesagt und allerlei Geschichten erzählt.

Dannys traurige Geschichte begegnete mir wieder und packte mich, als ich mich gerade anschickte, ein neues Kapitel über die Funktionen der Fürsorge einer Mutter zu beginnen – ein Kapitel, zu dem ich umfangreiche Notizen gesammelt hatte.

Während ich über Danny nachgrübelte, fühlte ich mich jedoch herausgefordert, statt dessen den Einfluß der mütterlichen Stimme etwas näher in Augenschein zu nehmen. Ich wollte ein wenig begreifen, auf welche Weise Mütter das Selbstverständnis ihrer Söhne prägen durch das, was sie ihnen sagen.

Vom Augenblick der Geburt an (und oft bereits in den Monaten vor der Geburt) spricht eine Mutter mit ihrem Kind. Aus Untersuchungen über das Verhalten von Kindern geht hervor, daß sowohl neugeborene Töchter wie auch Söhne die Stimme ihrer Mutter allen anderen vorziehen.[1] Es gibt sogar wissenschaftliche Beweise dafür, daß der Fötus auf die Geschichten achtet, die seine Mutter ihm erzählt, und der Säugling sich nach seiner Geburt daran erinnert. In einer faszinierenden Reihe von Untersuchungen haben Dr. Anthony DeCasper und seine Kollegen an der University of North Carolina Frauen gebeten, in den letzten sechseinhalb Wochen ihrer Schwangerschaft den Föten entweder die phantastische Erzählung *The cat in the hat* (Der Katz mit dem Latz) von Dr. Seuss oder ein Gedicht mit dem Titel *The king, the mice and the cheese* (Der König, die Mäuse und der Käse) zweimal am Tag laut vorzulesen. Im Alter von drei Tagen stülpte man den Neugeborenen gepolsterte Kopfhörer über. Je nachdem, ob sie schnell oder langsam saugten, entschieden sie darüber, ob sie die Erzählung von Dr. Seuss oder das Gedicht zu hören bekamen. Erstaunlicherweise saugten fünfzehn von sechzehn Säuglinge in der richtigen Geschwindigkeit, so daß sie genau das hörten, was ihre Mütter ihnen als Fötus vorgelesen hatten. Bereits damals also hatten die Worte der Mutter einen großen Eindruck bei ihnen hinterlassen.[2]

Die tröstenden Worte der Mutter, ihre Ermahnungen, Bewertungen, Voraussagen und Geschichten begleiten die Kinder während der Zeit ihres Größerwerdens und bestimmen in einem großen Ausmaß deren Selbstverständnis. Junge Kinder glauben, daß ihre Mütter allwissend sind und immer die Wahrheit sagen; aus diesem Grund schwingt in der Stimme der Mutter eine große Macht mit. Mein Freund und Kollege Dr. Wayne Phillips nennt die Mutter »den Dolmetscher mit dem größten Vertrauensvorschuß«; sie ist diejenige, die die inneren und äußeren Welten ihrer Kinder definiert. Sie erklärt ihnen, wem in der Welt sie sich sicher nähern können und was sie meiden müssen, wen sie mögen oder nicht mögen sollen. Sie gibt ihnen die Wörter, um die Dinge ihrer Umgebung und die Gefühle in sich zu benennen. Sie gibt ihnen zu verstehen, welches Verhalten und welche Gefühle seitens der Kinder annehmbar sind und ihr ein Lächeln entlocken, welches Verhalten und welche Gefühle unangemessen sind und bei ihr ein Stirnrunzeln hervorrufen.

Obwohl es einen Jungen im Alter von drei Jahren normalerweise von der Mutter wegzieht und er nicht mehr auf sie zu hören scheint, nimmt er sich dennoch die Dinge zu Herzen, die sie ihm sagt, ja er hängt sogar an ihren Worten und bezieht sie auch dann noch auf sich, wenn er bereits groß ist. Es fällt mir überhaupt nicht schwer, Beispiele dafür anzuführen, welch beeindruckende Macht die Worte einer Mutter zu gewinnen vermögen. Ein junger Mann aus meiner Praxis berichtete mir, daß sein Lehrer ihn im ersten Schuljahr häufig deswegen bloßstellte, weil er die Dinge auf eine sonderbare und »unannehmbare« Weise verrichte; als er seiner Mutter mitteilte, wie sehr er sich häufig in der Schule gedemütigt fühle, erklärte sie ihm, daß sein Verhalten, das der Lehrer als sonderbar bezeichnet hatte, in Wahrheit originell sei und er sehr stolz sein könne, eine originelle Denkweise und ein ebensolches Verhalten zu besitzen. Sie erklärte ihm weiter, daß nur Menschen mit einem originellen Geist diese besondere Eigenschaft in ihm erkennen könnten, weshalb dies seinem konventionellen Lehrer verwehrt sei. Mit ihrer freundlichen und gewandten Zunge war es dieser Mutter gelungen, dem Verhalten ihres Sohns eine neue Bedeutung zu verleihen, die er gut umgesetzt hat. Weil er sich seine Gabe, die Welt aus einer ungewöhnlichen Perspektive zu betrachten, zunutze gemacht hat, konnte er ein erfolgreicher Varietékomiker werden.

In ihrem Buch *Mothers and sons* führt Carol Klein eine hübsche Anekdote über den Dichter Robert Graves an, die ebenfalls illustriert, welch konstruktive und anhaltende Wirkung die Stimme der Mutter besitzen kann. Als Graves ein Junge war, gab seine Mutter ihm den folgenden Rat: »Robert«, sagte sie, »ich erzähle dir ein großes Geheimnis, das du nie vergessen darfst! Arbeiten ist viel interessanter als Spielen!« Aus Robert wurde ein sehr produktiver Schriftsteller – selbst in schwierigen Zeiten war sein literarischer Ausstoß ungeheuer. Und Ehre, wem Ehre gebührt, seine Leistungen hat er dem »Geheimnis« zugeschrieben, das seine Mutter ihm anvertraut hatte.[3]

Edward Kennedy »Duke« Ellington hat ebenfalls aufmerksam auf die Stimme seiner Mutter gehört. »Als wäre ich ein ganz, ganz besonderes Kind«, erinnert er sich, »sagte meine Mutter mir: ›Edward, du bist ein begnadetes Kind. Du brauchst dir überhaupt keine Sorgen zu machen. Edward, du bist ein begnadetes Kind.‹«[4] Und weil seine Mutter fest davon überzeugt war, daß ihr Sohn ein ganz, ganz besonderes Kind und begnadet war, ließ sich auch Ellington, seinem Biographen Geoffrey C.

Ward zufolge, davon überzeugen. Ihm erschien nichts unmöglich. Als afro-amerikanischer Musiker in der Ära Jim Crow erntete Ellington die Anerkennung des Präsidenten der Vereinigten Staaten wie auch der englischen Königin; und er hat so viele Musikstücke komponiert, daß Musikwissenschaftler sich noch nicht endgültig über deren Anzahl einig sind, man schätzt aber, daß es an die zweitausend sein müssen.[5]

Die von Sigmund Freud erzählten Geschichten über seine Mutter Amalie machen ebenso die Macht der mütterlichen Stimme anschaulich. Die intuitiv und sentimental veranlagte Frau glaubte stets an Zeichen und Vorzeichen. Zum Teil, weil ihr Erstgeborener mit einer Glückshaube auf die Welt kam, einem traditionellen Vorzeichen für Ruhm und Glück, war Amalie davon überzeugt, daß ihr Sohn zu Großem ausersehen war. Daher nannte sie ihn Sigmund, das sich von »siegreich« herleiten läßt. Während Amalie felsenfest davon überzeugt war, daß Sigmund dazu bestimmt war, ein großer Mann zu werden, und sie den Jungen (wie auch ihre sieben weiteren Kinder) mit wunderbaren Geschichten über die glorreiche Geburt und das brillante Los ihres »goldenen Sigi« ergötzte, schwelgte Sigmunds Vater Jakob nicht in dergleichen »Phantastereien«. Als Jakob Freud in einem Wutanfall anmerkte, Sigmund werde »es nie zu etwas Gescheitem bringen«, schwor sich der Junge, daß der Vater nicht recht behalten dürfe und er seine Mutter rächen werde.[6]

In Wahrheit glich Sigmund Freud nach dem Heranwachsen eher seinem wißbegierigen, skeptischen und mit einem trockenen Humor begabten Vater als seiner phantasiereichen und intuitiven Mutter. (Ähnlich heißt es von Duke Ellington, er sei mehr nach seinem Vater geschlagen als nach seiner Mutter, obwohl er stets ihre Anerkennung suchte.) Dennoch war Freud davon überzeugt, daß er sein Selbstvertrauen, seinen intellektuellen Mut, seine innere Stärke und Dynamik dem innigen Vertrauen seiner Mutter zu verdanken habe. Er fragte sich auch, ob das Vertrauen seiner Mutter in ihn nicht für seinen »Durst nach Größe«[7] verantwortlich zu machen sei, woraus wir schließen können, daß eine Mutter gut beraten ist, wenn sie ihrem Sohn nicht das Gefühl verleiht, allzu außerordentlich zu sein.

Die Worte einer Mutter können auch das Selbstvertrauen eines Sohnes aushöhlen, wie die Geschichte meines Bekannten

Charles, eines eingefleischten Junggesellen, veranschaulicht. Charles wurde von seiner Mutter und seiner Tante erzogen, die beide von den Ehemännern verlassen worden waren. Als Kind hatte Charles oft die Bemerkungen seiner beiden »Mütter« mitanhören müssen, daß man »allem, was Hosen trägt, nicht trauen kann«. Charles sagte mir: »Die Worte meiner Mutter und meiner Tante klangen mir ständig in den Ohren. Nach jahrelanger Therapie ist mir aufgegangen, daß einer der Gründe für meine Angst, eine lebenslange Beziehung einzugehen, in der Anschauung meiner Mutter und Tante über Männer zu suchen ist. Da ich einer dieser unglücklichen Geschöpfe bin, die Hosen tragen, fürchte ich, daß man mir nicht trauen kann.«

Die im guten wie im bösen anhaltende Macht der Worte einer Mutter spiegelt das alte Sprichwort wider: »Was man in der Wiege lernt, das bleibt bis zum Grabe.« Sie wird ebenfalls von der archetypischen Gestalt der Großen Spinnerin illustriert, die angeblich das Geschick der Menschen bestimmt, indem sie Geschichten und Voraussagen spinnt. Die Große Spinnerin taucht in den bekanntesten Sagen unserer Zivilisation ziemlich häufig auf. So etwa in Gestalt der drei Hexen, die ihre listigen Worte gegen Macbeth schleudern, um ihn zu täuschen. Sie erscheint als böse Fee, die Dornröschen weissagt, daß es sich an einer vergifteten Spindel stechen und sterben wird, wie auch als gute Fee, deren lebensbejahende Prophezeiung das Mädchen vor einem solchen Schicksal verschont. Und sie tritt als wohltätige Klotho auf, die erste der drei Schicksalsgöttinnen, die in den antiken Mythen Griechenlands den menschlichen Lebensfaden mit goldenem Faden wirkt.

Man kann behaupten, daß eine Mutter, die ihrem kleinen Sohn sagt: »Aus dir wird einmal ein hübscher, guter und mutiger Mann!«, eine moderne Ausgabe der guten Fee oder Klotho darstellt: ihre positive Aussage, der ihr Sohn absolut traut, verhilft ihm zu einem positiven Selbstverständnis. Eine Mutter andererseits, die ihrem Sohn sagt: »Aus dir wird einmal ein Mistkerl!«, verhält sich wie die böse Fee, die die Zukunft ihres Sohns vergiftet.

Daß die mütterliche Stimme mächtig ist, bestätigen nicht nur die Sagen und Märchen, sondern auch die Forschungsarbeiten. Dr. Martin Seligman, ein anerkannter Forscher auf dem Gebiet der seelischen Depressionen, untersuchte hundert Kinder und ihre Eltern und kam zu dem Ergebnis, daß die Art und Weise, in der sich eine Mutter über die Welt äußert, stark auf die Anschauungen der Söhne und Töchter abfärbt. Tatsächlich ist die Übereinstimmung im Grad an Optimismus bei Mutter und Kindern sehr groß. Seligmans Forschungsergebnisse zeigen, daß der Grad an Optimismus beim Vater nicht auf seinen Sohn oder seine Tochter abfärbt. »Ein Kind, das eine optimistische Mutter besitzt, kann sich glücklich schätzen«, bemerkt Seligman, »doch hat es eine pessimistische Mutter, so kann dies für das Kind einem Desaster gleichkommen.«[8] Seligmans Forschungen weisen auch nach, daß optimistische Anschauungen ein wirkungsvolles Gegengift gegen Depressionen sein können und pessimistische Anschauungen entsprechend eine der wichtigsten Ursachen für Depressionen sind.[9]

Ist eine Mutter müde, mißmutig, frustriert oder emotional erschöpft, so läuft sie natürlich viel eher Gefahr, sich gehen zu lassen und ihren Kindern verletzende Worte zu sagen. Dennoch kann sie bewußt darauf achten, daß sie zu den Kindern mit Feingefühl spricht – um sie zu fördern, statt sie einzuschränken, um ihnen eher positive als negative Voraussagen mit auf den Weg zu geben, und sich zu entschuldigen, sollten ihr unfreundliche Worte herausgerutscht sein. Da eine Mutter weiß, daß ihre Worte Wirkung zeigen, sollte ihr dies Grund genug sein, sich zu bemühen, diese mit Bedacht zu wählen. Allerdings hat das, was eine Mutter tatsächlich ihren Kindern sagt, viel mit ihrer eigenen, grundlegend optimistischen oder pessimistischen Anschauung zu tun, also damit, ob sie ein Glas Wasser als halb voll oder als halb leer betrachtet. Dies ist ein wichtiger Grund, warum eine depressive Mutter gut beraten ist, sich in Behandlung zu begeben, und nicht in ihrer Melancholie verharren sollte, die ansonsten unweigerlich einen langen Schatten über die sich entwickelnde Individualität ihrer Kinder wirft.

In einer Passage ihres Buches *Maternal thinking* schreibt Sara Ruddick in Anlehnung an Spinozas Vorstellungen über die positive Wirkung, die der Optimismus oder die *Fröhlichkeit* einer Mutter nach sich ziehen kann: »Wenn man fröhlich ist, sieht man ein Kind hoffnungsvoll an und heißt dessen Hoffnungen willkommen; für Kinder ist das Hoffen ebenso wichtig wie das Atmen, bestimmt wichtiger als Schlafen. Spinoza zufolge ist ›Fröhlichkeit immer ein gut Ding und nie im Übermaß‹.«[10]

Ruddick bemerkt weiter, Fröhlichkeit als Tugend sei nicht gleichbedeutend mit fröhlichem Verleugnen der Wirklichkeit, gleichgültig ob sich die Wirklichkeit um eine gespannte Familiensituation, Ängste, Befürchtungen oder Enttäuschungen des Kindes drehe. Es handelt sich vielmehr um eine Einstellung, die nahelegt, daß das Leben trotz all seiner Ungewißheiten und Ungerechtigkeiten, trotz allem Auf und Ab durch und durch und mit Freuden lebenswert ist; eine Einstellung, die Respekt und Mitgefühl für die Menschen und ihre Lebensbedingungen fördert; eine Einstellung, die einem dabei hilft, mit einem Unglück fertig zu werden. Mein Sohn meinte mit Bruce Springsteen: »Fröhlichkeit heißt, die Wirklichkeit anzuerkennen, ohne die Möglichkeiten zu übersehen.«

Wenn eine Mutter mit Frohsinn gesegnet ist (oder ihn bewußt kultiviert), wird sie natürlich auch Geschichten – Anekdoten, Sprichwörter, Voraussagen – an die Kinder weitergeben, die sie Mut, nicht aber Verzweiflung lehren. Wenn ich während meiner Kindheit ängstlich war, konnte ich mich darauf verlassen, daß meine Großmutter mütterlicherseits mich mit den Worten »Das ist halb so schlimm« oder mit ihrem Motto »Amüsier dich lieber!« tröstete. Als mich einmal ein Eichhörnchen beim Füttern gebissen hatte, erklärte meine Großmutter mir, das Tier habe mich gewiß nicht beißen wollen, sondern habe halt schlechte Augen und deshalb meinen Finger für eine Erdnuß gehalten, und daß ich keine Angst vor wild lebenden Tieren zu haben brauche, auch wenn es vermutlich besser sei, sie nicht zu füttern. Wen erstaunt es daher, daß meine Großmutter ein unverschämtes Talent im Aufspüren von vierblättrigen Kleeblättern hatte? Eins meiner kostbarsten Erinnerungsstücke ist ein solches Kleeblatt, das sie vorsichtig für mich gepreßt hatte, als ich ein kleines Mädchen war.

Immer wenn Bruce, Jonathan, Leah oder mir ein kleines Mißgeschick widerfährt – wenn es sich zum Beispiel um eine Absage handelt oder ein verpaßtes Flugzeug –, können wir mit der fröhlichen Reaktion meiner Schwiegermutter rechnen: »Na ja, alles ist eine Erfahrung! Auch daraus kannst du etwas lernen.« Als ich vor einigen Monaten Leah erzählte, daß ich mir die Autotür an einem Poller im Parkhaus zerbeult habe, war ich nicht überrascht, als sie schadenfroh lächelte und sagte: »Mach dir nichts draus, Mom. Denk immer dran: Alles ist eine Erfahrung.«

Selbst in den bittersten Situationen können Mütter ihren Kindern Mut einflößen. Aus Augenzeugenberichten von Überlebenden des Holocaust wissen wir, daß Mütter (und Mutterstellvertreterinnen) ihre Kinder auf dem Weg in die Gaskammern mit aufmunternden Worten beruhigten. Und aus meiner Praxis und Erfahrung weiß ich, daß Mütter von HIV-positiven Söhnen ihnen mit aufmunternden Worten helfen, ihr Leben mit Hoffnung und Optimismus zu meistern.

Es wundert mich nicht, daß die bei Kindern beliebtesten Volkssagen und Märchen, die die Zeiten überdauert haben, eine fröhliche Grundstimmung verströmen. Jungen und Mädchen erfahren anhand der Märchen, daß auch sie – ähnlich wie deren Helden und Heldinnen, die Hexen überlisten, vor Riesen fliehen und Drachen bekämpfen – im Leben furchteinflößende Situationen und inneren Druck aushalten und bewältigen können. Der bekannte Kinderpsychiater und Autor Bruno Bettelheim hat in seinem Buch *Kinder brauchen Märchen* zu Recht auf folgendes hingewiesen: »...diese Botschaft vermittelt das Märchen dem Kind in vielfältiger Weise: Der Kampf gegen die heftigen Schwierigkeiten des Lebens ist unvermeidlich und gehört untrennbar zur menschlichen Existenz. Wenn man aber nicht davor zurückschreckt, sondern den unerwarteten und oft ungerechten Bedrängnissen standhaft gegenübertritt, überwindet man alle Hindernisse und geht schließlich als Sieger aus dem Kampf hervor.«[11] Ich glaube, genau so lautet jene Botschaft, die wir Mütter unseren Kindern wieder und wieder mit unseren Worten, Anekdoten, Voraussagen und Geschichten vermitteln müssen.

Die schädliche Wirkung *mangelnder* Fröhlichkeit in der Familie ging mir vor einigen Jahren auf, als Jonathan meinem Mann und mir erzählte, als kleiner Junge hätten ihn unsere gelegentlichen Bemerkungen »über den üblen Zustand unseres Planeten Erde« oft erschreckt. Als Jonathan uns sagen hörte, daß niemand, nicht einmal der Präsident der Vereinigten Staaten die bedrohte Umwelt retten oder den weltweiten Problemen wie Krieg, Seuchen, Überbevölkerung, Verbrechen und Hungersnot Einhalt gebieten könne, gewann er die Überzeugung, daß wir alle dem Untergang geweiht seien. Trotz Jonathans Ängsten wußten mein Mann und ich, daß wir nicht heucheln und ihm weismachen durften, die Welt befinde sich in einem guten Zustand. Jedoch beschlossen wir, in einer anderen Weise über die Probleme in der Welt zu sprechen: wir wollten ihm (und unserer Tochter) vermitteln, daß die Lage nie hoffnungslos ist, wir Menschen nicht hilflos sind und daß sich für Probleme zumindest eine Teillösung anbietet, die wir suchen müßten. Dabei habe ich festgestellt, daß ich selbst inzwischen der Zukunft gegenüber viel hoffnungsfroher bin, nachdem wir uns um Jonathans und Leahs willen dazu entschlossen hatten, über die Dinge in einer freundlicheren Weise zu reden.

In der Einleitung zu ihrem Roman *Gestohlenes Land wird ihre Herzen fressen* schreibt Leslie Marmon Silko:

> Ich will Ihnen etwas über Geschichten erzählen …
> Sehen Sie, sie sind alles, was wir besitzen,
> alles, was wir haben
> im Kampf gegen Krankheit und Tod.
> Euch bleibt nichts,
> wenn ihr keine Geschichten habt.[12]

Gewiß erzählen Väter ihren Söhnen Geschichten, die den heranwachsenden Jungen mit den Erfahrungen von Männern bekannt machen und ihnen ein Gesicht, eine Geschichte, eine Identität verleihen, wie Robert Bly sagen würde. Im besten Fall führen Vaters Geschichten einen Jungen hinaus in die Welt, fort vom Vertrauten, vom Heim und von der Mutter. Indem der Vater von heroischen Taten erzählt, weckt er die Lust des Jungen auf die Abenteuer des Lebens. Die Geschichten aber, die wir Mütter erzählen, besitzen eine eigene lebenspendende Kraft. Im besten Fall führen sie unsere Söhne nach innen, in die Welt der Gefühle und der Beziehungen; sie erweitern ihr Verständnis für menschliche Erfahrungen (Liebe, Fürsorge, Entgegenkommen, Ertragen, Leiden, Überwinden, Triumphieren) und den menschlichen Lebenszyklus (Geburt, Aufwachsen, neues Leben schenken und Sterben).

Chinua Achebes klassischer Roman *Okonkwo oder das Alte stürzt* über das Stammesleben der Ibo in Nigeria wendet sich in einer wunderbaren Passage dem Bedürfnis des Jungen zu, der sowohl die Geschichten des Vaters wie auch der Mutter braucht.

> So machte Okonkwo [der Vater] den Jungen Mut, in sein Obi zu kommen und zuzuhören, wenn er ihnen Geschichten aus

> der Vergangenheit erzählte – männliche Geschichten voller Gewalttat und Blutvergießen. Nwoye [der Sohn] wußte, daß es richtig war, männlich und gewalttätig zu sein;[13] im stillen aber hatte er mehr Freude an den Geschichten seiner Mutter, die sie noch immer ihren jüngeren Kindern erzählte: von der listigen Schildkröte und von dem Vogel Eneke-nti-oba, der die ganze Welt zum Ringkampf herausforderte und schließlich von der Katze besiegt wurde. Er erinnerte sich an die oft gehörte Geschichte von dem Streit zwischen Himmel und Erde; und wie der Himmel sieben Jahre allen Regen zurückhielt, so daß die Ernte verdorrte und die Toten nicht begraben werden konnten, weil die Hacken an der felsharten Erde zerbrachen. Zuletzt wurde der Geier ausgeschickt, um mit dem Himmel zu verhandeln und sein Herz mit einem Lied von den Leiden der Menschenkinder zu erweichen … Solche Geschichten liebte Nwoye.[14]

Als ich Achebes Beschreibung las, mußte ich an unsere eigenen mütterlichen Traditionen des Geschichtenerzählens denken. Bilder von Müttern, die armvoll beladen mit Bilderbüchern aus der öffentlichen Bücherei kommen, schossen mir durch den Kopf; ich erinnerte mich an die Erzählungen meiner eigenen Großmutter, deren frei erfundene Geschichten von gutmütigen Waldtieren, sprechenden Blumen und guten Feen meine Kindheit verzauberten. Doch betrübt dachte ich auch an die niedergeschlagenen oder chronisch überarbeiteten und erschöpften Mütter, die ihre Kleinkinder – statt ihnen Geschichten zu erzählen – einfach vor dem Fernseher deponieren. Wieviel entgeht diesen Kindern! Und wie gefährlich mächtig wird das Fernsehen, wenn es statt der Mutter zum Geschichtenerzähler wird!

Nachdem mein Sohn aus dem Haus und ins College gezogen war, traute ich mich, seinen großen Schrank zu öffnen, der in den Jahren bis dahin als Schuttabladeplatz für alles hatte dienen müssen: für seine Superman-Comics, seine Figuren zu *Star Wars* und seine Schulsachen. Der Schrank machte inzwischen einen ziemlich aufgeräumten Eindruck – ich hatte Jonathan nämlich damit gedroht, daß ich ihn nicht ins College abreisen ließe, wenn er ihn nicht aufräumen würde. In einer Ecke fand ich, sauber gestapelt, die Kinderbücher. Als ich in unseren Lieblingsbüchern blätterte, in *Wo die wilden Kerle wohnen, Das Geheimnis der Ratten von Nimh* und *Der freigebige Baum,* ging mir auf, daß Jonathan und ich seine frühen Jahre mit lauter Geschichten verbracht hatten: mit Geschichten zum Vorlesen, frei erfundenen Geschichten und solchen, die er erfunden und mir erzählt hat.

Selbst nachdem Jonathan zu alt für »So-tun-als-ob«-Geschichten geworden war, nahm es mit dem Geschichtenerzählen kein Ende. Es gab Geschichten über den Großvater, meinen Vater, der vor der Geburt meiner Kinder gestorben war, den Jonathan aber bestimmt geliebt und bewundert hätte; Geschichten über Jonathan selbst – die pfiffigen, lustigen, putzigen und schelmischen Dinge, die er als kleiner Junge angestellt hatte; Geschichten über die sechziger Jahre, die Bürgerrechtsbewegung, die Friedensmärsche und die Beatles.

Jetzt, wo Jonathan ein junger Mann ist, habe ich begonnen, ihm Geschichten zu erzählen, die ich ihm früher sicherlich nicht erzählt hätte: Geschichten über mich selbst. Ich bin mir ziemlich sicher, daß Jonathan sich in der Pubertät, als er sich von mir zu entfernen suchte, nie für derartige Geschichten interessiert hätte. Doch heutzutage scheint er sie sich anhören zu wollen. Zudem kann ich nunmehr offen zu ihm reden, da er nicht mehr der kleine Junge ist, der vor der grausamen Realität des Lebens beschützt werden muß.

Ich berichte ihm von Unsicherheiten und Ängsten, die mein eigenes Erwachsenwerden als einziges Kind von Einwanderern, die den Holocaust miterlebt hatten, heimsuchten; über meine Entschlossenheit, es im Leben zu etwas zu bringen, zum Teil weil meine Eltern und Verwandten – von denen viele durch Hitler umkamen – der Chancen beraubt worden waren, ihre ehrgeizigen Ziele zu verwirklichen; über meine frühen Freundschaften und Liebesbeziehungen und meine Liebe zu seinem Vater; über meine Hoffnungen und Träume für die Zukunft. Ich war auch so frei, mich mit ihm über solche »Frauenfragen« zu unterhalten wie Selbstbestimmung, Diskriminierung von Frauen, Vergewaltigung vom Partner und der Mühsal, Karriere und Muttersein unter einen Hut zu bringen.

Obwohl ich meinem Sohn gern diese Vertraulichkeiten mitgeteilt und mit ihm über Frauenfragen diskutiert habe, glaube ich nicht, mir etwas vorzumachen, wenn ich behaupte, meine vordringlichen Beweggründe dabei seien nicht gewesen, mich gut fühlen zu können oder meinen Sohn zu meinem Vertrauten zu machen, was wirklich unangemessen gewesen wäre. Mein wichtigster Beweggrund war es, Jonathans Perspektive zu erweitern. Wenn ich ihm dazu verhalf, so hoffte ich, mich nicht ausschließlich als die fürsorgende Mutter seiner Kindheit zu sehen, sondern auch als Frau und Mensch mit eigenen Rechten wahrzunehmen, so half ich ihm mittelbar dabei, die anderen Frauen in seinem künftigen Leben in ihrer Fülle und komplexen Erscheinung erfassen zu können. Sein Hang zu jungen Frauen mit festen Überzeugungen und hochfliegenden Plänen bringt mich zu der Annahme, daß ich auf dem richtigen Weg war.

Allzu häufig gelangen Söhne zu dem Schluß, daß ihre Mütter (und die fürsorglichen Frauen, die schließlich den Platz der Mütter einnehmen) ausschließlich für sie da sind und nur durch ihre Rolle als Mutter leben. Da sie ihre Mütter nicht als wirkliche Menschen kennengelernt haben, projizieren Söhne gewöhnlich ein verzerrtes Bild auf sie (und ihre Ehefrauen): das Bild einer alles gebenden, ständig verfügbaren Guten Mutter; oder das Gegenteil, das Bild einer kastrierenden, nicht loslassenden Bösen Mutter. Der Romanautor Alfred Kazin spricht für viele, wenn er schreibt: »Ich konnte es wirklich nie akzeptieren, daß es einmal eine Zeit gegeben hatte, auch *in der heym* [daheim] nicht, da meine Mutter einfach nur eine Frau gewesen wäre mit einem Leben, in dem ich keine Rolle spielte.«[15]

Wenn allerdings die vielen Gespräche, die ich mit erwachsenen Söhnen führte, als ich an diesem Buch schrieb, ein allgemeines Gefühl wiedergeben, so möchten Männer ihre Mütter doch als Menschen kennenlernen und Geschichten aus ihrem Leben hören. Wenn wir Mütter bereit sind, unseren Söhnen solche Geschichten mitzuteilen, so machen wir ihnen ein Geschenk von unschätzbarem Wert.

Während ich dies niederschreibe, fällt mir eine Begegnung mit dem Ehemann einer Kollegin ein. Jeffrey wickelte aus mehreren Papierlagen ein kleines, in Leder gebundenes Buch aus: ein Tagebuch, in dem seine Mutter, eine ehemals erfolgreiche Sportlerin, die inzwischen an der Alzheimer-Krankheit litt, detailliert ihre Wanderungen mit dem jungen Jeffrey in der Wildnis festgehalten hatte. Eine Stunde lang waren wir beide in das Tagebuch der Mutter vertieft. Und Jeffreys Gesicht hellte sich jedesmal auf, wenn wir aus den Beschreibungen ihrer Abenteuer in der Natur zwischen den Zeilen eine neue Seite im Leben seiner Mutter und ihrer Anschauungen herauslesen konnten.

Aus ihrer Analyse der mehr als hundert mündlichen Berichte über Mütter und Söhne schloß Linda Rennie Forcey, Professorin an der State University of New York in Binghampton, daß Mütter im allgemeinen ihren Söhnen nichts über ihr persönliches Leben mitteilen. Sie gehen davon aus, daß die eigenen Erfahrungen für ihre Söhne von geringem Interesse sind, und befürchten, daß sie die Söhne der Männerkultur entfremden könnten, wenn sie zu ihnen von Mensch zu Mensch sprechen. Eine Mutter sagte Forcey: »Mir ist nie eingefallen, die Söhne zu fragen, was sie von mir als Lehrerin halten. Ich dachte, das brächte sie nur in Verlegenheit.« Eine andere meinte: »Ich bin so aufgeregt wegen der Dinge, die ich lerne, aber ich erzähle meinem Sohn nichts davon. Das käme mir irgendwie zu egoistisch vor.« Und noch eine weitere äußerte: »Als ich meine beiden ersten Krebsoperationen hinter mir hatte, ist es mir eingefallen... Ich war nicht fähig, den Jungen ein Wort darüber zu sagen. Ich glaube, mein Mann hat es getan, doch sicher bin ich mir nicht.«[16] Es ist eine traurige Ironie, daß Frauen gewöhnlich eine enge Beziehung fördern, dies trifft im Fall von Töchtern zu, diejenige zu den Söhnen aber vermeiden.

Gewiß versäumen sowohl Mütter wie Söhne einiges, wenn die Mütter ihre persönlichen Geschichten für sich behalten. Als der Schriftsteller John Updike im mittleren Alter schließlich seine Mutter kennenlernte, ging ihm auf, wieviel ihm als junger Mensch entgangen war, weil er ihre Geschichten nicht gehört hatte. »Wie gesellig und klar ihr Verstand ist und mit welch anmutiger Ironie sie jeden Winkel ihres tapferen Lebens erhellt... All dies war jahrzehntelang verhüllt geblieben ... hinter der riesigen Maske der Mutterschaft«, schrieb er in einem Beitrag für die Zeitschrift *Vogue*.[17]

Sicherlich müssen wir Mütter darauf achten, unseren Söhnen keine Details aus unserem Leben (insbesondere nicht aus dem Sexualleben) mitzuteilen, mit denen sie nicht umzugehen gelernt haben oder die zu einer unangemessenen Intimität zwischen Mutter und Sohn führen würden. In unseren Bemühungen jedoch, unsere Söhne vor einem allzu umfangreichen Wissen zu schützen, sind wir ins Gegenteil gefallen und erzählen ihnen im allgemeinen zu wenig. Ist es für viele von uns nicht endlich an der Zeit, »die riesige Maske der Mutterschaft« abzunehmen, die die Worte der Frau hinter der Maske verhüllt, und unseren Söhnen Geschichten zu erzählen, die uns selbst darstellen?

In Tillie Olsons herzzerreißender Kurzgeschichte *Tell me a riddle* (Erzähl mir ein Rätsel) erfahren wir nach und nach, daß die sterbende alte Mutter, die Hauptperson, ein schweres Leben gehabt hat. Sie war mit ihrem Ehemann nach Amerika eingewandert, um der Armut in Rußland zu entfliehen; beide hatten aber im neuen Heimatland mit ähnlichen Schwierigkeiten zu kämpfen. Vor allem die Mutter hatte unter der Armut zu leiden, in der sie ihre Kinder großzog. Während der Ehemann einfach ausging und Lesezirkel besuchte, blieb sie zu Hause, kümmerte sich um die Kindererziehung und litt unter dem Egoismus ihres Mannes. Trotz der Erniedrigung und der Armut, die schwer auf ihr lastete, gab sie dennoch ihre Jugendideale nie auf, auch wenn sie diese verheimlichte. Und als sie im Sterben lag, ging ihren Kindern auf, daß sie in ihr nie die vitale, intelligente, idealistische Frau erkannt hatten; sie hatten lediglich ihren flachen, abgetretenen Schatten wahrgenommen. Jetzt, da sie bald starb, spürten die erwachsenen Kinder den Wunsch, sie in all ihrer Fülle, Lebhaftigkeit, Kraft und ihren Möglichkeiten zu betrachten: »Wo haben wir einander verloren, erste Mutter, geliebte Mutter?« fragt ein Kind. Das andere, ein Sohn, sagt, er habe sie nie gekannt; und ein weiterer Sohn sagt, es tue ihm leid »wegen allem, was in ihr nie gelebt hat (wegen dem, was in ihm möglicherweise nie leben wird).«[18]

Wir Mütter können von den trauernden Kindern in Olsons Meisterwerk viel lernen: indem wir vor unseren Töchtern und Söhnen verheimlichen, wer wir in Wirklichkeit sind, entziehen wir uns ihnen; wenn wir jedoch unsere Geschichten erzählen und unsere Lieder singen, sorgen wir dafür, daß unsere vitalsten und liebenswürdigsten Anteile in ihnen fortleben.

11 Die Wandlung der Mutterliebe

Ich will nicht sterben... Ich will nicht gehen, bis ich gewissenhaft das Beste aus meinem Talent gemacht und die Saat in mir ausgesät habe, bis der letzte kleine Zweig gewachsen ist.

KÄTHE KOLLWITZ: Tagebücher und Briefe

Als mein Sohn Jonathan noch sehr klein war, verbrachte ich mit ihm, auf der Couch aneinandergekuschelt, viel Zeit beim Lesen von Bilderbüchern. Zu meinen Lieblingsbüchern zählte Shel Silversteins *Der freigebige Baum.*[1] Es handelt von einem Apfelbaum und einem kleinen Jungen, der jeden Tag den Baum aufsucht: Er sammelt seine Blätter und flicht daraus eine Königskrone, ißt seine saftigen Äpfel, klettert am Stamm hoch und hockt auf seinen Ästen. Und wenn er von allen Spielen genug hat, legt er sich friedlich in seinem Schatten zum Schlafen nieder. Der Apfelbaum und der kleine Junge sind sehr, sehr glücklich miteinander. Im Lauf der Zeit jedoch – der Junge wird größer – geht er nicht mehr zum Baum, um mit ihm zu spielen, seine Äpfel zu essen und getröstet zu werden.

Damals, als mein kleiner Junge auf meinem Schoß zusammengekauert lag, verstand ich nicht recht, warum mir dieses Buch die Tränen in die Augen trieb. Inzwischen weiß ich, daß ich die Trauer jenes Tages vorwegnahm, da Jonathan wie der Junge im Buch größer werden und sich aus meinen schützenden Armen herauswinden würde – wenn die zarte Vertrautheit zwischen uns sich verlieren würde und wir einander loslassen müßten.

Die Ironie der Mutterschaft liegt darin, daß sie zwei anscheinend entgegengesetzte Aufgaben umfaßt: Die liebende Mutter schafft zuerst eine Einheit mit ihrem Kind, und dann im Laufe der Jahre elterlicher Fürsorge gibt sie sie allmählich auf. Den meisten Müttern fällt die zweite Aufgabe schwerer als die erste – zuweilen so schwer, daß manch eine Mutter sich allerhand Gründe einfallen läßt, nur um nicht loslassen zu müssen. Doch wenn Mütter ihren Sohn allzu fest oder allzu lange umschlungen halten, beeinträchtigen sie nicht nur die Entwicklung des Sohns, sondern auch die eigene. Fördern sie dagegen die notwendige Loslösung, so stärken sie, wie wir in diesem Kapitel sehen werden, die Vitalität ihres Sohns und auch die eigene.

Während der Schwangerschaft nimmt eine Mutter ihr Kind als Teil ihrer selbst wahr; zu Beginn ist die Mutterliebe mit der Eigenliebe verwandt. Obwohl der Geburtsvorgang den Zustand vollkommener Einheit aufbricht, wird er zum Teil wieder hergestellt, wenn dic Mutter mit der Fürsorge und dem Trösten des Säuglings beginnt. Wenn sie ihr Kind, dessen Lächeln ihr allein gilt, in den Armen hält und stillt, so kann sie leicht mit ihm zu einem Wesen verschmelzen. Andrea Boroff Eagan, die ausgiebig die Entwicklung von Müttern erforscht hat, schreibt, daß der Begriff der Symbiose, obwohl zur Beschreibung der Weltsicht des Säuglings herangezogen, ebenfalls eine zutreffende Metapher für jene der Mutter ist: »Der Säugling fühlt, daß seine Mutter und er eine Einheit bilden, und seine Mutter empfindet genauso. Dies ist keine Halluzination; das Band, das beide verbindet, ist wirklich und komplizierter Natur.«[2]

Die Dichterin Adrienne Rich schreibt:

> Ich entsinne mich der Zeit, da ich jedes meiner Kinder stillte, und seine großen Augen mich anschauten, und fühlte, daß jeder an den anderen gefesselt war, nicht allein durch Mund und Brust, sondern durch den wechselseitigen Blick: die Tiefe, Ruhe, Leidenschaft des dunkelblauen, verständig-wachen Blicks.[3]

Meine Lektorin, Alexia Dorszynski, nennt die Periode dieses so schimmernden und reinen Mutter-Säugling-Einklangs »das goldene Zeitalter«. Natürlich muß auch dieses, wie alle anderen auch, einmal zu Ende gehen. Ebenso wie das Kind aus der symbiotischen Beziehung »ausschlüpfen« muß, um zur Selbständigkeit zu gelangen, muß die Mutter laut Rich »sich von der Eins-zu-eins-Intensität zu einer neuen Verwirklichung oder erneuten Bestätigung, zu ihrem Auf-sich-selbst-Zurückgeworfensein vorwärtskämpfen.«[4]

Vor allem Frauen, die keinen Liebespartner haben, fällt das Aufgeben der frühen Einheit mit dem Säugling überaus schwer. Für diese Frauen füllt das wohlige Vergnügen aus dem symbiotischen Liebesband mit dem Säugling womöglich eine große Lücke aus. Handelt es sich um ein Faß ohne Boden, wie es für all jene Frauen zutrifft, die selbst nie eine zärtliche Fürsorge erfahren haben, so erliegt die frischgebackene Mutter oft der Versuchung, die Intimität mit ihrem Säugling weit über die vernünftig erscheinende Periode hinaus auszudehnen. Beispielsweise mag sie das Stillen als so befriedigend empfinden, daß sie dem Drang, den Säugling zu entwöhnen, widersteht. Oder um sich sicher und warm zu fühlen, schläft sie womöglich mit dem größer werdenden Kind im selben Bett. Ich habe festgestellt, daß unverheiratete minderjährige Mädchen, die gewöhnlich ein Baby bekommen, um sich geliebt und bedeutend zu fühlen, während der symbiotischen Phase der Mutterschaft oft entgegenkommende, fürsorgliche Mütter sind, so lange ihr Bedürfnis nach Nähe und Wärme erfüllt wird. Sobald ihre Kinder jedoch ihre Autonomie behaupten und Widerstand leisten, möchten sie nur noch wenig mit ihnen zu schaffen haben. Ihre tragische Methode der Lösung besteht dann vielleicht darin, ein zweites Baby zu bekommen, während sie das erste vernachlässigen oder mißhandeln, da es nicht mehr ihrem Wunsch, Fürsorglichkeit zu geben, entgegenkommt.

Bei Frauen, die als Kinder selbst nicht angemessen von der Mutter versorgt wurden, ist es auch nicht ungewöhnlich, daß sie von ihrem Baby erwarten, es solle sich mütterlich verhalten – nämlich sie bestätigen und verehren, eine Quelle unendlichen Trostes sein, und sie nie, nie zugunsten einer anderen Beziehung aufgeben. In ähnlicher Weise kann eine Frau, die sich als Mensch unterschätzt fühlte oder fühlt, besondere Schwierigkeiten haben, das symbiotische Band zu lösen und andere Menschen in das Leben ihres Babys hineinzulassen. Die absolute Abhängigkeit des Babys mag eine frischgebackene Mutter mit einem Gefühl für ihren Selbstwert, ihre Macht und ihre Daseinsberechtigung ausstatten, das sie nie zuvor gekannt hat. Niemand – weder Vater, noch Großmutter, noch das Kindermädchen – kann so gut trösten wie Mutter; und es gibt niemanden, mit dem Baby lieber zusammen sein möchte. Für eine Frau, die sich im Alltag wie ein »Nichts« gefühlt hat, kann die

Erkenntnis, daß sie ihrem Baby »*alles*« bedeutet, überwältigend sein.

Falls es sich bei dem Kind um einen Sohn handelt, erlebt die frischgebackene Mutter laut Carol Klein »ein himmelhoch jauchzendes Gefühl«.[5] Wenn auch nur in der Phantasie seiner Mutter, ist der männliche Säugling in ihren Armen der Schlüssel zu ihrem seit langem erhofften Prestige. Über die verdrängten Träume und Wünsche machtloser Frauen schrieb die existentialistische Philosophin Simone de Beauvoir: »Aus einem Sohn wird ein Menschenführer, ein Soldat, ein Schöpfer; er wird die Welt unter seinen Willen zwingen, und seine Mutter sonnt sich in seinem unsterblichen Ruhm; er wird ihr Häuser schenken, die sie nicht gebaut, Länder, die sie nicht erkundet, und Bücher, die sie nicht gelesen hat.«[6] De Beauvoir merkt ferner an, daß jene Frauen unweigerlich enttäuscht werden, die ihr eigenes beschränktes Leben zu transzendieren suchen, indem sie heldenhaften Söhnen das Leben schenken, durch die sie leben. Seelisch gesunde Söhne verlassen ausnahmslos die Mütter, um ihr Leben fern von ihnen einzurichten. Wie im 3. Kapitel erwähnt, beginnen die Söhne in ihrer frühesten Lebensphase, sich von der Mutter zu lösen.

Wenn Frauen, die von ihrem Kind abhängen, weil sie in ihm die Erfüllung suchen, besonders große Mühe haben, die Einheit mit ihrem Baby aufzulösen, so fällt auch den meisten jungen Müttern der Übergang von der Einheit zur Zweiheit alles andere als leicht. Selbst nachdem ihre Kinder groß geworden sind, sehnt sich eine Frau von Zeit zu Zeit nach dem verlorengegangenen goldenen Zeitalter. Im Alter von neunundvierzig Jahren notierte Käthe Kollwitz in ihr Tagebuch: »Letzte Nacht träumte ich wieder, daß ich ein Kind hatte. Vieles im Traum war schmerzlich, doch an ein Empfinden erinnere ich mich genau. Ich hielt ein winziges Kind in den Armen, und ich spürte eine große Wonne, als ich daran dachte, daß ich es weiterhin in meinen Armen halten könnte. Es würde ein Jahr alt und dann erst zwei, und ich brauchte es nicht abzugeben.«[7] Wie Käthe Kollwitz habe auch ich manchmal davon geträumt, daß meine erwachsenen Kinder noch Babys wären. In den ersten Minuten nach dem Aufwachen aus diesen Träumen fühlte ich mich wie beraubt. Mir war, als hätte ich plötzlich einen reinen und liebenswerten Teil von mir verloren.

Irgendwelche geheimnisvollen Kräfte zwingen das Kind, sich selbst von der Mutter zu trennen. Die Mutter allerdings verspürt keinen vergleichbaren Drang, sich von ihrem Kind zu trennen. Es sieht ganz danach aus, als müßten Mütter lernen, wann und wie sie loslassen sollen. In manchen Kulturen gehört der mütterliche Akt des Loslassens zu einem Ritual. Zum Beispiel haben schwangere Thailänderinnen über Jahrhunderte hinweg kleine Tonfiguren von einer Mutter mit Säugling in den Armen erworben. Nach der Geburt ihrer Kinder übergeben die Frauen diese Tonfigürchen einem Fluß, wodurch sie das Bild der Einheit vor der Geburt zerstören und sich selbst seelisch auf den Zustand der Zweiheit nach der Geburt einstimmen. Bei den Azteken war es üblich, daß die Mütter gleich nach der Geburt die Nabelschnur mit einem Feuerstein durchtrennten und dabei sagten: »Ich schneide aus deiner Mitte die Nabelschnur ... Hierdurch gedeihst du, hierdurch blühst du. Hierdurch wirst du von deiner Mutter getrennt wie der Splitter vom Stein.«[8]

Leider wird heutigen amerikanischen Müttern keine Anleitung über die Kunst des Loslassens (und des Losgelassenwerdens) an die Hand gegeben. Im Unterschied zu den alten Azteken und den Thailänderinnen besitzen wir keine Rituale, um die Loslösung von Mutter und Sohn zu markieren, auch keine Anleitung, wie das sich trennende Paar sich verhalten soll. Ganz im Gegenteil bleiben in unserer Kultur die Mütter für die Kinder ständig verfügbar, immer die »wesentlichsten« Menschen, und werden als »gute Mutter« angebetet, wogegen Mütter, die die Abhängigkeit ihrer Kinder mißbilligen, als »kalt« und »unmütterlich« abqualifiziert werden.

Die Aufgabe der Loslösung wird einer Mutter dadurch noch erschwert, daß das »Loslassen« sich nicht in einem einzigen Schritt vollzieht. Wieviel leichter wäre es für uns, wenn eine Mutter – sagen wir mal – nach dem Entwöhnen des Säuglings (oder nachdem sie ihr Kleinkind bei der Tagesmutter abgegeben, ihrem Achtjährigen beim Packen eines Rucksacks für eine erste Nacht in einem Ferienlager geholfen, ihren Zehnjährigen zum Flugzeug gebracht oder ihrem Teenager die Wagenschlüssel ausgehändigt hat) selbstbewußt sagen könnte: »Gut, nun habe ich die Loslösung als Mutter ein für allemal vollzogen, und das war's dann!« In Wirklichkeit müssen Mütter im Lauf der Kindererziehung ununterbrochen lernen loszulassen – indem sie lernen, fröhlich Abschied zu nehmen, die Tränen zurückzuhalten und eine ständig größer werdende Distanz zwischen den Kindern und sich hinzunehmen.

Durch meinen Sohn, der ein College in einem anderen Bundesstaat besucht, und meine Tochter, die vor kurzem das College abgeschlossen hat und die ersten Schritte ins »wirkliche« Leben macht, wird mir bewußt, daß ich noch immer lerne, wie ich mich mit Anstand und Würde von ihnen löse. Jedesmal wenn Jonathan und Leah einen neuen Schritt auf ihre Emanzipation hin machen, muß ich meine ängstliche innere Stimme zum Schweigen bringen, die vor den Gefahren und Unwägbarkeiten des Lebens warnt, und mir selbst (und auch ihnen) versichern, daß sie es schon schaffen werden.

Die folgende Geschichte illustriert, daß Frauen, die die Loslösung ihrer Kinder nicht als eine natürliche und notwendige Entwicklung begreifen, sie als Zeichen ihrer Unzulänglichkeit als Mutter oder der Ablehnung der Kinder mißdeuten können. Gibt man ihnen jedoch eine Anleitung über die Kunst des Loslassens (und des Losgelassenwerdens) an die Hand, so vergrößert sich die Aussicht, daß sie das Wohl und die Entwicklung ihrer Kinder und auch ihrer selbst fördern.

Meine Patientin Linda, Mutter eines zweieinhalbjährigen Zwillingspärchens, erzählte mir, daß ihre Tochter ihr meistens zu gefallen suche, während ihr Sohn sie häufig provoziere und frustriere.

> Er streitet ununterbrochen mit mir, schneidet mir Fratzen und versucht mich wegzustoßen. Und wenn ich dann die Beherrschung verliere, schicke ich ihn auf sein Zimmer, weil mir nichts Besseres einfällt. O, es kommt mir so vor, als würde ich ihn ständig aufs Zimmer schicken. Und wenn ich ihn dann isoliert habe, halte ich mich schließlich für eine schlechte Mutter.

Ich wies Linda darauf hin, daß sie sich unbewußt wie eine gute Mutter verhalte; indem sie ihren kleinen Sohn auf sein Zimmer schicke, wenn er mit ihr herumstreitet, gebe sie ihm genau das, wonach er verlange – sie liefere ihm etwas Distanz zwischen ihm und ihr und befreie ihn vorübergehend von mütterlicher Obhut und Kontrolle. Linda hatte tatsächlich schon selbst bemerkt, daß ihr Sohn nach einigen Minuten in seinem Zimmer stets einen glücklicheren Eindruck gemacht habe und mit der Welt – und ihr – im Frieden gewesen sei.

Wenn Linda ihren kleinen Sohn auf sein Zimmer schickte, verhalf sie sich überdies genau zu dem, was sie selbst brauchte – zu einigen Augenblicken der Einsamkeit und Trennung von ihrem Sohn. Im Grunde erschöpfen die ununterbrochenen Handreichungen für die kleinen Kinder die geistigen und körperlichen Kräfte einer Mutter; eine ständig verfügbare Mutter fühlt sich schließlich ausgelaugt. Ich finde es ziemlich interessant, daß die Frauen der Mittel- und Oberschicht in viktorianischer Zeit, von denen man erwartete, daß sie sich ausschließlich um Kindererziehung und Haushaltsführung kümmerten, sich dennoch jeden Nachmittag für eine Stunde Einsamkeit in ihr Schlafzimmer zurückzogen. Die Mütter des neunzehnten Jahrhunderts schienen noch zu wissen, was die Mütter des zwanzigsten Jahrhunderts häufig nicht anzuerkennen scheinen: daß jeder Mensch etwas Zeit braucht, um allein, von Aufgaben befreit, ruhig und nach innen gewandt zu sein.

Mara, die Mutter eines sechsjährigen Sohnes, der sich nicht mehr umarmen und küssen lassen mochte, sagte mir: »Wenn Zak meine Zärtlichkeiten zurückweist, komme ich mir herabgesetzt und wie geohrfeigt vor. Ich habe den Eindruck, daß mein Wesen – meine großzügige mütterliche Natur – herabgewürdigt wird.« Es half meiner Patientin sehr, als ich ihr sagte, daß Zak durch seine Zurückweisungen nicht beabsichtige, sie zu verletzen. Vielmehr habe es zu bedeuten, daß er aus dem Kleinkindalter herauswachse. Eine Hilfe war Mara meine Erklärung, daß ihre Umarmungen und Küsse ihrem Sohn bedrohlich vorkamen, auch wenn sie nicht so gemeint waren, vielleicht weil sie ihn aus dem Schlaf rissen oder vielleicht weil er sich dadurch wieder als kleiner Säugling fühlte oder weil er annahm, daß »Küßchen-Küßchen« nur etwas für Mädchen seien. Als Mara besser verstand, was in Zak vorging, fühlte sie sich weniger aufgebracht und war eher bereit, die ihm angenehme körperliche Distanz zwischen ihnen zu würdigen.

Ich hoffe und erwarte, daß Mara ebenfalls entdeckt, daß es von Vorteil ist, Mutter eines »großen Jungen« zu sein; statt die Verbindungen mit ihrem Sohn nur mit Hilfe der körperlichen Nähe zu suchen, aus der er notwendigerweise herauswächst, findet sie diese durch das Gespräch mit ihm, indem sie ihm zuhört, ihm etwas beibringt, etwas von ihm lernt und die Welt mit ihm zusammen erkundet. Ich hoffe und erwarte auch, daß Mara neue Betätigungsfelder für ihre großzügige mütterliche Natur findet, neue Wege, wie sie sich etwa um ein vernachlässigtes Kind, eine obdachlose Frau oder einen vereinsamten, alten Menschen kümmern kann.

Maras Gefühl, als Mutter zurückgewiesen zu werden, erinnert mich an die Reaktionen einer anderen Patientin. Cynthia, im allgemeinen eher reserviert und gesittet, stürmte eines Nachmittags offensichtlich erregt in meine Praxis. Sie berichtete mir, ein Berater aus dem renommierten College, in dem ihr Sohn als höheres Semester studierte, habe sie soeben angerufen und ihr mitgeteilt, daß man den jungen Mann wegen Depressionen in ein Krankenhaus eingeliefert habe. Obwohl sie das nächste Flugzeug hatte nehmen wollen, um bei ihrem Sohn sein zu können, hatte die mit dem Fall betraute Psychiaterin ihr energisch davon abgeraten und gemeint, daß ihre mütterliche Besorgnis ihren Sohn nur noch mehr schwächen könnte. »Ich kam mir schlecht vor«, sagte Cynthia schluchzend. »Sie will mir weismachen, daß meine Mutterliebe keine Medizin, sondern Gift für meinen Sohn Carl ist, und daß ich nicht bei ihm sein soll, sondern weit weg, damit er gesund wird.« Dennoch verhielt Cynthia sich dem Rat der Psychiaterin entsprechend und besuchte ihren Sohn nicht im Krankenhaus. Sie wußte, daß sie nicht in der Lage wäre, bei einem Besuch am Krankenbett ihre Tränen zurückzuhalten oder den »Ach-mein-armer-armer-Kleiner«-Blick zu vermeiden.

Mit Hilfe der Therapie gelangte Cynthia zu der Erkenntnis, daß sie ihre mütterlichen Gefühle in eine neue Form gießen mußte. Da ihr Sohn, übersensibel wie sie selbst und von den Wechselfällen des Lebens schnell niedergeschmettert, ihr ständig leid tat, hatte Cynthia sich daran gewöhnt, ihren Sohn zu bemitleiden. In Wirklichkeit bot ihr diese Art der Reaktion, wie sie erkannte, eine Möglichkeit, mit ihm weiterhin eng verbunden zu sein. Doch um sein Vertrauen und seine Fähigkeiten zu fördern, wenn er in die Welt hinausging, was Cynthia eigentlich ja auch wollte, mußte sie in anderer Weise auf ihn reagieren, und zwar indem sie den Glauben in seine persönliche Kraft stärkte, ihn dagegen nicht in seiner Schwäche tröstete. Fürsorge ist schließlich nicht gleichbedeutend mit Nachsicht; jemanden erziehen heißt, sein Wachstum zu fördern, also dasjenige befördern, was in ihm am lebendigsten und unverwüstlich ist.

Kurz bevor ihr Sohn aus dem Krankenhaus entlassen wurde, schrieb Cynthia ihm einen kurzen Brief:

> Lieber Carl,
> ich schicke dir diese kurze Notiz, um dir zu sagen, daß ich keinen Augenblick lang daran zweifle, daß du lernst, mit deiner Depression umzugehen, und dadurch ein stärkerer und klügerer Mann werden wirst. Da wir jetzt getrennt leben, war ich froh, daß dir freundliche und fähige Menschen in deiner schwierigen Situation geholfen haben. Ich liebe dich von ganzem Herzen und bin zuversichtlich, daß du der Welt mit Mut und Rechtschaffenheit gegenübertrittst. Schreib mir ein paar Zeilen oder ruf mich an, wann du willst!
> Mom

Es wundert mich nicht, daß Cynthia nach der Loslösung von Carl in der Lage ist, sich mehr auf ihre Beziehung zu ihrem Ehemann zu konzentrieren, der sich über ihre Aufmerksamkeiten freut. Statt bei unseren Sitzungen wie sonst über Carl zu sprechen, reden wir jetzt über die geplante Reise Cynthias mit ihrem Ehemann nach London, über ihr Vergnügen beim wechselseitigen Vorlesen von Büchern oder über die neue Vertraulichkeit zwischen ihnen. Als ich einmal auf dem Weg nach Hause an einem Straßencafé vorbeikam, mußte ich in mich hineinlächeln, als ich sah, daß die beiden selbstvergessen ihren Eistee schlürften und sich verliebt anschauten.

Für manche Frauen erreicht das Gefühl, zurückgewiesen zu werden, bei der Heirat des Sohns seinen Höhepunkt. In seiner Entwicklung steht dem jungen Mann nunmehr die Aufgabe bevor, seine Gefühle der ersten Loyalität und Liebe von seiner Mutter auf seine Ehefrau zu übertragen. Um dieses Ziel zu erreichen, wird er tatsächlich eine größere körperliche und gefühlsmäßige Distanz zu seiner Mutter suchen, was diese möglicherweise verletzt und verwirrt. Meine langjährige Freundin Charlotte meinte dazu: »Ich verstehe nicht, warum er das tut, aber seitdem Mel verheiratet ist, behandelt er mich eher wie eine Schwiegermutter als eine Mutter.« Und meine Kollegin Marianne sagte mir: »Als Robert noch als Single lebte, hatten wir wunderbare, lange

Telefongespräche. Doch seitdem er verheiratet ist, sind die Gespräche von kurzer Dauer und fast geschäftsmäßig im Ton; statt sich mit mir zu unterhalten, meldet er sich bei mir.« Am traurigsten empfand ich, was mir meine Patientin Mimi, eine Säuglingsschwester und Mutter von fünf Kindern, anvertraute:

> Als mein Sohn und meine Schwiegertochter meinen ersten Enkel bekamen, wollte ich ihnen mit guten Ratschlägen zur Seite stehen. Ich hatte ihnen so viel zu geben, schließlich war die Säuglingspflege mein Arbeitsgebiet. Nicht nur habe ich meine eigenen Kinder großgezogen, sondern Hunderten von Müttern und Babys über die Jahre hinweg in meinem Beruf als Säuglingsschwester unter die Arme gegriffen. Mein Sohn aber gab mir zu verstehen, daß ich ihm und seiner Frau nicht mit meinen Ansichten kommen dürfe. Er ließ durchblicken, daß seine Frau sich durch meine Ratschläge unter Druck gesetzt fühle und er sie vor mir in Schutz nehmen müsse. Ich fühlte mich wie der Weihnachtsmann, der schwer beladen mit Geschenken zu jemandem kommen will, es aber nicht darf, und dafür in die Kälte hinausgeschickt wird.

Obwohl das bekannte Sprichwort »Eine Tochter bleibt ein Leben lang Tochter, der Sohn ein Sohn, bis er eine Frau nimmt« leicht übertreibt, weist es auf die lange Tradition hin, daß die Rollen des Sohns und des Ehemanns sich miteinander in Konflikt befinden. Obwohl die beständige und enge Verbindung zwischen Mutter und verheirateter Tochter im allgemeinen gebilligt wird, verhält es sich im Fall derjenigen zwischen Mutter und Sohn, die als Bedrohung der sich entwickelnden Unabhängigkeit des jungen Mannes betrachtet wird, völlig anders.

Wie in den vorherigen Kapiteln erwähnt, beginnt das männliche Kind bereits im zartesten Alter, sich von der Mutter zu ent-identifizieren. Trotzdem bleibt es während Kindheit, Pubertät und frühem Erwachsensein emotional mehr oder weniger von ihr abhängig. Normalerweise beendet es seine Abhängigkeit mit seiner Heirat: der junge Mann begreift, daß es nicht mehr angemessen ist, seine zarten, verletzlichen Gefühle der Mutter ins Ohr zu flüstern, sondern daß er lernen muß, sie statt dessen seiner Ehefrau mitzuteilen. Er begreift, daß er sich nicht weiterhin an seine Mutter wenden soll, um sich einen guten Rat einzuholen, sondern den Ratschlägen seiner Frau vor allen anderen trauen muß. Und die junge Ehefrau bestärkt in der Regel ihren jungen Ehemann darin, sich aus der starken Anhänglichkeit an seine Mutter zu befreien; ähnlich wie er empfindet sie diese Anhänglichkeit als Bedrohung seiner Männlichkeit; und so wenig ein Mann in seine Kindheit zurückverwiesen werden möchte, so wenig wünscht eine Frau, mit einem Jungen verheiratet zu sein.

Da der jung verheiratete Mann normalerweise bewußt von seiner Mutter fort drängt, fühlt die Mutter sich bezeichnenderweise verlassen, wenn der Sohn seine Loyalität zu ihr und seiner ursprünglichen Familie auf die von ihm gewählte Lebenspartnerin überträgt. Um diesen Verlust aufzufangen, wetteifern einige Mütter mit ihren Schwiegertöchtern um die Loyalität des Sohns/Ehemanns; eventuell verwöhnen sie den verheirateten Sohn oder nehmen seine Zeit und Aufmerksamkeit stark in Anspruch. Eine Mutter, die ihren Sohn verwöhnt oder übertriebene Ansprüche an ihn stellt, ist gewiß, sich den Zorn ihrer Schwiegertochter zuzuziehen. Lillian Rubin schreibt in ihrem Buch *Worlds of pain: Life in the working class family*, daß junge Ehemänner aus Arbeiterfamilien, die häufig noch nicht einmal zwanzig sind, zuweilen bei ihrer Mutter vorbeischauen und zum Teil auch regelmäßig bei ihr essen. Kein Wunder, daß ihre Ehefrauen wütend sind. Die jungen Frauen möchten, daß ihre jungen Ehemänner ihre Rolle als verwöhnte Söhne aufgeben und sich selbst als selbständige Ehemänner durchsetzen: Sie sollen aus dem Haus ihrer Mutter aus- und ins eigene einziehen.

Gefestigtere Mütter reagieren auf die Heirat ihres Sohns in der Weise, daß sie akzeptieren, eine weniger glorifizierte, weniger zentrale Rolle in seinem Leben zu spielen. Die Liebe einer Mutter verwandelt sich mit zunehmender Reife. Die klügsten und liebenswürdigsten älteren Mütter, die ich kenne, berichten mir, daß das Vergnügen, Vater oder Mutter zu sein, ein ganzes Leben lang anhält. Meine Schwiegermutter Sylvia Bassoff verriet mir, daß sie froh und stolz gewesen sei, als ihr Sohn und ich heirateten und eine Familie gründeten. Ihr war es eine große Freude (und ist es noch, wenn sie heute ihre Enkelkinder betrachtet) mit anzusehen, wie sich das Leben der jüngeren Generationen entfaltet. Mit ihren Worten: »Ich koste jeden Augenblick aus.«

Meine Freundin Charlotte wies mich darauf hin, daß man in Deutschland den Eltern erwachsener Kinder folgenden Rat gibt:

staunen, schweigen und schenken. Staunen heißt, sich aus respektvoller Distanz zu wundern. Kluge Eltern erfreuen sich an den guten Eigenschaften und Stärken ihrer erwachsenen Kinder, wobei sie die Grenzen respektieren, die sie trennen. Das Schweigen bezieht sich auf ein diszipliniertes Verstummen. Kluge Eltern verzichten auf das Recht zu beraten, zu kritisieren, Standpauken zu halten und ihre Vorstellungen den erwachsenen Kindern aufzudrängen. Sie leihen vielmehr ihr Ohr, als daß sie zu einem Wort der Anleitung greifen. Das Schenken bezieht sich auf das Anbieten von Gaben. Kluge Eltern überreichen Gaben, die ihre erwachsenen Kinder stärken – materielle Gaben, falls nötig, aber auch emotionale Gaben wie Mitleid, Bestätigungen, Hilfe, Ermunterungen und Lob.

Eine kleine Abschweifung sei mir gestattet. Als ich dieses Buch vorbereitete, plante ich, im abschließenden Kapitel die Freundschaft zwischen Müttern und erwachsenen Söhnen zu behandeln. Wenn Mütter ihre Söhne in den Jahren des Heranwachsens auf intelligente und liebevolle Weise erziehen, davon war ich überzeugt, so könnten sie aus gutem Grund auf eine enge Freundschaft mit ihren erwachsenen Söhnen hoffen. Meine Interviews mit wohlgeratenen Männern führten dazu, daß ich meine Meinung änderte. Obwohl ich einige Männer getroffen habe, die ihre Mutter liebten, mochten und sich um sie kümmerten und sie gern an ihrem Leben Anteil nehmen ließen, lernte ich nicht einen einzigen kennen, der seine Mutter seine »Freundin«, also Vertraute und Gefährtin, genannt hätte. (Im Gegensatz dazu kenne ich viele Frauen, die ihre Mutter nicht nur als Freundin, sondern sogar als *beste* Freundin bezeichnen.) Nachdem sie so heftig und so lange darum gekämpft haben, sich von ihrer Mutter zu lösen, also erwachsen zu werden, sind sie nicht gerade bereit, die Schutzmauern zwischen sich niederzureißen und das Risiko einzugehen, in die kindliche Vertrautheit mit ihr zurückzufallen. Frauen, die eine positive Beziehung zu ihren Söhnen unterhalten, versuchen ebenfalls nicht, diese Zäune umzustoßen, sondern sie lernen statt dessen, sie innerhalb ihrer Beschränkungen zu lieben. Daher handelt mein letztes Kapitel nicht von Frauen als Freundinnen der Söhne, sondern von Müttern, die sich von ihnen lösen und wieder Freude an der eigenen Persönlichkeit empfinden.

Die vornehmste Aufgabe einer Mutter ist es, das Bedürfnis ihres Sohns nach einer gewissen Distanz zu respektieren. Da manche Mütter diese normale Loslösung leider für eine grausame Zurückweisung halten, »rächen sie sich«, indem sie ihren Sohn tatsächlich oder gefühlsmäßig im Stich lassen. So hat meine Patientin Cynthia, als die Ärztin ihr dringend geraten hatte, ihren Sohn Carl nicht zu besuchen, mir in einem gewissen Augenblick gesagt: »Vielleicht wäre es für Carl und mich das Beste, wenn wir von nun an nichts mehr miteinander zu schaffen hätten. Wenn er mich in seinem Leben nicht braucht, dann brauche ich ihn bestimmt nicht in meinem Leben.« Cynthias feindselige Äußerung war eine vorübergehende Reaktion auf Grund mangelnder Wertschätzung. Mit der Zeit begriff sie, daß sie tatsächlich für ihren Sohn wichtig war – wenngleich ihre Gegenwart in seinem Leben, wie wir gesehen haben, neue Formen annehmen mußte.

Obwohl manche Mütter als Reaktion auf die Loslösung ihrer Söhne ihnen ihre Liebe, Fürsorge oder ihr Interesse an ihnen entziehen, werden wiederum andere übertrieben entgegenkommend. Ich beobachtete diese Tendenz bei mir selbst. Als Jonathan in die Pubertät kam – eine Phase, die normalerweise von den Wünschen des Teenagers charakterisiert wird, sich die Unabhängigkeit eines Erwachsenen zu erobern und seine kindliche Abhängigkeit zu verringern –, reagierte ich mit ausgesuchter Aufmerksamkeit auf seine kindlichen Bedürfnisse. Ich entsinne mich zum Beispiel, daß er einmal seit Tagen nichts gegessen hatte, weil »du nie etwas Gutes zum Essen im Haus hast«, wie er mir vorwarf. Ich belächelte seine zügellosen Übertreibungen nicht, schickte ihn auch nicht mit einer Einkaufsliste in den nächsten Lebensmittelladen und zeigte ihm auch nicht, wie man ein Omelett backt. Vielmehr überfielen mich Schuldgefühle: Ich trabte zum Supermarkt und stopfte reichlich von seinen Lieblingsspeisen in den Kühlschrank – Joghurt aller Geschmacksrichtungen, Gläser über Gläser mit Pickles, Oliven und Sauce. Und als er sich unbedingt ein Baguette toasten wollte, habe ich es ihm in zwei Hälften geschnitten. Die freundlichen Ermahnungen meines Mannes geboten meiner übertriebenen Fürsorge Einhalt: »Evi, es bekommt Jonathan und dir nicht gut, wenn du ihn so verwöhnst; du hältst ihn ja im ›Laufställchen‹ fest und machst dich selbst ganz unnötig kaputt.«

Im Rückblick verstehe ich jedoch die unterschwelligen Beweggründe für meine übertriebene Fürsorge. Weil Jonathan mit zwölf Jahren so offensichtlich von mir weg wollte – durch sicheres Handeln und seine Wortkargheit –, war ich unsicher geworden, ob wir in Zukunft noch in Kontakt bleiben würden. Im Gegensatz zu meinem Mann, der seine Leidenschaft für Sport mit Jonathan teilte und eine natürliche Kameradschaft pflegte, spürte ich, daß mein Sohn und ich in Zukunft nur noch wenig gemeinsame Interessen haben würden. Nur durch akribische Befriedigung seiner Wünsche könnte ich für ihn wichtig bleiben, nahm ich irrigerweise an. In diesem Zusammenhang ist es interessant, daß ich mich nicht etwa ähnlich unsicher verhielt, als meine Tochter, mit der ich mich und die sich sehr mit mir identifizierte, in ihrer Pubertät eine größere Distanz suchte. Obwohl Leahs Bemühungen, sich von mir zu unterscheiden, mich manchmal schmerzten – »Ich bin nicht du, *ich bin ich*«, sagte sie häufig –, befürchtete ich nicht, daß wir einander jemals fremd werden würden.

Ich habe den Eindruck, daß viele andere Mütter ihre Söhne allzu sehr verwöhnen in dem Bestreben, für sie wichtig zu bleiben und von ihnen gebraucht zu werden. Ein Kollege erzählte mir vor kurzem, daß er als College-Student in den Ferien zurück nach Hause getrampt sei und seine Mutter unglücklich darüber war, daß er seine schmutzige Wäsche nicht mitgebracht hatte. Dieser Kollege vertraute mir an, wie traurig es ihn stimmte, daß seine Mutter sich ihm gegenüber nur wie eine Haushälterin verhalten konnte und daß sie nie eine tiefergehende Beziehung entwickelten. Er sagte: »Außer der schmutzigen Wäsche hatten meine Mutter und ich keine Gemeinsamkeiten.« Das Versäumnis vieler Frauen, über ihre Haushaltspflichten hinauszugehen und reifere Formen von Mutterliebe zu entwickeln – wie etwa Einfühlungsvermögen, Ermutigung und Bestätigung –, unterminiert ihre Beziehung zu erwachsenen Kindern.

Zu Beginn dieses Kapitels habe ich das Buch *Der freigebige Baum* erwähnt. Ich möchte nun auf diese Geschichte zurückkommen, die in großer Einfachheit und mit Herz von einer Mutter erzählt, die ihren Sohn zu sehr verwöhnt, indem sie ihm zu gefallen und eine enge Beziehung zu ihm sicherzustellen sucht, und dadurch seine und ihre Entwicklung hemmt.

Der Junge, den die Baum-Mutter sehr liebt, geht in die weite Welt hinein und läßt sie traurig und allein zu Hause zurück. Dann kehrt er eines Tages wieder. Zu ihrer großen Enttäuschung jedoch will er nicht mehr die Blätter sammeln, am Stamm hochklettern, auf den Ästen schaukeln, die Äpfel essen oder in ihrem Schatten schlafen. Statt dessen wünscht er sich Geld, um Spielzeug zu kaufen und Zubehörteile, von denen er sich Glück erhofft. Kleinlaut erklärt die Baum-Mutter ihm, daß sie ihm kein Geld geben kann. Sie ermuntert ihn aber, alle ihre Äpfel zu pflükken und in der Stadt zu verkaufen. Genau dies tut der Junge.

Die Jahre vergehen, und der Junge verschwindet erneut aus dem Leben der Baum-Mutter. Dann taucht er eines Tages wieder auf. Jetzt verlangt er nach einem Heim, damit er es warm hat. Da die Baum-Mutter kein anderes Heim kennt als den Wald, erlaubt sie dem Jungen, ihre Äste abzusägen und sie zum Bau eines Hauses zu verwenden. Mit diesem Vorschlag gibt er sich vorläufig zufrieden, schneidet Äste und Zweige von der Baum-Mutter ab und geht fort.

Wiederum bleibt er jahrelang fort, und als er erneut zurückkommt, wünscht er sich wieder etwas. Diesmal ist es ein Boot, das ihn zu fernen Orten bringen soll. Traurig darüber, daß sie ihm kein fertiges Boot schenken kann, schlägt die Baum-Mutter dem Jungen vor, den Stamm zu fällen und daraus ein Boot zu bauen.

Nachdem er die Weltmeere befahren hat, kommt der Junge, inzwischen alt geworden, zurück. Die alte Baum-Mutter, die weiß, daß er noch mehr von ihr verlangt, beichtet ihm, daß sie ihm jetzt nichts mehr schenken kann. Jetzt, wo sie Äpfel, Zweige und Äste und den Stamm hergegeben hat, ist von ihr nichts als ein Baumstumpf übriggeblieben.

Shel Silversteins Entscheidung für den Baum als Sinnbild der Mutter ist ziemlich zutreffend. Viele Jahrhunderte lang und in vielen Kulturen hat man den Baum mit der Mutter identifiziert. Ihrer beider positive Formen sind lebenspendend und lebensbejahend; beide tragen, verwandeln, nähren und bieten Schutz und Schirm. In der griechischen Sage splittert die Baum-Mutter entzwei und gebiert den schönen Gott Adonis; in den ägyptischen Mythen gebären die Baumgöttinnen Hathor und Nut die Sonne.[9] Doch in der negativen Form ist der Baum so lebensverneinend wie die menschliche Mutter, die ihre Kinder nicht loslassen und sich entwickeln lassen will: sie ist der Baum zum Erhängen, der Galgenbaum, das Kreuz, der Scheiterhaufen. Wie der riesige Affenbrotbaum in Ostafrika begräbt sie die Toten in ihrem Bauch; wie die ägyptische Baumgöttin Nut gebiert sie nicht nur die Sonne, sondern ist auch die Hüterin ihres Sarges. Ich finde es interessant, daß der Baum ebenfalls mit der persönlichen Entwicklung einer Frau und ihrer inneren Entwicklung assoziiert wird. Ebenso wie der Baum die Gegensätze von Oben und Unten, von Himmel und Erde miteinander versöhnt, indem er zum Himmel emporwächst und tief in den Boden hinein, so muß eine Frau lernen, ihre geistigen Bedürfnisse – schöpferisch sein, den Intellekt entwickeln, moralische oder religiöse Wertvorstellungen definieren, träumen und hoffen – und ihre bodenständigen (aufbauenden) Funktionen – das von ihr abhängige Kind beschützen, ernähren und beherbergen – miteinander zu versöhnen. Da Silversteins freigebiger Baum zuläßt, daß der Sohn ihm Glieder und Äste abschneidet, kann er nicht mehr nach den Sternen greifen und ist aller Träume und allen Strebens beraubt.

Viele Mütter geben wie der freigebige Baum das Lebendigste und potentiell Fruchtbarste von sich für ihre Kinder her. Indem sie sich weiterhin übertrieben um das Leben ihrer Kinder kümmern, kommen sie mit ihrem eigenen nicht voran. Eine Frau mit einem beschnittenen Leben kann jedoch nicht wirklich glücklich, noch kann sie ihren Söhnen und Töchtern eine ausreichend gute Mutter sein. Ironischerweise entdeckt eine Frau, die ihre persönlichen Interessen und Talente aufgegeben hat, um immer für die Kinder verfügbar zu sein, die längst aus dem Alter der fürsorglichen Bedürftigkeit herausgewachsen sind, daß diese ihr nicht nur das Verwöhnen übelnehmen, weil es nur ihre Abhängigkeit fortschreibt und ihre Vitalität untergräbt, sondern ebenso ihre unendliche Selbstaufopferung, welche Schuldgefühle in ihnen weckt.

Die sanfte, fürsorgliche »Mutter der Einheit« ist für das gegenwärtige und zukünftige Wohl ihrer Säuglinge und Kleinkinder lebenswichtig. Dank ihrer Einstellung auf deren Bedürfnisse glauben diese nach und nach mit Zuversicht daran, daß die Welt und die Menschen im wesentlichen gut sind. Die hingebungsvolle Liebe einer Mutter ermöglicht es ihnen, andere zu lieben und auch sich selbst zu schätzen. Doch sind die Kinder keine

Babys mehr, so wird die kluge »Mutter der Loslösung« sie dazu ermutigen, sich um sich selbst zu kümmern. Und während die kluge »Mutter der Loslösung« die Entwicklung ihres Kindes fördert, sorgt sie zugleich dafür, daß sie selbst sich weiterentwickelt – indem sie aktiv teilnimmt an ihrer eigenen Umgebung, sie ihre Talente und Ziele verwirklicht oder ihren Geist stimuliert und ihre Sinne nährt.

Manchmal befürchtete ich, meine erwachsenen Kinder könnten mir verübeln, daß ich meine berufliche Karriere als Psychologin und Fachjournalistin nicht aufgegeben hatte, während sie aufwuchsen. Doch ich weiß, daß das Gegenteil zutrifft. Leah, die auf dem Carleton College einen Abschluß gemacht hat und in New York arbeitet, sagte mir vor kurzem: »Mom, hättest du dir nicht dein eigenes abwechslungsreiches Leben geschaffen, ich hätte befürchtet, daß du mir meines hättest wegnehmen wollen – oder vielleicht hätte ich mich bemüßigt gefühlt, dich durch mein Leben leben zu lassen. Dein Interesse für deine Arbeit machte es leichter, nicht schwerer, daß ich mich mit dir wohlgefühlt habe.« Und vor einigen Monaten, als er in den Winterferien zu Hause war, machte Jonathan mir ein Geschenk, mit dem ich nie gerechnet hätte. Nachdem er mein Kapitel über Jungen und ihre männlichen Vorbilder gelesen hatte, nahm er mich beiseite und sagte: »Ich mag dieses Kapitel sehr, und es stimmt, daß du nicht mein Rollenvorbild sein konntest, als ich klein war. Dafür bist du es jetzt aber, so wie es auch auf Vater zutrifft. Du weißt, Mom, daß du mir oft gesagt hast, wie stolz du auf mich bist. Na ja, ich habe es dir nie gesagt, aber auch ich bin stolz auf dich.«

Ich glaube nicht, daß Jonathans Empfindung einmalig ist. In meinen Interviews mit erwachsenen Söhnen werde ich immer wieder daran erinnert, daß Söhne ihre Mütter am meisten dann respektieren, wenn sie diese als vitale Menschen sehen – Menschen, die sich mit ihren eigenen Unternehmungen beschäftigen, wie immer diese auch aussehen mögen, und sich lebhaft für ihre Umgebung interessieren. In den frühesten Jahren ihrer Mutterschaft besteht die Rolle einer Mutter im Widerspiegeln und Nachäffen, Verhätscheln und Verwöhnen. Wenn ein kleiner Junge erklären soll, warum er seine Mutter liebt, so wird er nur ihre fürsorglichen Aspekte erwähnen. Sinnt dagegen ein erwachsener Mann über seine Gefühle für seine Mutter nach, so wird er vielmehr über sie als selbständigen Menschen sprechen.

Mir schießen mehrere Beispiele von Männern durch den Kopf, die ihre Mütter sehr hoch schätzen. Mein Patient Ian sprach vor kurzem während einer ganzen Sitzung über die Lust seiner Mutter am Lernen, die ihm seine eigene Leidenschaft für Bücher eingegeben hat, sowie über die unerschrockene Art, in der sie ihr Leben nach dem Tod ihres Ehemannes nach fünfzig Jahren Ehe neu eingerichtet hatte. Auch die Augen meines Mannes leuchten auf, wenn er die politischen Aktivitäten seiner Mutter beschreibt, die sich um andere gebrechliche und behinderte ältere Menschen kümmert, und zwar per Telefon von ihrem Apartment aus, an das sie gefesselt ist. Und als ich meinen Freund Rich fragte, ob er sich an die Zeiten erinnere, in denen er seine Mutter geliebt habe, erzählte er mir nichts von ihrer Fürsorge. Er unterdrückte die plötzlichen Tränen der Rührung, die ihn überkamen, und sagte einfach: »Ja, wenn ich sehe, wie sie am Leben teilnimmt und glücklich ist, wenn ihr Gesicht strahlt, dann liebe ich sie sehr.«

Bedauerlicherweise lassen sich viele Frauen von Ehepartnern, Liebhabern, erwachsenen Kindern, Eltern und der allgemeinen Meinung davon abhalten, kreative, soziale, politische und intellektuelle Vorhaben zu verwirklichen, da man sie beschuldigen könnte, ihre Familienpflichten zu vernachlässigen. Mehrere meiner Patientinnen sagten mir, daß sie sogar Gewissensbisse bekommen, wenn sie mal ein Buch lesen! Obwohl ihr Sohn auf die zwanzig zugeht und sich selbst versorgen könnte, erklärte mir beispielsweise eine Patientin, daß sie nach wie vor glaubt, für ihn da sein zu müssen: »Wenn ich mich mit einem Buch irgendwo hin kuschele und auf einmal feststelle, daß bereits eine, zwei oder, Gott behüte, sogar drei Stunden vergangen sind, fühle ich mich, als hätte ich etwas Verbotenes getan und verhielte mich furchtbar egoistisch. Es klingt verrückt, aber etwas in mir sagt mir, daß ich etwas für den Jungen tun müsse, nicht aber für mich.«

Außer Gewissensbissen können auch Ängste die Frauen in ihrer Entwicklung behindern. Adam Phillips, ein britischer Therapeut, beschreibt die Konsultation einer verzweifelten Mutter mit Kleinkind. Sie erklärte ihm, daß ihr Sohn sie daran hindere, irgend etwas zu tun, da er ständig ihre Beine umklammert halte.

Die wiederholte Klage der Mutter, das Kind sei ihr immer im Wege, veranlaßte Phillips, sie zu fragen, wohin sie denn ginge, wenn ihr der Sohn nicht im Wege wäre. Worauf die Frau antwortete: »Ich wüßte nicht, wohin!« Phillips behauptet nun, diese Mutter fördere unbewußt das Klammern ihres Sohnes, da sie sich fürchte, ihre Pläne zu verwirklichen. Solange der Junge ihr ein Hindernis war, hatte sie eine Entschuldigung dafür parat, daß sie nirgends hinging.[10]

Es gibt zahlreiche Gründe dafür, daß Mütter ihre Söhne zu eng oder zu lange an sich binden. Die bedeutende jungianische Analytikerin Esther Harding behauptet, eine Mutter wolle ihren Sohn nicht aus seiner Abhängigkeit von ihr entlassen, weil sie fürchte, dann ihre Macht über ihn zu verlieren, die sich aus der Fürsorge und zuweilen aus der Überfürsorge für ihn ableitet. Die über Gebühr andauernde Fürsorge der Mutter macht es natürlich einem Sohn schwer, wenn nicht sogar unmöglich, seine eigenen Fähigkeiten zu entwickeln.

Harding beschreibt die notwendige Veränderung der Mutter als das Aufgeben ihrer überlegenen Stellung des Gebens, damit der Sohn aus seiner demütigenden Stellung des Nehmens befreit werden kann. Diese Veränderung wird in einigen antiken ägyptischen Mythen illustriert, die die rituelle Opferung jugendlicher Söhne (Attis, Horus und Osiris) thematisieren, die die Mütter nicht trotz, sondern wegen ihrer Liebe vollziehen.

Die archetypische Mutter wird als janusköpfig beschrieben: einerseits ist sie sanft und fürsorglich, andererseits hartherzig, versagend und die unangemessene kindliche Abhängigkeit des Sohns nicht duldend. Die »strenge« Mutter weigert sich, das katastrophal unordentliche Zimmer des Siebenjährigen aufzuräumen und besteht darauf, daß er es selbst in Ordnung bringt. Die »strenge« Mutter rettet ihren weinenden Sohn nicht vor dem Vater, der böse auf ihn ist, weil er sein Mountainbike unangekettet am Fußballplatz stehen gelassen hat. Die »strenge« Mutter erfindet keine Ausflüchte für den Sohn, wenn der Lehrer anruft, um ihr mitzuteilen, daß der Junge bereits fünfmal den Chemieunterricht geschwänzt hat und vermutlich nicht versetzt werden wird. Die »strenge« Mutter erinnert ihren Sohn daran, daß er ihr das Geld zurückgeben soll, das sie ihm für die Eintrittskarten zu einem Rockkonzert geliehen hat.

Wieder und wieder im Lauf ihres Elterndaseins bietet

»Strenge« einer Mutter die Gelegenheit, sich von ihrem Sohn abzuwenden – ihn symbolisch zu opfern, damit aus ihm ein starker und fähiger Mann wird. Ein Zuviel von den sanften Seiten einer Mutter, also von mütterlichem Mitgefühl und Fürsorge, behindern den Wechsel des Sohns in die Unabhängigkeit und das Erwachsenendasein; es lähmt seine Zuversicht, ohne die Mutter oder eine mütterliche Frau auskommen zu können, die er schließlich heiratet, damit sie den Platz seiner fürsorglichen Mutter einnimmt. Harding weist im weiteren noch darauf hin, daß ein Zuviel an mütterlicher Sanftmut sich nicht nur auf den Sohn auswirkt, sondern auch den eigenen Wechsel der Frau hin zu einer größeren Selbständigkeit unterminiert. Erst wenn die Mutter das Band der Abhängigkeit ihres Sohns durchschneidet, befreit sie sich selbst von ihrer einengenden Rolle als Betreuerin.

Die Kunst des Loslassens bedingt, daß eine Mutter ihre sanften und strengen Anteile in ein Gleichgewicht bringt – und sich zunehmend darüber bewußt wird, wenn sie sich allzu stark zu einer Seite neigt, damit sie sich korrigieren kann. Einer der vielen Vorteile einer intakten Familie besteht darin, daß die Eheleute sich aneinander als Eltern bilden; verheiratete Frauen können und sollten sich an ihre Ehemänner wenden, damit sie ihnen zu erkennen helfen, wann sie aus dem Gleichgewicht geraten. Meiner Ansicht nach fällt es häufig schwer, akkurat zu beurteilen, wann man als Vater oder Mutter zu streng oder zu sanft ist. Alleinerziehende Mütter, die den Vorteil einer ständigen Rückmeldung seitens des Kindsvaters missen müssen, sind gut beraten, wenn sie sich an vertrauensvolle Bekannte, Verwandte oder einen Familientherapeuten wenden, um auf diesem Gebiet Rückmeldungen und Anleitungen zu erhalten.

Eine Sage des Bella-Coola-Stamms von der Küste Britisch-Kolumbiens beschreibt auf wunderbare Weise die Verwandlung der Mutterliebe. Diese Sage habe ich zu meiner großen Freude in Merlin Stones Buch *Ancient mirrors of womanhood* entdeckt; von allen Mutter-Sohn-Geschichten, die ich gelesen habe, ist dies meine Lieblingsgeschichte.[11]

Mutter Somagalags stieg vom Himmel hernieder, der sich über das Gebiet der nordpazifischen Gewässer erstreckt. Dort fand sie einen Mann zum Lieben, und aus seinem Samen gebar sie drei Kinder in Gestalt dreier großer Berge. Als die Berge vollständig erwachsen waren, verließ Somagalags sie und reiste lang und weit bis an einen Strand aus feinsten Sandkörnchen. Nachdem sie ihren Bestimmungsort erreicht hatte, hielt Somagalags jedoch nicht inne. Statt dessen pendelte sie ständig zwischen dem Strand und einem nahen Wald, in dem sie viele vertrocknete, umgestürzte Zedernbäume sammelte und wegtrug. Aus diesem Zedernholz, dessen Äste und Rinde sie sorgfältig entfernt und geglättet hatte, baute Somagalags eigenhändig eine trutzige Holzhütte, in die sie einzuziehen gedachte.

Nachdem sie ihre Hütte aus Zedernholz bezogen hatte, die am Rand der großen Ozeangewässer stand, gebar Somagalags vier junge Wölfe, die nach Nahrung und Wärme heulten. Die jungen Welpen brachte sie in der wärmsten Ecke der Hütte unter und ruhte sich nicht von der schweren Arbeit des Gebärens aus, sondern machte sich auf die Suche nach eßbaren Muscheln. Als sie mit einem Korb voller Muscheln zur Hütte zurückkam, war sie sehr überrascht, drinnen das Lachen von Menschenkindern zu vernehmen. Doch als sie eintrat, erblickte sie nur vier niedliche Welpen, die friedlich schliefen. Somagalags versuchte, das Rätsel der menschlichen Stimmen zu vergessen, zündete ein Feuer im Herd an und kochte darüber die Muscheln für ihre hungrigen Welpen.

Tage flogen vorbei, die Jahreszeiten wechselten, die Jahre vergingen. Eines Abends, da Somagalags am Wassersaum stand, mit einem Stock zum Graben in der einen Hand und einem Korb voller Muscheln in der anderen, überkam sie eine Müdigkeit. »Wie viele Male habe ich nun schon Muscheln gesucht, Feuer angezündet und meine Jungen gefüttert?« fragte sie sich seufzend, als sie über den weißen Sand zu ihrer Hütte stapfte. Als sie am großen Zedernbaum ankam, der neben ihrer Hütte gewachsen war, veranlaßte sie irgend etwas, auf ihrem Weg innezuhalten, und das plötzlich aufkommende Gelächter von Menschen brachte ihre Gedanken zum Stillstand.

Leise schlich Somagalags zu einem Fenster der Zedernhütte, und als sie hineinspähte, erblickte sie zu ihrem Erstaunen vier junge Männer statt der vier Wolfswelpen. Nun füllte ein großer Ärger ihr Herz, und Müdigkeit überfiel ihren Leib. Sie dachte an die lange Kette der Tage, die sie mit Arbeit und noch mehr Arbeit verbracht hatte, um ihre Jungen zu versorgen. Wütend umklammerte sie ihren Stock zum Graben und kletterte durch das

Fenster. Wild den Stock schwingend züchtigte sie die vier jungen Männer, weil sie ihr vorgegaukelt hatten, vier hilflose Welpen zu sein, die nicht selbst Holz sammeln oder Feuer anzünden konnten. Obwohl die vier jungen Männer sich flugs bei ihr entschuldigten, gaben sie schließlich zu, ihre Mutter ausgenutzt zu haben. Wenn sie ihnen nur zeige, wie sie sich selbst versorgen könnten, so pflichtete jeder von ihnen bei, würden sie ihre Mutter stolz machen.

Schon am Tag darauf nahm Somagalags ihre Söhne mit an den Strand und zeigte ihnen, wie man Muscheln sucht. Sie führte sie zum Waldesrand, wo sie auf die Zedernbäume zeigte und ihnen erklärte, wie man sie fällen müsse und aus ihnen neue Unterkünfte baut, die sie vor den kalten Meereswinden schützten. Schließlich führte sie sie zu einem sonnenbeschienenen Gehölz tief im Wald, wo sie sie geduldig und mit Liebe lehrte, wie man das Holz des Lebens benutzt, um das heilige Totem zu schnitzen, damit sie und ihre Kinder und ihre Kindeskinder nie vergäßen, welch stolzem Stamm sie angehören.

Vergleichen wir nun die Metapher des Baums in Shel Silversteins *Der freigebige Baum* und die Sage von Mutter Somagalags. Der freigebige Baum verhält sich aufopfernd und also passiv. Aus Liebe gestattet die Baum-Mutter ihrem Sohn, sie für seine Zwecke zu benutzen, auch wenn diese Ausbeutung zur Folge hat, daß ihr die belaubten Äste, Glieder und der Stamm abgeschnitten werden, so daß sie auf einen alten Baumstumpf reduziert wird. Und dem Sohn geht es nicht besser, sondern schlechter, weil die Baum-Mutter, die nicht nein sagen kann, ihn verwöhnt hat. Im Lauf der Jahre hat er, da man ihm zuviel gegeben hat, lediglich gelernt, wie man nimmt.

In der Sage von Mutter Somagalags ist der Baum eher ein Symbol für die mütterliche Aktivität als für deren Passivität, eher für ihre Selbstachtung als für ihre Selbstaufgabe. Mit ihren kräftigen Armen baut Somagalags ihr Haus aus dem Holz der Bäume – nicht aus irgendeinem Baum, sondern aus dem Zedernbaum, der ähnlich wie Somagalags aus hartem und dauerhaftem Holz besteht und ihre Familie vor den rauhen Winden beschützt, die zerbrechlicheres Material zerstören würden. Einige Jahre lang verrichtet Somagalags ohne Murren ihre Mutterarbeit. Doch als ihre Rolle als Versorgerin droht, eine lebenslängliche Fron zu werden, bedeutet ihr der große Zedernbaum, der im sandigen Boden neben ihrer Hütte Wurzeln geschlagen hat, daß sie sich verändern muß – und genau das schickt Somagalags sich an zu tun.

Angetrieben von ihrer eigenen Empörung beugt Somagalags sich nicht länger den kindlichen Wünschen der Söhne nach mütterlicher Fürsorge, aus der sie längst herausgewachsen sind und die bei Fortdauer die Söhne zu ewiger Kindheit verdammen würde. Statt dessen gibt sie die Geheimnisse ihrer Erfahrung an sie weiter, so daß sie sich selbst zu helfen wissen, indem sie ihre eigenen trutzigen Häuser bauen und ein eigenes prächtiges Totem schnitzen können – also zu tüchtigen Männern werden.

Nachdem sie nun ihren Pflichten als Mutter auf ehrenwerte und liebevolle Weise genügt hat, kehrt die mythische Mutter Somagalags – die, daran sollten wir uns erinnern, alle Mütter vertritt – allein in die schöne, mit eigener Hände Arbeit gebaute Holzhütte zurück, die am Rande des Meers und im Schatten des immerdar wachsenden Zedernbaums steht.

Und gewiß haben wir allen Grund anzunehmen, daß Mutter Somagalags in ihrer schönen Holzhütte nicht untätig herumsitzt und Däumchen dreht. Vielleicht lernt sie Klavier spielen oder vielleicht schreibt sie Gedichte, oder sie ruft wie meine Schwiegermutter beim Bürgermeister an, damit bedürftigen Menschen geholfen wird.

NACHWORT: BRIEF AN JONATHAN

12. September 1993

Lieber Jonathan,

Als ich gestern durch das Einkaufszentrum schlenderte, sah ich von weitem eine Traube von acht- oder neunjährigen Jungen im Baseballdreß. Sie rangelten, fielen übereinander, lachten laut. Unter dieser Gruppe war auch ein schlanker dunkelhaariger Junge, und ich dachte bei mir: »Da ist ja Jonathan. Sein Spiel muß vorbei sein. Er sieht so glücklich aus. Bestimmt hat seine Mannschaft gewonnen.« Und dann fiel mir ein, daß *du* ganz erwachsen bist: du wohnst 700 Meilen weit weg; du hast einen Bart und fährst einen Laster und kochst selbst. Stündest du jetzt unter diesen Jungen im Baseballdreß, würdest du sie überragen, besonders den schlanken dunkelhaarigen.

Du fehlst mir, kleiner Jonathan. Mir fehlt mein wilder, mein süßer, mein unschuldiger Junge.

Natürlich hat es auch Vorteile, daß du groß geworden bist. Jonathans Mutter zu sein war nicht immer ein Kinderspiel. Habe ich dir erzählt, daß ich, als du klein warst, ein inniges Verhältnis zur *Giftberatung* hatte – deinetwegen? Jetzt ist es komisch, damals war es das nicht. Und deine Schlampigkeit – haufenweise dreckiges Geschirr, stinkende Socken, Bälle und Schläger, Kronkorken und leere Joghurtbecher mit klebrigen Löffeln – die Spuren führten zu dir. Es hat mich wahnsinnig gemacht. Dann war da deine Streitlust, die endlosen Fragen und Widerworte. Und als du zwölf wurdest, warst du so redebegabt wie Alan Dershowith; ich hatte nicht damit gerechnet, mit einem Anwalt unter einem Dach zusammenleben zu müssen.

Mehr als alles andere hast du mich fertig gemacht, frustriert, daß ich hätte schreien können. Und mehr als alles andere, Jonathan, konntest du mir das Herz brechen. Wenn du mir deine

Sorgen und Nöte erzählt hast, deine Ängste, wenn du mir deine zarte Seele und dein gutes Herz offenbart hast, schmolz mein Zorn dahin wie Schnee an einem warmen Wintertag. Ich wollte es dir recht machen, dir jeden Stein aus dem Weg räumen. Aber meistens hörte ich einfach zu; ich konnte nur ein mitfühlendes Ohr und ein optimistisches Wort beisteuern. Zu meinen glücklichsten Momenten zählte, wenn ich spürte, daß mein Zuhören dir geholfen hatte; zu meinen schlimmsten, wenn ich glaubte, daß mein Angebot nicht reichte, wenn deine tränenerfüllten Augen mir deine Enttäuschung zeigten.

Und doch, trotz aller Schwierigkeiten des Mutterdaseins weiß ich, daß mein Leben unendlich viel ärmer ohne dich gewesen wäre. Auf hebräisch bedeutet Jonathan: »Gabe Gottes«, und das bist du für mich.

Vielleicht liegt es zum Teil daran, daß du ein Mann bist und ich eine Frau bin, daß wir die Welt mit verschiedenen Augen betrachten. Zweifellos glätten wir unsere Differenzen nicht, sondern stoßen uns gegenseitig mit der Nase darauf, weil du und ich beide starke Persönlichkeiten sind und feste Vorstellungen haben. Manchmal kommt es mir vor, als müßte ich kopfstehen, um deine Sichtweise nachvollziehen zu können, aber genau das tu ich ja. Du überzeugst mich, so daß ich noch einmal hinsehen muß. Du hinderst mich daran, eine selbstgefällige, absolute Haltung anzunehmen, in der ich stecken bleibe.

Ohne daß du es weißt, kitzelst du das Beste aus mir heraus. Weil du entschlossen bist, deine Unsicherheiten zu überwinden, indem du das Leben tapfer und fröhlich meisterst, wäre es mir peinlich, mir das Leben selbst leicht zu machen und zurückzuweichen; also versuche ich, das Richtige zu tun. So wie du stolz auf mich sein willst, will ich auch, daß du stolz auf mich bist. Weißt du noch, wie ich vor Jahren mit Lampenfieber zu kämpfen hatte und du mir deine geliebte Baseballkarte von Dave Winfield geschenkt hast? »Wenn du in der Fernsehsendung bist und Angst hast, berühr diese Karte, dann gibt sie dir soviel Kraft, wie du brauchst«, hast du mir versichert. Wie versprochen, funktionierte der Zauber – der Zauber deiner Liebe und deines Vertrauens.

Das Leben ist paradox. Indem ich dir half zu wachsen, wuchs auch ich; indem ich dich stark machte, wurde ich stark; indem ich deine Toleranz für Menschen und Ideen beobachtete, wurde ich toleranter. So wie ich dein Vorbild bin, bist du auch meins; ich bin deine Lehrerin, und du bist mein Lehrer. Für all das danke ich dir, Jonathan.

In Liebe und Respekt

Mom

ANMERKUNGEN

*Diejenigen der zitierten Bücher, die auf deutsch erschienen sind, wurden in den Anmerkungen mit einem * versehen und sind in den »Literaturhinweisen« (S. 251) aufgeführt.*

Einleitung

1 Ich habe den Begriff »überfunktionieren« aus HARRIET GOLDHOR LERNERS* *The dance of anger: A woman's guide to changing the patterns of intimate relationships* (New York: Harper & Row, 1985) übernommen.
2 SARA RUDDICK*: *Maternal thinking: Towards a politics of peace* (New York: Ballantine, 1989).
3 SIBYLLE BIRKHÄUSER-OERI*: *Die Mutter im Märchen* (Fellbach-Offingen: Bonz, [9]1987).

Kapitel 1

1 ELEANOR MACCOBY und CAROL JACKLIN haben die genaueste Untersuchung über Unterschiede zwischen dem männlichen und dem weiblichen Geschlecht durchgeführt; ihre Analysen von multikulturellen Daten, Tieruntersuchungen sowie der Hormonforschung (sie beruhen auf Studien in den Vereinigten Staaten) zeigen, daß Jungen im ganzen sich mehr schlagen und beleidigen, schneller und stärker reagieren, wenn sie geschlagen und beleidigt werden, und generell mehr raufen als Mädchen. Allerdings sind nicht alle Jungen aggressiver als Mädchen, manche sogar weniger (*The psychology of sex differences*, Bd. 1 [Stanford: Stanford University Press, 1974]; *»Sex differences in aggression: A rejoinder and reprise«, Child development*, Bd. 51 [1980]).
2 Vgl. CHRISTINE GORMAN (*»Sizing up the sexes«, Time*, 20. 1. 1992) als interessanten Kommentar zu den Beobachtungen von Eltern, daß Mädchen und Jungen von Natur aus verschieden sind.
3 DEBORAH TANNEN* liefert einen gut recherchierten Bericht über Geschlechtsunterschiede in Sprachmustern (*You just don't understand: Women and men in conversation)* [New York: Ballantine Books, 1990].
4 Ehre, wem Ehre gebührt: DIANE GREEN verweist darauf, daß Linda Lowenstein, eine Kolumnistin der *Daily Camera* (Boulder, Colorado) als erste bemerkte, daß Jungen ein »inneres Wrrrummm« haben.
5 ROBERT BLY*: *Iron John: A book about men* (Reading, Mass.: Addison-Wesley, 1990).

[6] JOHN WELWOOD*: *Journey of the heart: Intimate relationship and the path of love* (New York: Harper Perennial, 1991).

[7] RICK FIELDS: *The code of the warrior in history, myth, and everyday life* (New York: Harper Perennial, 1991).

[8] ROBERT MOORE / DOUGLAS GILETTE*: *King, warrior, magician, lover: Rediscovering the archetypes of the mature masculine,* (San Francisco: Harper, 1990).

[9] Vgl. *»Children's conduct disorders«, Harvard Mental Health Letter,* Bd. 5 (9) (März 1989), zur Beschreibung von unsozialem Verhalten Jugendlicher.

[10] Vgl. MYRIAM MIEDZIAN: *Boys will be boys: Breaking the link between masculinity and violence* (New York: Doubleday, 1991) für einen ausführlichen Bericht über die situations- und psychologisch bedingte Gewalt von Jungen.

[11] Vgl. MICHAEL E. LAMB: *»Fathers and child development: An integrative review«*, in: *The role of the father in child development,* hg. von MICHAEL E. LAMB (New York: Wiley, 1981) für eine Übersicht über Forschungen, die dem Einfluß des Vaters auf die Entwicklung des Jungen nachgehen.

[12] SCOTT COLTRANE: *»Father-child relationships and the status of women: A Cross-Cultural Study«, American Journal of Sociology,* Bd. 93 (5) (1988).

[13] MUNRO LEAF*: *The story of Ferdinand* (1936; Reprint New York: Puffin Books, 1977).

[14] Eine Version dieser Geschichte komm in BERNIE ZILBERGELDS* *Male Sexuality* (Toronto, Bantam Books, 1978) vor.

[15] Vgl. GORMAN, a.a.O. (s. Anm. 2), über die kindliche Abneigung gegen Spielzeug, das dem anderen Geschlecht zugeordnet wird.

[16] WELWOOD, a.a.O. (s. Anm. 6).

[17] CAROL KLEIN: *Mothers and Sons* (Boston: G. K. Hall, 1985).

[18] Ebenda.

[19] MIEDZIAN, a.a.O. (s. Anm. 10).

[20] KLEIN, a.a.O. (s. Anm. 17).

[21] Zitiert nach ALEXANDRA TOWLE (Hg.): *Mothers* (New York: Simon and Schuster, 1988).

[22] Ebenda.

[23] BLY, a.a.O. (s. Anm. 5).

[24] MIEDZIAN, a.a.O. (s. Anm. 10).

[25] BLY, a.a.O. (s. Anm. 5).

[26] JOSÉ ORTEGA Y GASSET*: *Meditationen über die Jagd: Vorwort zu einem Buch über die hohe Jagd des Grafen von Yebes* (Stuttgart: Gustav Klipper, 1953).

[27] SARA RUDDICK*: *Maternal thinking: Towards a politics of peace* (New York: Ballantine, 1989).

[28] Ebenda.

Kapitel 2

1 FELIX SALTEN*: *Bambi: eine Lebensgeschichte aus dem Walde* (Frankfurt: Fischer Schatzinsel, 1995).
2 Ebenda.
3 Ebenda.
4 J. LANG: »*Brooding behind the steel wall*«, in: *Inroads*, Januar 1991.
5 SALTEN, a.a.O. (s. Anm. 1).
6 Zitiert nach ROSS FIRESTONE (Hg.): *A book of men: Visions of the male experience* (New York: Stonehill, 1978).
7 RONALD CLARK*: *Freud: The man and the case* (New York: Random House, 1980).
8 SALTEN, a.a.O. (s. Anm. 1).
9 GUY CORNEAU*: *Absent fathers, lost sons: The search for masculine identity*, (Boston: Shambala, 1991).
10 Zitiert nach WILLIAM RASPBERRY in der Denver Post vom 26. Januar 1992.
11 Ebenda.
12 CORNEAU, a.a.O. (s. Anm. 9).

Kapitel 3

1 Der Psychoanalytiker RALPH GREENSON scheint als erster die Enwicklungsprozesse des Jungen von der »Ent-Identifizierung« von der Mutter und zur »Gegen-Identifizierung« mit dem Vater beschrieben zu haben. Laut Greenson festigt der erste Schritt die Loslösung des Jungen und der zweite seine Männlichkeit (»*Dis-identification from mother: Its special importance for the boy*«, *International Journal of Psychoanalysis*, Heft 49 [1968]).
2 Eine faszinierende Deutung der Geschlechtsentwicklung und deren Auswirkungen auf die Kreativität finden interessierte Leser in LIAM HUDSONs und BERNADINE JACOTs* *The way men think: Intellect, intimacy, and the erotic imagination* (New Haven: Yale University Press, 1991).
3 DORIS BERNSTEIN: *Female identity conflict in clinical practice*, hg. von NORBERT FREEDMAN und BETSY DISTLER (Northvale, N. J.: Jason Aronson, 1993).
4 Ebenda.
5 LINDA RENNIE FORCEY: *Mothers and sons: Toward an understanding of responsibility* (New York: Praeger, 1987).
6 HUDSON und JACOT, a.a.O. (s. Anm. 2).
7 Die traditionelle väterliche Aufgabe, Mutter und Sohn voneinander zu trennen, schilderte FELIX SALTEN sehr anschaulich in *Bambi*. In einer Szene in diesem Buch läßt die Mutter zum Beispiel das Kitz allein, um einige Augenblicke der Einsamkeit zu genießen. Doch Bambi fühlt sich ausgesprochen elend ohne sie und ruft nach ihr. Plötzlich bemerkt er den Vater an seiner Seite. »Der Alte« tadelt Bambi, weil er nach seiner Mutter weint und meint, er könne doch sicherlich ein Weilchen allein aus-

harren. Obwohl Bambi vor den Worten des Vaters erzittert, möchte er auch seine Zustimmung gewinnen. Salten schreibt: »Als dann die Mutter kam, erzählte er ihr nichts von seiner Begegnung. Er rief auch nicht mehr nach ihr, wenn sie wieder verschwand. Er dachte an den Alten, während er allein unherstrich: er wünschte sich's heftig, ihm zu begegnen. Dann wollte er ihm sagen: ›Sehen Sie, ich rufe nicht.‹ Dann würde der Alte ihn loben.«

8 Vgl. zum Beispiel SAMUEL OSHERSON*: *Finding our fathers: How a man's life is shaped by his relationship with his father* (New York: Fawcett Columbine, 1986). J. LEVER: *»Sex differences in the games children play«, Social Problems,* Heft 23 (1976); E. PRITCHER / L. S. SCHULTZ: *Boys and girls at play: The development of sex roles* (New York: Praeger, 1983); CHRISTINE GORMAN: *»Sizing up the sexes«, Time,* 20. Januar 1992.

9 ERICH NEUMANN: *»Fear of the Feminine«, Quadrant: Journal of the C. G. Jung Foundation for Analytic Psychology,* Spring 1986.

10 OSHERSON, a.a.O. (s. Anm. 8).

11 Ebenda.

12 LOREN E. PEDERSEN*: *Dark Hearts: The unconscious forces that shape men's lives* (Boston: Shambala, 1991).

13 Ich möchte darauf hinweisen, daß auch die Mutter, die den Sohn zu plötzlich aus dem Nest wirft, statt ihn zurückzuhalten, »die schreckliche Mutter« seiner Phantasiewelt werden kann. Im Märchen wird sie beispielsweise als böse Mutter (Stiefmutter) dargestellt, die ihre Kinder tief in den kalten, dunklen Wald schickt, wo sie sich durchschlagen oder sterben müssen. Und in einer Variante der griechischen Sage nimmt sie die Gestalt der Göttin Hera an, die ihren neugeborenen Sohn Hephaistos vom Gipfel des Olymps in die Tiefe stürzt und ihn so für immer zum Krüppel macht.

14 ROBERT A. JOHNSON: *He: Understanding masculine psychology,* überarbeitete Aufl. (New York: Harper & Row, 1989).

15 CAROL KLEIN, *Mothers and sons* (Boston: G. K. Hall, 1985).

16 BRUNO BETTELHEIM*: *The uses of enchantment: The meaning and importance of fairy tales* (New York: Harper & Row, 1989).

17 KLEIN, a.a.O. (s. Anm. 15).

18 ROBERT J. STOLLER: *»Symbiosis anxiety and the development of masculinity«, Archives of General Psychiatry,* Heft 30 (1974).

19 ERNEST JONES: *The life and work of Sigmund Freud,* Bd. 1 (New York: Basis Books, 1953).

20 D. H. LAWRENCE: *New heaven and earth,* in: *The complete poems of D. H. Lawrence* (New York: Viking Press, 1964).

Kapitel 4

1 Zitiert nach ANTONIA FRASER: *The warrior queens* (New York: Alfred A. Knopf, 1989).

2 Dieses Kapitel behandelt eher Heterosexualität als Homosexualität. Die Reaktionen von Müttern auf die Sexualität schwuler Söhne kommen in Kapitel 9 zur Sprache.

[3] JUDITH ARCANA: *Every mother's son: The role of mothers in the making of men* (Garden City, N. Y.: Doubleday, 1983).
[4] Ebenda.
[5] JOHN MUNDER ROSS: *»Beyond the phallic illusion: Notes on man's heterosexuality«, The psychology of men: New psychoanalytic perspectives,* hg. von GERALD FOGEL / FREDERICK LANE / ROBERT LIEBERT (New York: Basic Books, 1986).
[6] CHRISTIANE OLIVIER*: *Jokastes Kinder:* Die Psyche der Frau im Schatten der Mutter (Düsseldorf: Claassen, 1988).
[7] DAVID M. TERMAN: *»Affect and parenthood: The impact of the past upon the present«, Parenthood: A psychodynamic perspective,* hg. von REBECCA COHEN / BERTRAM COHLER / SIDNEY WEISSMAN (New York: Guilford Press, 1984).
[8] OLIVIER, a.a.O. (s. Anm. 6).
[9] Zitiert nach ANGELA BARRON MCBRIDE*: *The growth and development of mothers* (New York: Harper Colophon, 1973).
[10] OLIVIER, a.a.O. (s. Anm. 6).
[11] CAROL KLEIN: *Mothers and sons* (Boston: G. K. Hall, 1985).
[12] ANNE BANNING: *»Mother-son incest: Confronting a prejudice«, Child Abuse and Neglect,* Heft 13 (1989).
[13] Interessanterweise ist die Jokaste in SOPHOKLES' antiker Tragödie nicht so unschuldig. Anders als ihr Sohn, der beschwört, nichts geahnt zu haben, scheint Jokaste den Inzest vorausgeahnt und ein Interesse daran gehabt zu haben, ihn herunterzuspielen.
[14] OLIVIER, a.a.O. (s. Anm. 6).
[15] KLEIN, a.a.O. (s. Anm. 11).
[16] ROBERT BLY*: *Iron John: A book about men* (Reading, Mass.: Addison-Wesley, 1990).
[17] BANNING, a.a.O. (s. Anm. 12).
[18] ESTELA V. WELLDON*: *Mother, madonna, whore: The idealization and denigration of motherhood* (London: Free Association Books, 1988).
[19] PENNY BILOFSKY / FREDDA SACHAROW: *In-laws/out-laws: How to make peace with his family and yours.* (New York: Fawcett Crest, 1991).

Kapitel 5

[1] KARL ZINSMEISTER: *»The nature of fatherhood«: An Institute for American values working paper for the symposium on fatherhood in America publication* no. 11 (1991).
[2] EVELYN BASSOFF: *»Q & A: Marriage«, Parents Magazine,* Juni 1993.
[3] BASSOFF: *»Q & A: Marriage«, Parents Magazine,* Mai 1992.
[4] BASSOFF: *»Q & A: Marriage«, Parents Magazine,* Juni 1992.
[5] NOR HAL / WARREN DAWSON: *Broodmales* (Dallas Spring Publications, 1989).
[6] MARTIN GREENBERG / NORMAN MORRIS: *»Engrossment: The newborn's impact upon the father«, American Journal of Orthopsychiatry,* vol. 44 (1974).
[7] HOMER: Die Odyssee, Übersetzung von Johann Heinrich Voß, 16. Gesang, Vers 213–219.

[8] LINDA RENNIE FORCEY: *Mothers and sons: Toward an understanding of responsibility* (New York: Praeger, 1987).
[9] ROBERT A: JOHNSON: *We: Understanding the psychology of romantic love* (New York: Harper & Row, 1983).
[10] Es gibt vermehrt Anzeichen für den fürsorglichen Einfluß des Vaters auf die Entwicklung des Kindes. Beispielsweise zeigt eine Langzeitstudie, die sechsundzwanzig Jahre dauerte, daß das väterliche Engagement der einzige sehr starke elternrelevante Faktor in der Entwicklung von Empathie bei Söhnen und Töchtern ist; Väter, die sich allein mit ihren Kindern beschäftigen – sie baden, füttern und pflegen – zogen die Kinder zu denkbar einfühlsamen Erwachsenen heran (RICHARD KOESTNER / CAROL FRANZ / JOEL WEINSBERGER: *»The family origins of empathic concern: A 26-year longitudinal study«*, *Journal of Personality and Social Psychology*, Heft 58 [1990].
[11] Sohar III, 77b–78a, zitiert nach RAPHAEL PATEI: *The Hebrew goddess* (New York: Avon Books, 1978).

Kapitel 6

[1] TAMAR LEWIN *(New York Times): »Single, a parent and proud«*, in: *Denver Post*, 11. Oktober 1992.
[2] Vgl. beispielsweise NEIL KALTER: *Growing up with divorce: Helping your child avoid immediate and later emotional problems* (New York: Fawcett Columbine, 1990); JOHN GUIDUBALDI / JOSEPH PERRY: *»Divorce and mental health sequelae for children: A two-year follow-up of a nationwide sample«*, *Journal of the American academy of child psychiatry*, Heft 24 (1985); JUDITH WALLERSTEIN / JOAN BERLIN KELLY: *Surviving the break-up: How children and parents cope with divorce* (New York: Basic Books, 1980).
[3] Die Ergebnisse stammen aus RICHARD A. WARSHAKs *»The Texas custody research project«* in: *The custody revolution: The father factor and the motherhood mystique* (New York: Poseidon Press, 1992). Für weitere Informationen vgl. KATHLEEN A. CAMARA / CARY RESNICK: *»Interparental conflict and cooperation: Factors modifying children's post divorce adjustment«*, in: E. MAVIS HETHERINGTON / JOSEPHINE D. ARASTEH (Hg.): *Impact of divorce, single parenting, and stepparenting on children* (Hillsdale, N. J.: Lawrence Derlbaum Associates, 1988).
[4] ROBERT BLY*: *Iron John: A book about men* (Reading, Mass.: Addison-Wesley, 1990).
[5] Ebenda.
[6] KALTER, a.a.O. (s. Anm. 2).
[7] Die bewegende Geschichte der Juden, die im Internierungslager von Oswego, New York, lebten, schildert RUTH KRUBER in: *Haven: The unknown story of 1000 World War II refugees* (New York: Coward McCann, 1983).
[8] ROMAIN GARY: *Promises at dawn* (New York: Harper & Bros, 1961).
[9] MARTIN HOFFMAN: *»Father absence and conscience development«*, *Developmental Psychology*, Heft 4 (1971).

[10] MARGUERITE KELLY schrieb: »Es steht in der Geschichte der Familie geschrieben ..., daß ein Kind seinen Platz am besten durch die Großeltern findet und ihn niemand besser erklärt als diese.« Zitiert nach BETH MENDE CONNY: *»The quotable family«*, Manuskript.

[11] KALTER, a.a.O. (s. Anm. 2).

[12] WALLERSTEIN / KELLY, a.a.O. (s. Anm. 2).

Kapitel 7

[1] Homer: Odyssee. Übersetzung von Johann Heinrich Voß, 1. Gesang, Vers 368f., 378–380.

[2] Ebenda, 21. Gesang, Vers 431–434.

[3] Ebenda, 22. Gesang, Vers 48f.

[4] JOHN BALZAR *(Los Angeles Times): »America's phobia of gays brewed from potent mix«*, Denver Post, 18. Februar 1993.

[5] SARALIE BISNOVICH PENNINGTON: *»Children of lesbian mothers«*, in: *Gay and lesbian parents*, hg. von FREDERICK BOZETT (New York: Praeger, 1987).

[6] Vgl. beispielsweise: DAVID CRAMER: *»Gay parents and their children: A review of research and practical implications«*, *Journal of Counseling and Development*, Heft 64 (1986).

[7] E. MAVIS HETHERINGTON: *»Family relations six years after divorce«*, *Remarriage and stepparenting; current research and theory*, hg. von KAY PASLEY und MARILYN IHINGER-TALLMAN (New York: Guilford Press, 1987).

Kapitel 8

[1] Vgl. zum Beispiel: WILLIAM A. BARRY: *»Marriage research and conflict: An integrative review«*, *Psychological Bulletin*, Heft 73 (1979); JANICE HOROWITZ NADLER: *»The psychological stress of the stepmother«*, (Diss., Auszug in: *Dissertation abstracts international*, Heft 37B [1976]).

[2] W. GLENN CLINGEMPEEL / EUALEE BRAND / R. LEVOLI: *»Stepparent-stepchild relationships in stepmother and stepfather families: A multi-method study«*, *Family Relationships*, Heft 33 (1984).

[3] JOHN SANTROCK / KAREN SITTERLE: *»Parent-child relationships in stepmother families«*, *Remarriage and stepparenting: current research and theory*, hg. von KAY PASLEY und MARILYN IHINGER-TALLMAN (New York: Guildford Press, 1987).

[4] Ebenda.

[5] RUTH ROOSEVELT / JEANETTE LOFAS: *Living in step: A remarriage manual for parents and children* (Chelsa, Mich.: Scarborough House, 1976).

[6] Ebenda.

[7] Ebenda.

[8] KATALIN MORRISON / AIRDRIE THOMPSON-GUPPY: *»The Cinderella's stepmother syndrome«*, *Canadian Journal of Psychiatry*, Heft 30 (1985).

[9] Ebenda, S. 527.
[10] Vgl. zum Beispiel JESSE BERNARD: *Remarriage: A study of marriage* (New York: Russell & Russell, 1956); LUCILIE DUBERMAN: *»Step-kin relationships«*, *Journal of marriage and the family*, Heft 35 (1973).
[11] GUY DE MAUPASSANT*: Novellen. II. Band (München: Winkler Verlag, 1973).

Kapitel 9

[1] MEG UMANS (Hg.): *Like coming home* (Austin: Banned Books, 1988).
[2] MAUREEN HARRINGTON: *»Support groups offer teens solace in a difficult time«*, *Denver Post*, 4. Juni 1992.
[3] Ebenda.
[4] HANS CHRISTIAN ANDERSEN*: Märchen; übers. von Gertrud Bauer (Stuttgart: K. Thienemann, 1991).
[5] Ebenda.
[6] HARVEY FIERSTEIN: *Torch song trilogy: Three plays* (New York: Villard Books, 1983).
[7] HOWARD BROWN: *Familiar faces, hidden lives: The story of homosexual men in America today* (New York: Harcourt Brace Javonopvich, 1976).
[8] Ich möchte betonen, daß Jills Besorgnis, die um ihren schwulen Sohn so groß ist wie um ihre ledige heterosexuelle Tochter, durchaus trifft, da Aids jetzt auch Heterosexuelle bedroht – sexuell aktive Jugendliche, die besonders anfällig sind – so, wie es früher nur Homosexuelle betraf. Nicht nur die Eltern schwuler Kinder müssen heute diese Gefahr fürchten.
[9] MARY V. BORHEK: *Coming out to parents: A two-way survival guide for lesbians and gay men and their parents* (Cleveland: Pilgrim Press, 1983).
[10] ARMISTEAD MAUPIN*: *More tales of the city* (New York: Harper & Row, 1980).

Kapitel 10

[1] ANTHONY DECASPER / W. P. FIFER: *»Of human bonding: Newborns prefer their mothers' voices«*, *Science*, Heft 208 (1980).
[2] Zitiert nach MARSHALL KLAUS / PHYLLIS KLAUS: *The amazing newborn* (Reading, Mass.: Addison-Wesley, 1985).
[3] CAROL KLEIN: *Mothers and sons* (Boston: G. K. Hall, 1985).
[4] GEOFFREY C. WARD: *»Elegant Duke Ellington«: A feast for eye and ear«*, *Smithsonian*, Heft 24 (1993).
[5] Ebenda.
[6] MERCEDES LYNCH MALONEY / ANNE MALONEY: *The hand that rocks the cradle: Mothers, sons and leadership* (Englewood Cliffs, N. J.: Prentice-Hall, 1985).
[7] RONALD CLARK*: *Freud: The man and the case* (New York: Random House, 1980).
[8] MARTIN SELIGMAN: *Learned optimism* (New York: Alfred A. Knopf, 1991).

[9] Ebenda.
[10] SARA RUDDICK*: *Maternal thinking: Towards a politics of peace* (New York: Ballantine, 1989).
[11] BRUNO BETTELHEIM*: *The uses of enchantment: The meaning and importance of fairy tales* (New York: Harper & Row, 1989).
[12] LESLIE MARMON SILKO*: *Ceremony* (New York: Penguin, 1977).
[13] »Gewalttätig« bezeichnet in diesem Fall den Kriegergeist, der in Nigeria in einer Zeit von Stammeskriegen wichtig fürs Überleben war. Nicht gemeint ist das verrückte, destruktive Verhalten, das wir heute in Amerika darunter verstehen.
[14] CHINUA ACHEBE: *Things fall apart* (New York: Jarcourt Brace, 1951).
[15] ALFRED KAZIN*: *A walker in the city* (New York: Praeger, 1987).
[16] LINDA RENNIE FORCEY: *Mothers and sons: Toward an understanding of responsibility* (New York: Praeger, 1987).
[17] JOHN UPDIKE: *»The most unforgettable character I've ever met«*, *Vogue*, November 1984.
[18] TILLIE OLSEN*: *Tell me a riddle* (New York: Delta Books, 1961).

Kapitel 11

[1] SHEL SILVERSTEIN*: *The Giving Tree* (New York: Harper & Row, 1964).
[2] ANDREA BOROFF EAGAN: *The newborn mother: Stages of her growth* (New York: Henry Holt, 1985).
[3] ADRIENNE RICH: *Of women born: Motherhood as experience and institution* (New York: W. W. Norton, 1986).
[4] Ebenda.
[5] CAROL KLEIN: *Mothers and sons* (Boston: G. K. Hall, 1985).
[6] SIMONE De BEAUVOIR*: *Das andere Geschlecht, Sitte und Sexus der Frau* (Reinbek: rororo Sachbuch 9319, 1992).
[7] Zitiert nach MARY JANE MOFFAT / CHARLOTTE PAINTER (Hg.): *Revelations: Diaries of women* (New York: Vintage Books, 1975).
[8] NOR HALL / WARREN DAWSON: *Broodmales* (Dallas: Spring Publications, 1989).
[9] Vgl. ERICH NEUMANN*: *Die Große Mutter: Eine Phänomenologie der weiblichen Gestaltungen des Unbewußten* (Olten: Walter, [2]1987).
[10] ADAM PHILIPS: *»Obstacles and desires«*, *Harper's Magazine*, Januar 1992.
[11] MERLIN STONE: *Ancient mirrors of womanhood: A treasury of goddess and heroine lore from around the world* (Boston Press, 1984).

Literaturhinweise

HANS CHRISTIAN ANDERSEN: Märchen. K. Thienemann, Stuttgart 1991
EVELYN S. BASSOFF: Lieben und doch loslassen. Der Mutter-Tochter-Konflikt. Bastei-Lübbe, Bergisch-Gladbach 1990
SIMONE DE BEAUVOIR: Das andere Geschlecht. Sitte und Sexus der Frau. Rowohlt Taschenbuch, Reinbek b. Hamburg 1992
BRUNO BETTELHEIM: Kinder brauchen Märchen. DVA, Stuttgart 1977 (Taschenbuchausgabe bei dtv, München 1993)
SIBYLLE BIRKHÄUSER-OERI: Die Mutter im Märchen. Bonz, Fellbach-Offingen [9]1987
ROBERT BLY: Eisenhans. Ein Buch über Männer. Kindler, München 1991
RONALD CLARK: Sigmund Freud. Fischer Taschenbuch, Frankfurt am Main 1985
ARTHUR COLMAN/LIBBY COLMAN: Der Vater. Veränderungen einer männlichen Rolle. Knaur Taschenbuch, München 1994
GUY CORNEAU: Abwesende Väter – verlorene Söhne. Walter, Solothurn/Düsseldorf 1993
RICHARD ELLMANN: Oscar Wilde. Eine Biographie. Piper, München [3]1997
KAREN HORNEY: Die Psychologie der Frau. Fischer Taschenbuch, Frankfurt am Main [7]1994
LIAM HUDSON/BERNADINE JACOT: Wie Männer denken: Intellekt, Intimität und erotische Phantasie. Campus, Frankfurt am Main 1993
ALFRED KAZIN: Meine Straßen in New York. Walter, Olten 1966
SAM KEEN: Feuer im Bauch. Über das Mann-Sein. Kabel, Hamburg 1992 (Taschenbuchausgabe: Bastei Lübbe, Bergisch Gladbach 1993)

JOHN LEE: Auf der Suche nach dem Vater. Wie Männer wieder Zugang zu ihren Gefühlen finden. Knaur Taschenbuch, München 1993

MUNRO LEAF: Ferdinand. Diogenes, Zürich 1993

HARRIET GOLDHOR LERNER: Wohin mit meiner Wut? Fischer Taschenbuch, Frankfurt am Main 1996

ANGELA BARRON MCBRIDE: Das normalverrückte Dasein als Hausfrau und Mutter: Befreiung von der Mutter-Ideologie. Rowohlt, Reinbek b. Hamburg 1974

GUY DE MAUPASSANT: Novellen. II. Band. Winkler, München 1973

ARMISTEAD MAUPIN: Mehr Stadtgeschichten. Rogner & Bernhard, Hamburg 1993 (Taschenbuchausgabe: Rowohlt Taschenbuch, Hamburg 1995)

ROBERT MOORE/DOUGLAS GILETTE: König, Krieger, Magier, Liebhaber. Kösel, München 1992

ERICH NEUMANN: Die große Mutter. Eine Phänomenologie der weiblichen Gestaltungen des Unbewußten. Walter, Olten ²1987

CHRISTIANE OLIVIER: Jokastes Kinder. Die Psyche der Frau im Schatten der Mutter. Claassen, Düsseldorf 1988 (Taschenbuchausgabe: dtv, München 1993)

TILLIE OLSEN: Erzähl mir ein Rätsel. Luchterhand, Darmstadt 1980

JOSÉ ORTEGA Y GASSET: Meditationen über die Jagd. Vorwort zu einem Buch über die hohe Jagd des Grafen von Yebes. Gustav Klipper, Stuttgart 1953

SAMUEL OSHERSON: Männer entdecken ihre Väter: Die ersehnte Begegnung. Edition Humanistische Psychologie (EHP), 1990

LOREN E. PEDERSEN: Das Weibliche im Mann: Die Wiederentdeckung der weiblichen Kräfte, die aus einem halben Mann einen ganzen Menschen machen. Eine Psychologie des Mannes. Scherz, Bern 1992

SARAH RUDDICK: Mütterliches Denken. Für eine Politik der Gewaltlosigkeit. Campus, Frankfurt am Main 1993

FELIX SALTEN: Bambi. Eine Lebensgeschichte aus dem Walde. Fischer Schatzinsel, Frankfurt am Main 1995

LESLIE MARMON SILKO: Gestohlenes Land wird ihre Herzen fressen. Unionsverlag, Zürich 1996

SHEL SILVERSTEIN: Der freigebige Baum. Ill. v. Verfasser. Middelhauve, Köln [2]1988
DEBORAH TANNEN: Du kannst mich einfach nicht verstehen: Warum Männer und Frauen aneinander vorbeireden. Kabel, Hamburg 1991
ESTELA V. WELLDON: Mutter, Madonna, Hure. Die Verherrlichung und Erniedrigung der Mutter und der Frau. Bonz, Fellbach-Offingen 1990
JOHN WELWOOD: Dem Herzen folgen. Durch Liebe und Freundschaft zu sich selbst finden. Knaur Taschenbuch, München 1996
BERNIE ZILBERGELD: Männliche Sexualität. Was nicht alle schon immer über Männer wußten ... Deusche Gesellschaft für Verhaltenstherapie, 1986
LEWIS YABLONSKY: Du bist ich. Die unendliche Vater-Sohn-Beziehung. Edition Humanistische Psychologie (EHP), 1991